煤炭革命的战略与方向

Coal Industry Reform: Strategies and Directions

谢和平　王金华　鞠　杨　刘见中　著

科学出版社

北京

内 容 简 介

　　落实习近平主席关于"推进能源生产和消费革命，构建清洁低碳、安全高效的能源体系"的讲话精神，煤炭必须自身进行革命，真正革落后产能的命，革污染排放的命，全面实现煤炭绿色生态开采、清洁低碳利用，使煤炭成为清洁能源。依托中国工程院重点咨询研究项目，谢和平院士领衔由行业协会、科研机构、大学、企业等行业核心研究力量组成的科研团队，系统研究并阐明了煤炭革命的科学基础、四大理论和六大理念；提出了煤炭革命的绿色安全开发、清洁低碳利用、多元协同发展、国际化发展、新型人才培养五大战略；提出了煤炭3.0阶段、4.0阶段、5.0阶段的战略发展蓝图和煤炭技术革命路线图；勾勒了近零生态损害的科学开采、近零排放的清洁低碳利用、矿井建设(设计)与地下空间一体化利用、流态化开采四大领域的煤炭革命颠覆性理论和技术以及不同历史发展阶段的技术发展构想。为我国煤炭行业绘制了科技发展路线图，为煤炭科技发展提供了方向性指南。

　　本书可作为政府部门制订关于煤炭产业政策决策的科学参考，国内外研究机构的重要借鉴，大型煤炭企业转型升级发展的指南，可供行政管理人员、科学研究人员、企事业管理人员阅读并且可作为国内外相关专业高等院校研究生、本科生、专科生教学用书。

审图号：GS(2018)1975号

图书在版编目(CIP)数据

煤炭革命的战略与方向＝Coal Industry Reform: Strategies and Directions /
谢和平等著. —北京：科学出版社，2018.5

　ISBN 978-7-03-057310-0

　Ⅰ.①煤… 　Ⅱ.①谢… 　Ⅲ.①煤炭工业–经济发展战略–研究–中国
Ⅳ.①F426.21

中国版本图书馆CIP数据核字(2018)第083105号

责任编辑：李　雪 / 责任校对：彭　涛
责任印制：张克忠 / 封面设计：无极书装

科学出版社 出版
北京东黄城根北街16号
邮政编码：100717
http://www.sciencep.com

三河市春园印刷有限公司 印刷
科学出版社发行　各地新华书店经销

*

2018年5月第 一 版　开本：720×1000 1/16
2018年5月第一次印刷　印张：19 1/2
字数：340 000

定价：160.00元
(如有印装质量问题，我社负责调换)

作 者 简 介

谢和平，1956 年 1 月出生，湖南双峰人，能源与力学专家，2001 年当选为中国工程院院士。深圳大学特聘教授，深圳大学深地科学与绿色能源研究院院长，四川大学原校长、教授、博士生导师。国务院学位委员会委员，中国科学技术协会常委。国家重点研发计划"深部岩体力学与开采理论"项目负责人。

谢和平院士长期致力于采矿工程、矿山工程力学、绿色能源开发利用及深地科学领域的基础研究与工程实践，特别是在破断煤岩体力学研究方面具有突出成果。在我国最早建立矿山裂隙岩体宏观损伤力学模型，开拓了矿山裂隙岩体损伤力学研究新领域。1985 年起，创造性地将分形方法引入对裂隙岩体的非连续变形、强度和断裂破坏研究，并与损伤力学结合，在国际上开创了岩石力学分形研究新领域。近年来，在深地科学探索领域，包括深地固体资源流态化开采、中低温地热发电、地下空间开发利用、海水能源化及深地医学等领域提出了创新性理念与构想，并在绿色能源、低碳技术与 CO_2 矿化及综合利用技术领域进行了深入探索，取得了重要进展。

谢和平院士两次作为首席科学家主持国家重点基础研究发展计划(973 计划)项目，担任国家自然科学基金委员会创新研究群体首席科学家。荣获首届中国青年科学家奖(技术科学)、何梁何利科学与技术进步奖(技术科学奖)。作为第一获奖人获国家自然科学奖二等奖、三等奖，国家科学技术进步奖二等奖、三等奖。被英国诺丁汉大学、德国克劳斯塔尔工业大学、香港理工大学授予"荣誉博士"学位，获牛津大学授予的"牛津大学圣艾德蒙 Fellow"学术称号。

前　　言

　　2014年6月13日习近平总书记在中央财经领导小组第六次会议上，提出"推动能源生产和消费革命"；在2017年10月18至24日中国共产党第十九次全国代表大会上提出"推进能源生产和消费革命，构建清洁低碳、安全高效的能源体系"。能源是国家繁荣和经济可持续发展的基础和支撑，随着我国经济发展，人们生活质量逐步提高，能源需求也越来越大，能源供给和消费带来的相关问题逐步凸显，如能源开发利用造成严重的环境污染、极端气候事件等，传统的能源生产、消费方式不可持续。而未来较长时间内，我国能源生产和消费量仍将持续增长，如何在能源消耗绝对量增加的同时，通过调整产业结构、转变发展方式、提高能源效率、发展清洁能源等方式，减少能源生产和利用过程中对资源、生态、环境等的破坏，减少污染物和二氧化碳排放，实现能源的清洁、绿色、低碳、循环发展，是我们面临的紧迫现实问题。在全面推进能源生产和消费革命的高质量经济发展新阶段，作为我国的主要能源，煤炭必须自身进行革命，即通过煤炭开发利用的理念革命、技术革命、管理模式革命等，来全面实现煤炭的绿色生态开采、清洁低碳利用，即近零生态损害的绿色开采，近零到零排放的消费利用，使我国能源结构全面优化，建成先进能源体系，支撑国民经济高质量的发展。

　　煤炭必须自身革命，是由人们对美好生活的追求、我国能源基本国情、煤炭自身开发利用特征、社会经济发展阶段等因素所决定的。首先，煤炭革命是能源革命的重要内容，只有煤炭开发利用发生了根本性的变革，实现了煤炭革命，才能整体上实现我国的能源革命，实现能源的安全、高效、绿色、清洁、低碳、经济、持续稳定供应；其次，煤炭革命是实现煤炭行业可持续发展的必然要求，依靠理念创新、科技创新实现自身革命，提高煤炭行业安全、高效、绿色和智能化水平，转向质量、效益、集约型发展；再次，煤炭革命是解决煤炭行业重大问题的根本路径，当前煤炭面临可经济开发利用的煤炭资源并不富余，地质条件复杂、采深逐年增加等多重压力，对煤炭的持续需求与当前不够清洁的利用方式相矛盾等挑战，必须通过革命性技术的突破来解决。最后，煤炭革命是供给侧和消费侧结构性改革的现实需要，社会环境要求煤炭生产必须达到近零生态损害甚至无害化，煤炭利用必须实现近零排放的高效清洁化。

理念革命是煤炭革命的首要问题，煤炭革命要树立高端发展理念，使煤炭行业成为高度信息化、智能化、现代化、知识化、专业化的高新技术产业；煤炭革命要有国际化发展理念，充分利用国际和国内两个市场，两种资源，不断提升我国在国际煤炭工业发展方向、科技创新方向、定价等方面的话语权；煤炭革命要践行近零生态损害的绿色开采理念，使煤炭开采地表近零均匀沉降，地下水资源得到科学保护和利用，矿区环境得到有效修复和保护；煤炭革命要坚持高标准的科学产能理念和高效低碳利用理念；煤炭革命还应创立扩展、多元转型发展理念，煤炭与太阳能、风能、核能等其他能源耦合利用，拓展发展煤基高端燃料、高新材料、碳氢元素的材料功能。

煤炭革命是一个长期的过程，再经过 30 余年的努力，煤炭行业将成为煤基多元协同与深部原位开发利用一体化和深地空间利用的智慧能源系统，实现"中国梦"的煤炭篇章，也就是：2020 年前，建成超低生态损害与超低排放的机械化、信息化煤炭开发利用体系，进入井下少人、接近天然气排放水平的煤炭 3.0 阶段，煤矿井下空间得到初步利用；2020～2035 年，建成近零生态损害与近零排放的智能化、多元煤炭开发利用体系，进入井下无人、接近清洁能源排放水平的煤炭 4.0 阶段，煤矿井下空间得到有效利用；2035～2050 年，建成煤基多元、开放、协同、绿色开发利用的清洁能源基地，进入井下无人、地上无煤、纯清洁能源的煤炭 5.0 阶段，煤矿井下空间资源与城镇化发展协同开发利用。

"不论出身，只论排放"，煤炭也能成为清洁能源，这是煤炭革命的终极目标，也是煤炭革命的本质要求。清洁能源应该"不论出身"，是否是清洁能源，关键是看排放。目前70%的燃煤发电实现了超低排放，达到了天然气的排放水平，10%左右的燃煤工业锅炉已可实现超低排放。因此，在合理利用的情况下，通过煤炭的技术革命，煤炭完全可以是清洁能源。

围绕煤炭革命的战略目标，本书阐明了煤炭革命的科学基础、四大理论和六大理念；提出了煤炭革命的五大战略，即煤炭绿色安全开发战略、清洁低碳利用战略、多元协同发展战略、"一带一路"走出去的国际化战略及新型人才战略。创新性提出煤炭革命的阶段性战略目标，即煤炭3.0阶段、4.0阶段、5.0阶段的战略蓝图，并从煤炭革命的四大领域，即近零生态损害的科学开采、近零排放的清洁低碳利用、矿井建设（设计）与地下空间一体化利用、流态化开采，分别提出了全产业链煤炭技术革命路线图，勾勒出了不同历史阶段的颠覆性理论和技术构想，为我国煤炭革命提出了方向性指南。其中首次提出了煤炭流态化开采理论体系，系统提出了深部原位流态化开采的三大关键技术体系，并提出了流态化开采的发展路线图；首次提出了煤炭地下空间利用理论，全面科学测算了煤炭地下空间可用量，提出了煤炭地下空间利用技术体系。

煤炭革命需要有自我革命的勇气，煤炭革命也不是一蹴而就的，需要建立煤炭革命的倒逼机制和人才支撑体系。本书在总结借鉴能源倒逼机制经验的基础上，提出了以科学产能倒逼煤炭科学开采革命、以超低排放和低碳循环发展倒逼煤炭清洁利用革命、以多元开放协同清洁能源倒逼煤基多元清洁能源基地革命，构建了煤炭革命的全产业链倒逼机制，提出了实现煤炭革命的新型人才战略和实施体系，同时提出了煤炭革命的技术清单和煤炭革命的重点研发技术指南。

煤炭革命不是革煤炭的命，而是革煤炭落后产能的命，革煤炭污染排放的命，本书科学系统地回答了在能源革命的背景下如何实现煤炭革命，煤炭革命的目的和战略蓝图，煤炭革命应该走什么样的道路，实现煤炭革命需要什么理念和机制，技术革命如何支撑煤炭革命等问题，通过煤炭的自身革命使煤炭成为我国可靠的、持续稳定的清洁绿色能源。

本书以项目研究报告为基础，第 1 章揭示了世界能源革命的本质意义在于劳动工具变革，以及新型替代能源实现主导性和普适化的一般特性；分析了历次能源革命、技术革命、工业革命和经济发展之间的互相作用和时空关系；揭示了能源兴替跃迁与竞争替代的基本规律；研究分析了新时期我国能源革命的方向和重心，以及能源革命中煤炭自身革命的重要性、必要性、紧迫性、现实性和战略意义；阐明了新时期煤炭革命的主要任务。第 2 章论述了煤炭革命的科学基础，提出了煤炭开发利用一体化、矿井建设与地下空间利用一体化、煤基多元清洁能源协同开发、煤炭洁净低碳开发利用的能值转化四大煤炭革命理论，以及高端发展、国际化发展、近零生态损害的绿色开采、高标准的科学产能、高效低碳利用、转型发展理念六大煤炭革命新理念，论述了煤炭革命的战略目标，提出了安全绿色、清洁低碳、多元协同是煤炭革命的战略方向。第 3 章结合我国煤炭开发利用的现状、资源空间分布规律，以及能源结构随时间的变化，创造性地提出煤炭革命 3.0 阶段、4.0 阶段和 5.0 阶段三个发展阶段，并给出每个阶段的战略目标，形成了我国未来 30 年煤炭革命的技术路线及战略蓝图。第 4 章从煤炭技术革命近零生态损害的智能化无人开采、近零污染物排放的清洁低碳利用、矿井建设（设计）与地下空间一体化利用三大领域的变革性理论和技术体系，系统分析了未来亟须突破的重大理论及技术问题，凝练形成了三阶段三层次的技术路线图，即升级与换代技术（2020 年前）、拓展与变革技术（2020～2035 年）、引领与探索技术（2035～2050 年）。第 5 章创新提出了煤炭革命的颠覆性理论与技术，论述了煤炭资源深部原位流态化开采的理论体系，提出了深部原位流态化开采采动岩体力学理论等四大深部原位流态化开采新理论，以及深部原位流态化开采地质保障技术等十大深部原位流态化开采颠覆性技术，并进一步论述了煤炭资源深部原位流态化开采的战略路线。第 6 章提出了我国煤炭革命国际化的战略目标，从煤炭贸易与物流、技术装备与工程服务、资源开发与转化、资本运营四个方面设计了煤炭革命国际化的战略路径，并提出相应的保障措施。第 7 章明确了新型高端人才在煤炭革命过程中的决定性作用，提出了煤炭革命的新型人才战略构想，描述了新型人才应当掌握地下空间立体实时定位等关键共性技术、基于区块链的机机交互技术等前沿引领技术、深部地下空间立体社区规划技术等现代工程技术；同时应当成为具备人工智能装备思维训练能力等颠覆性技术创新的复合型多领域人才。第 8 章提出构建煤炭革命的全产业链倒逼机制，形成了"以科学产能倒逼煤炭科学开采革命"、"以超低排放和低碳循环发展倒逼煤炭清洁利用革命"、"以多元开放协同清洁能源倒逼煤基多元清洁能源基地革命"的三大具体举措。

各章节编写人员具体如下：前言：谢和平、王金华、刘见中、鞠杨。第 1 章：葛世荣、鞠杨、刘虹、张宏、吴刚；第 2 章：谢和平、王金华、葛世荣、王家臣、周宏伟；第 3 章：谢和平、王国法、任怀伟、陈佩佩、姜鹏飞、吴立新；第 4 章：谢和平、刘见中、吴立新、陈佩佩、鞠杨、任世华、任怀伟、赵国瑞、杨建威；第 5 章：鞠杨、谢和平、刘见中、周宏伟；第 6 章：李全生、李瑞峰、朱吉茂、王雷、张凯、曹志国、方杰、苏国萍、汪秋磊、张帅；第 7 章：杨仁树、姜耀东、王家臣、李杨；第 8 章：吴立新、刘见中、任世华、秦容军、廖海燕、樊金璐。全书由谢和平、刘见中、鞠杨、高明忠、周宏伟、王家臣、李全生、任怀伟、张茹、任世华、刘虹、张凯、秦容军统稿，谢和平审定。

本项目研究过程得到了中国工程院咨询研究项目"我国煤炭能源革命的战略研究"（编号：2015-NY-5）、"煤炭绿色开发利用与煤基多元协同清洁能源技术革命"（编号：2016-XZ-036）和中国科学院学部咨询评议项目"城市地下空间的开发利用"（编号：B-DX-2017-02）的资助，在项目研究报告的基础上精炼形成了本书稿。本项目研究和书稿出版得到了中国工程院、中国煤炭科工集团、深圳大学、四川大学、中国矿业大学(北京)、中国矿业大学、华北科技学院、国家能源投资集团等单位的大力支持；在资料收集和现场考察过程中，得到了中国煤炭工业协会、中国煤炭学会、中国煤炭地质总局等单位支持。钱鸣高院士、谢克昌院士、王成善院士、洪伯潜院士、周世宁院士、宋振骐院士、张铁岗院士、彭苏萍院士、王安院士、袁亮院士、刘炯天院士、李晓红院士、张玉卓院士、蔡美峰院士、凌文院士、康红普院士、顾大钊院士、武强院士、金智新院士、王国法院士、董树文教授、申宝宏研究员、潘一山教授、刘建功教授等专家在项目研究过程中给予了无私指导，特别是中国煤炭工业协会王显政会长、梁嘉琨副会长、田会副会长、姜智敏副会长、刘峰副会长等对本项目研究给予了关心和指导，在此一并表示衷心的感谢。

谢和平

2018 年 1 月

目　　录

第1章 新时代的煤炭革命

能源革命是指推动人类文明进步的根本性能源变革。能源革命的起因主要源于能源系统不足以支撑社会经济进一步发展，也可能是资源约束和生存环境恶化等诸多问题倒逼所致。本章以人类文明发展史上发生的五次能源革命为大视野，揭示了世界能源革命的本质意义在于劳动工具变革，以及新型替代能源实现主导性和普适化的一般特性；详细分析了历次能源革命、技术革命、工业革命、经济发展之间的互相作用和时空关系；从理论上演绎了能源兴替跃迁与竞争替代的基本规律，并得出能源革命发端早于经济巅峰，能源革命长波与经济发展长波之间在时间轴上存在一个提前相位差，相差约 45 年的分析结果。同时，本章在研究分析了我国能源结构调整和能源发展未来趋势的基础上，进一步强调了新时期我国能源革命的方向和重心，以及在能源革命中煤炭自身革命的重要性、必要性、紧迫性、现实性和战略意义。阐明了新时期煤炭革命的主要任务，是革煤炭粗放型生产开发的命、革煤炭落后产能的命、革煤炭污染排放的命的观点。

1.1 煤炭革命的必要性

1.1.1 国内外能源发展规律和态势

1. 世界能源结构演变及煤炭角色

1) 世界能源结构演变过程

能源是自然界中能为人类提供某种形式能量的物质资源。能源是人类活动的物质基础，与阳光、水、空气、食物并称人类赖以生存的五大基本要素之一。在某种意义上，人类社会的发展离不开优质能源的出现和先进能源技术的使用。人类文明史是一部人与自然的关系史，也是一部能源利用方式不断更新、能源技术不断革新的历史。

能源革命是指推动人类文明进步的根本性能源变革，具体表现为资源形态、技术手段、管理体制、人类认知等方面出现一系列显著的变化。纵观人类文明发展史，共经历了四次能源革命，正在进行第五次能源革命，如图1-1所示。

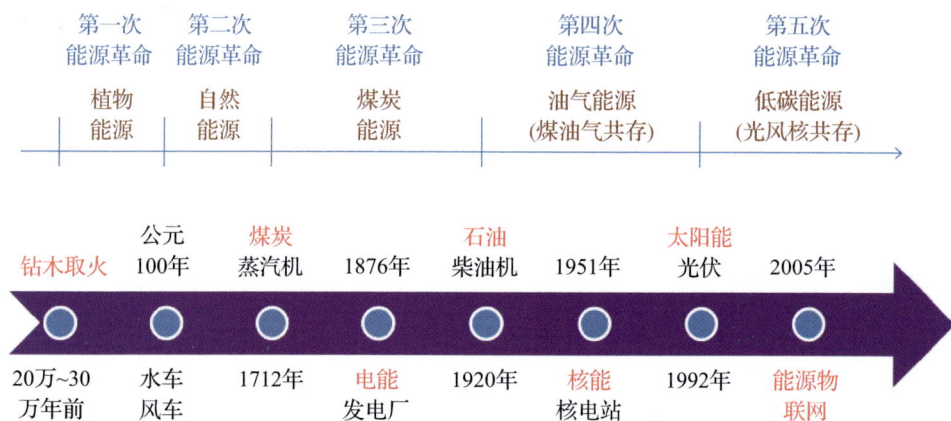

第一次 能源革命	第二次 能源革命	第三次 能源革命	第四次 能源革命	第五次 能源革命
植物 能源	自然 能源	煤炭 能源	油气能源 (煤油气共存)	低碳能源 (光风核共存)

钻木取火　　公元100年　　煤炭蒸汽机　　1876年　　石油柴油机　　1951年　　太阳能光伏　　2005年

20万~30万年前　　水车风车　　1712年　　电能发电厂　　1920年　　核能核电站　　1992年　　能源物联网

图1-1　人类能源革命历程示意图

第一次能源革命，大约在20万~30万年前，人类发现火并学会利用火，进入薪柴能源时代。以人工火代替自然火的利用为标志，木材、秸秆等薪柴能源成为人类社会生产和生活的主要能源，此时是人类自主利用燃料（能源）的开始。

第二次能源革命，到公元100年左右，人类学会利用畜力、风力、水力等自然动力，进入自然能源时代。从广义能源的意义上看，食物是一次能源，人体能（人力）是二次能源，同样畜力也是二次能源。在农业社会，太阳能被用于照明和取暖，风能被用于驱动风车和帆船，水能被转换为水轮泵、水磨和提水灌溉的动力。在这个时期，自然能源产生的动力很小，植物能源主要来源于木材。由于生产发展、人口增加，人类长期砍伐森林、破坏植被，同时引起木材资源的匮乏，导致农业社会的能源危机。

第三次能源革命，始于18世纪的英国，以蒸汽机的发明和煤炭的大规模使用为主要标志，人类进入煤炭能源时代。19世纪初期，英国煤矿、法国的加莱海峡地区和德国鲁尔地区煤矿的发现与开发，使整个世界从 1830 年煤炭消耗量占整个能源消耗量的不到 30%，到 1888 年迅速达到 48%，随后迅速超过木材使用量，成为主要能源。而这一过程中，煤炭的大规模应用使得蒸汽机从实验室成功地走向现实，使人类摆脱以人力、畜力和手工工具为主的生产方式，极大提升了社会劳动生产率。人类社会进入了利用机械力的工业文明时代。这一时代也被称为化石能源时代的第一阶段——煤炭时代，即固体能源。人类可利用的能源从地表转向地下。

在 19 世纪末期，电力的发现、开发及利用，使人类对化石能源实现了延伸利用，生产出二次能源。电的发明改变了人类用能方式，也为各种电器生产制造和使用提供了便捷的动力。

第四次能源革命，始于 20 世纪 20 年代，石油和天然气资源的开发，尤其是柴油机、汽油机的发明与使用，使石油、天然气的使用量迅速增大，油气能源很大比例地接替了煤炭能源，成为世界经济发展的主要动力，使人类进入煤炭、石油、天然气共存的油气能源时代。

第五次能源革命，发生在 21 世纪到来前后，新一轮能源革命正在兴起，人类将开启新的低碳能源时代，也称为可再生能源时代。持续使用了 200 余年的化石能源面临三大难题：一是战略性资源枯竭；二是生态环境遭到严重破坏；三是利用过程排放大量有害物质，威胁人类的生存环境。因此，新能源革命致力于风能、太阳能、生物能等清洁、可再生的低碳能源开发和利用。与此同时，能效问题受到极大重视，被视为第五种能源(煤、油、气、可再生能源、高能效)。

刚刚过去的几十年，世界能源结构发生了一系列变化，结构变化动因主要源于能源可供性、经济性和市场供需关系的变化。在世界能源结构变化过程中，表现为传统化石能源不断减少，优质化石能源、可再生能源，如风能、太阳能、核能等非化石能源不断增长的特征。20 世纪 80 年代开始，化石能源消费比例逐步降低，核能与可再生能源消费比例快速提高。例如，法国作为新能源利用的典范，其非化石能源消费占一次能源比例从 1980 年的 16.1%上升到 2015 年的 53.5%；同期，德国非化石能源消费比例由 5.9%提高到 21.5%，美国由 8.6%增长到 17.0%；反映出全球能源系统结构的不断优化与进步。

21 世纪以来，受气候变化全球治理形势的影响，人类对发展生态友好、绿色低碳社会的需求不断提升，以"低碳化"、"无碳化"理念为核心的能源革命与变革在全球范围蓬勃兴起，实现传统化石能源向非化石新能源重大转换成为必然趋势。随着人类对绿色生态环境需求的提升，天然气和新能源作为清洁能源在一次能源结构中的比例将逐步增大。全球一次能源正在迈入石油、天然气、煤炭和新能源"四分天下"的格局。尤其近十年来，新能源利用速度明显加快，尽管人们认识到在未来相当长的一段时期内，新能源都还难以独担重任，但全球发展清洁、高效、新型可再生能源的大趋势基本形成，全球能源供需结构正在发生重大变化。

2) 能源革命的本质特征

能源革命实质上是能源替代，是由经济问题引发，核心技术突破推动，形成新能源占据主导地位的一个变迁过程，同时引导各个产业转型、升级与相关产业兴起，继而产生工业革命。能源替代主要起因于原有的能源系统不足以支撑经济进一步发展，同时也有资源约束和生存环境恶化等问题倒逼所致。

A. 能源革命的本质意义在于劳动工具变革

从大的时空跨度看，人类每一次能源利用转型都会引起产业技术的重大变革，其中的核心变革是劳动工具的变革。因此，能源革命的本质意义在于劳动工具的根本变革。

a. 劳动工具的能效提升

劳动工具置于劳动者与原材料、能源、信息等物体之间，把劳动者的活动传导到它们之上的中介体。劳动工具的逐步发展，是人类利用工具提升劳动效率的改进过程。历史学家对劳动工具有四种划分法（王师勤，1986），其中不仅是历史年代的分辨，更是蕴含着劳动工具表现的生产效率提升的贡献度。但无论何种形式的划分，均能体现劳动者与劳动工具之间的能源属性关系。

第一种，质料划分法。以制造工具的材料划分工具发展阶段，分为石器、铜器、铁器、电器等多个阶段。

第二种，多元划分法。分时段多标准来划分工具发展阶段，古代工具以材料技术分为石器、铜器和铁器三个阶段；近代工具以能源技术划分为蒸汽机器和电力机器两个阶段；现代工具以信息技术划分为程序控制机器、自动控制机器、智能控制机器三个阶段。

第三种，控制形式划分法。以人对工具的控制形式，将迄今为止的工具发展阶段划分为直接控制(蒸汽机诞生之前的工具)、间接控制(如人对蒸汽机的控制)、自动控制(如人对电子计算机的控制)三个阶段。

第四种，互化划分法。从工具对人体劳动功能的替代，即人的劳动功能的物化和工具的人格化，把劳动工具发展史分为六个阶段：简单工具、复合工具、自然力工具、热力工具、电力工具和自控工具。未来的工具即将走向智能控制时代。

b. 劳动工具的能源属性

生产工具的演变过程是人类社会不断改善、扩展和增强人类身体能力，不断突破和弥补人类身体局限的过程，也是不断提升人类自身改造自然能力的过程。但是，迄今尚未有按照能源利用形式划分工具发展阶段的方法。

从能量效率的角度认识，劳动是人类发现和运用外部能量，并把能量高效地转为生产手段的实践活动。人类把能量传递到工具，延长和扩展了人类四肢的劳动功能，增强了手的操作力、脚的行走力和体的负载力，实现了机器对人力、畜力的替代，使人类逐步从繁重的体力劳动中解脱出来，大大地提高了人类改造自然的能力，极大地提高了社会劳动生产率和社会财富的积累速度和规模，并且使人得到全面而自由的发展(安筱鹏，2005)。

劳动工具呈现有用性和变用性。有用性是指工具对人的器官的延长和改造，能够为人们获取一定的物质生活资料；变用性是指工具随着劳动过程的发展而不断变革，先是构形的变化，后是质料的变化。劳动工具变用性的发展，到目前为止大约经历了三个时期，即天然工具时期、金属工具时期、能动工具时期(分为蒸汽机的外动力工具和计算机的人化工具)。劳动工具的变用性提升了它的有用性，并以有用性的形式来表现它的实践价值(周守印，1990)。

实际上，劳动工具还有第三个特性，就是能效性。在工具使用过程中，必定消耗做功的能量。从简单工具使用人力能量，到复合工具借用畜力能量，简单机器工具巧用风力、水力的能量，再到复杂机器工具利用热力、电力能量，都是一个围绕着能量密度、能效强度不断提高的工具发展过程，这就构成了劳动工具的能效性。

生产力发展需求决定了劳动工具的有用性，能量利用水平决定了劳动工具的变用性。纵观人类劳动工具进步历程，都能看到其背后隐含的能源发现和利用的变革作用，而且劳动工具发展水平与所处能源阶段的能量密度具有正相关性的关系，如图 1-2 所示。

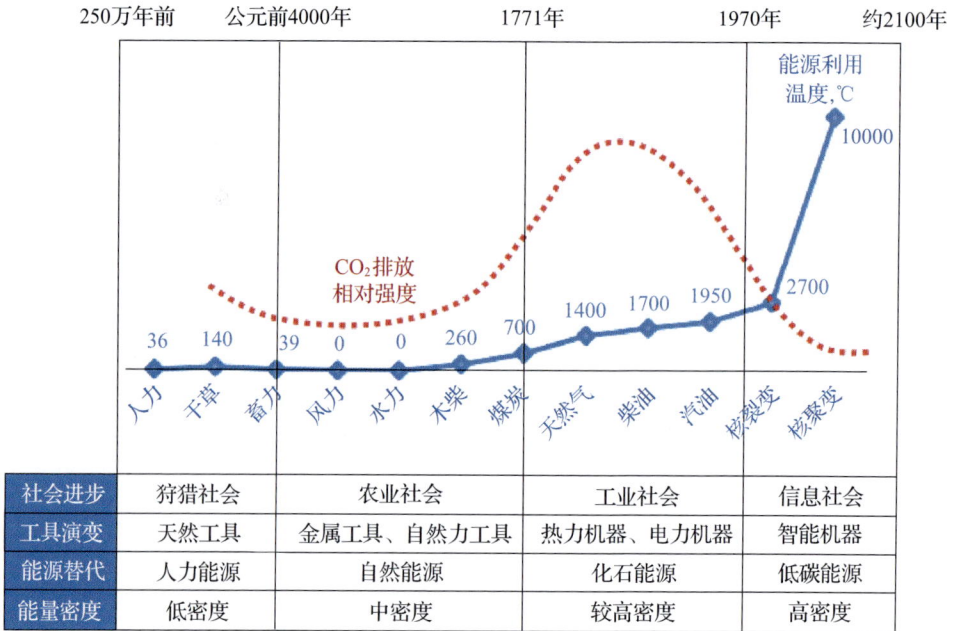

社会进步	狩猎社会	农业社会		工业社会	信息社会
工具演变	天然工具	金属工具、自然力工具		热力机器、电力机器	智能机器
能源替代	人力能源	自然能源		化石能源	低碳能源
能量密度	低密度	中密度		较高密度	高密度

图 1-2　能源革命的本质特征

在以旧石器、新石器为标志的渔猎社会，主要依靠薪柴能源、人力作为天然工具的动力。薪柴能源只能提供有限的能量，不足以把人类社会带入以机器为动力的社会化大生产时代。

在以铜器、铁器为标志的农业社会，人类学会使用畜力、风力、水力等自然动力来驱动金属工具，使得能量密度有所提高，劳动生产率也随之提高。

在以蒸汽机、电动机为标志的工业社会，人类发现并利用化石能源使之转化为电力来驱动大机器工具。煤炭的大规模应用解决了大工业生产的动力瓶颈，促进了纺织工业、钢铁行业、冶金矿产等重工业发展和城市建设的快速发展。石油与天然气的开发利用，为飞机、汽车及化工产业的发展提供了高效燃料和原料，促进了相关产业的发展，同时也使石油和天然气成为主要能源。

按照 1t 秸秆的热值约相当于 0.5t 标准煤的效果测算，煤炭对秸秆的替代意味着单位能量成本下降 50%。与煤炭相比，石油是一种物理性能更加优越的化石能源，按照传统的算法 2t 煤炭等同于 1t 石油的热值，石油的燃烧效率高于煤炭 50%。如果考虑运输、设备的投资，石油的能量效益更高，其总体效果是 1t 石油的实际作用等同于 3～5t 煤炭。此外，石油极易气化，因而，使传统能源使用方式发生一个重大革命，即可以实现连续性燃烧；同时，气化燃烧的能量效率比固体煤炭燃烧大幅度提高。可见，薪柴→煤炭→石油的演变过程，既是单位能源能量不断提高的过程，也是单位能源成本不断下降的过程。从运营成本来看，风能、太阳能接近于零，新能源的开发利用形成相当规模后会极大地降低生产过程中的能源成本。

c. 资本的能量生产率理论

人类为了提高劳动生产率而创造出劳动工具，没有工具及其发展，便没有生产力及其发展。在经济思想史中，早在 18 世纪晚期，美国经济学派亚历山大·汉密尔顿就将工业制成品在国际间竞争的性质，抽象为一种唯一的共同要素投入，即生产中施加和利用的工业能量。他们将资本视作是构建人类可以更好地支配自然能量的生产体系，形成了用工业开发的自然能量所测度的资本生产率学说，被称为"资本的能量生产率"理论(贾根良，2016)。

该理论认为，正是在能量提供及其效率这种共同要素投入的基础上，资本、劳动和土地之间存在着竞争。即资本可以创造本由体力劳动提供的能量产出，从而替代后者成为原始工作的提供者；以化学肥料和农业机械形式存在的资本可以增加土地生产率，从而部分地替代土地。以工业生产为例，蒸汽动力生产的每个人时"工作作用力"的成本，要比人类体力劳动提供同样能量所需要的成本低得多，因为给机器提供燃料和操作机器的成本，要比供养和维持人身体的成本低得多。资本的生产率在日益提高的程度上超过它的(劳动等)成本，这主要是每个工人所能推动的能量日益增长所导致的。在第一次工业革命时期，蒸汽织布机比手动织布机的生产率之所以高十几倍，原因就在于人的肌肉作为动力来源，被动力程度高十几倍和单位成本更低的蒸汽动力所替代。

从资本的能量生产率的角度看，各国商品的国际竞争，实质上都是自然能量这一根本性生产要素的投入和开发水平的竞争。正是资本的高能量生产率，使率先实现工业化的国家在国际贸易中拥有了绝对竞争优势。

B. 能源革命的本质特征是主导性和普适化

可替代能源具有市场主导性、技术普适化，是历次能源革命最核心的本质特征(段光正，2016)。

a. 能源替代的市场主导性

能源替代是一个继承发扬、转型升级的过程。替代不代表绝对放弃原有的能源消费，而在于新能源主体地位的确立，拥有大占比的市场应用主导权；不是完全抛弃原有能源系统创造的价值，而是在其科技、文明及生活方式进步的基础上，进一步推动经济发展，从而引发新一轮的创新与生活方式的改变，是升华而非另起炉灶。

b. 能源替代的技术普适化

能源革命替代的重点不只是能源种类的更迭，还在于新能源能否被广泛应用，并提升生产力、克服环境问题，这就取决于能源替代的核心技术突破与普适化。

煤炭替代木材并得到大规模应用，主要取决于蒸汽机的发明及其技术产业化；石油替代煤炭并得到广泛应用，主要取决于内燃机的发明及其技术产业化；未来的可再生能源或低碳能源替代化石能源，也必将取决于某项核心技术的突破与产业化，该技术要有与蒸汽机、内燃机同样的战略地位，能够使可再生能源得到大规模、广泛的应用。杰里米认为可再生能源革命的核心驱动技术将是在互联网、智能技术等推动下，可再生能源在发电、用电及储存电能方面技术的创新与突破，该创新技术的产业化将引领各领域技术创新与产业兴起，从而实现第三次能源革命。

3) 能源革命的长波周期

能源革命、工业革命、经济发展三者之间密切相关，互相促进。能源革命是工业革命的前提与实现条件，每一次工业革命都发端于能源的开发利用；而核心技术的突破与产业化，使得替代能源得到了广泛的应用，产生了能源革命，进而促使了工业革命的发生。

A. 经济发展的长波周期

苏联经济学家尼古拉·康德拉季耶夫在 1925 年的《经济生活中的长期波动》一文中，运用英国、法国、美国和德国等主要资本主义国家的价格、利率、进口额、出口额、煤炭和生铁产量等时间序列统计资料对经济发展的长波进行了实证研究。他认为，资本主义经济发展过程中存在着波长平均为 50 年的长期波动，将其所研究的 1780～1920 年这 140 年中资本主义经济运动划分为两个半长周期波动。

第一个长周期：从 1780 年到 1844～1851 年，上升波从 1780 年到 1810～1817 年，下降波从 1810～1817 年到 1844～1851 年。

第二个长周期：从 1844～1851 年到 1890～1896 年，上升波从 1844～

1851 年到 1870～1875 年，下降波从 1870～1875 年到 1890～1896 年。

第三个半长周期：从 1890～1896 年开始，上升波从 1890～1896 年到 1914～1920 年。

康德拉季耶夫把长波经济论归因于所有产品中有一种决定生产性质的主要资本产品，如蒸汽机、发电机和电动机这类生产工具的变革。熊彼特提出了以创新理论为基础的长波技术理论。他认为，社会一旦了解创新活动有利可图后，则趋之若鹜，在整个经济领域出现应用这些创新的热潮，因此，创新活动就会产生一个"经济周期"。由此可见，18世纪末期以来，已经历了五个长波周期，如图 1-3 所示。

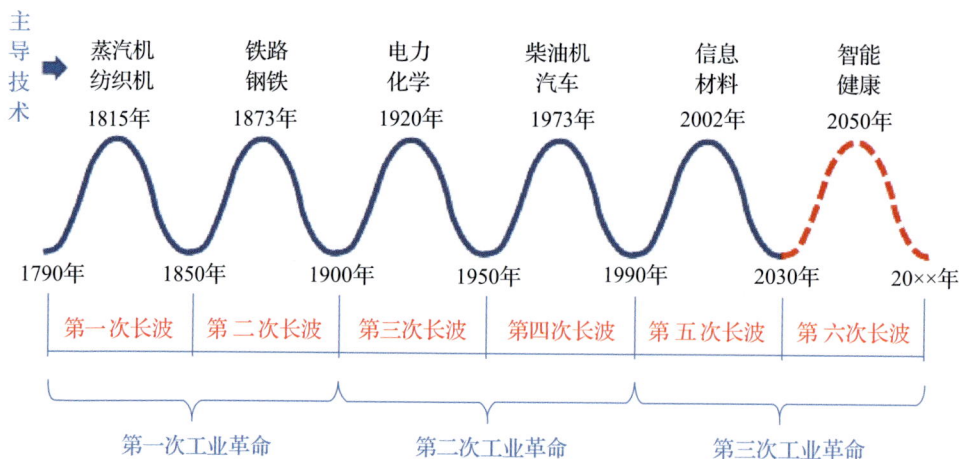

图 1-3　康德拉季耶夫经济长波周期示意图

第一轮长波（1790～1850 年），以瓦特蒸汽机和冶炼技术的创新活动为基础，此时进入煤炭能源时代。

第二轮长波（1851～1900 年），以钢铁和铁路技术的创新活动为基础，此时煤炭作为动力和燃料的技术趋于成熟。

第三轮长波（1901～1950 年），以电力、化工和汽车技术的创新活动为基础，此时燃煤发电技术得以发展，石油作为动力燃料得到广泛利用。

第四轮长波(1951~1990 年)，这轮长波以石油、汽车、原子能等创新为基础，还可包括金融领域的创新活动，此时核能技术发展成熟，油气能源被大范围利用。

第五轮长波(1991~2030 年)，这一轮长波是所谓的"新经济"阶段，以互联网、纳米材料、生物工程等创新活动为核心，同时带动了一大批相关行业对传统的三大产业重新改造，如基因工程对农业进行改造，促进了第一产业的发展；微电子、纳米材料对制造业进行改造，第二产业获得了飞速发展；这些创新活动还革命性地改造了第三产业，互联网技术使生产者与需求者直接对话，传统的商贸、金融业将会萎缩。这一系列创新活动集中在一起，构成了第五轮经济长波的特征。

B. 工业革命的长波周期

实际上，经济波动与工业革命密切相关。绝大多数学者认为使用"工业革命"一词更加便于划分经济时代，并使用关键技术及其技术经济范式作为划分的基础。

英国学者弗里曼等将工业革命以来的世界经济划分为五个长波，其中主要特征是以能源变迁为核心的技术革命。棉花、铁和水力动力时代，铁路、蒸汽机和机械化时代，钢铁、重工业和电气化时代，石油、汽车及大规模生产时代，低碳能源、计算机和信息时代(王保忠等，2016)。

托马斯.K.麦格劳和布鲁兰德等根据能源技术革命和康德拉季耶夫长波的特征，把三次工业革命的时期划分为：第一次工业革命(1771~1875 年)以煤炭和蒸汽机革命为特征；第二次工业革命(1875~1971 年)以电力和石油技术革命为特征；第三次工业革命(1971 以来)以计算机和低碳能源革命为特征。

由此可见，工业革命的长波周期大约是经济长波的两倍，每次工业革命的长波周期约为 100 年。第五次经济长波是第三次工业革命的前半段，它与目前正在到来的第六次经济长波共同构成了第三次工业革命，如表 1-1 所列(贾根良，2013)。

表 1-1　六次技术革命与三次工业革命的对应能源变迁

工业革命时域	技术革命起点	技术革命特征	能源形式	动力形式	交通方式
第一次工业革命 (1771～1875 年)	第一次技术革命(1771 年)	纺织机器化时代	水力能源	畜力	马车
	第二次技术革命(1829 年)	蒸汽和铁路时代	煤炭能源	蒸汽动力	蒸汽机车
第二次工业革命 (1875～1971 年)	第三次技术革命(1875 年)	钢铁、电力、化工时代	煤炭能源	电力	电力机车
	第四次技术革命(1920 年)	石油、汽车和大工业生产时代	石油能源	内燃动力	汽车、飞机
第三次工业革命 (1971 年～)	第五次技术革命(1971 年)	电子技术、计算机、远程通信时代	光伏能源	电力	高铁
	第六次技术革命(2020 年-)	新能源、智能制造、物联网、生物技术时代	低碳能源	电力	超级

从表 1-1 可以发现，每一次工业革命都隐含着一次新能源变革，二者之间存在着密切联系。每一次能源革命发生之后都会引发新一轮工业革命，而工业革命又可以促进能源的开发和利用。因此，有的学者认为，能源-动力-运输新技术的发明和工业应用，就会引起一个工业"三位一体"的大繁荣。

在第一次工业革命过程中，以煤炭作为主要燃料代替了人力、畜力等，从生产方式和技术进步两个方面来讲，机器替代了传统的手工生产，大力提高了生产效率。

在第二次工业革命过程中，以石油能源开发和电力、内燃机使用为标志，科学技术的发展突飞猛进，各种新技术、新发明层出不穷，并被迅速应用于工业生产，大大促进了经济的发展。内燃机的广泛使用极大地改变了人类的生活方式，为"石油时代"和"汽车时代"的到来提供了物质技术条件(张涵奇等，2015)。

在第三次工业革命过程中，工业化生产带来的生态危机、能源危机是发生工业革命的重要推动力之一，新能源体系革命将成为重要标志，寻求人与自然的和谐，经济社会与资源环境的协调和可持续发展将是重要目标。信息、生物、纳米、新能源、新材料、生态、太空、智能制造等新技术是第三次工业革命的技术前提，太阳能、风能、氢能、核能、生物能等可再生能源是第三次工业革命的能源基础(覃利春和杨建文，2013)。

何为第三次工业革命的主体？目前有两个基本观点：一是互联网技术与新能源相结合将引发第三次工业革命，可谓是能源革命，将实现新能源的网络互联技术；二是以3D打印技术为代表的新技术与制造业深度融合的第三次工业革命，也称为制造业革命，属于产业领域的革命。前者的革命体现在能源本身，其爆发点在于通过互联网技术把新能源互联互通实现"网络物联"之时。后者的革命体现在技术本身，其爆发点应该在于当这种新技术应用于生产制造并带来极大效益之时。

本质上，工业革命是技术进步引起的工具机器对人类劳动的替代，而能源革命则体现在替代人的肌肉力量而担当的动力来源形式上。因此，杰里米·里夫金提出"通信革命和能源革命的结合"是历次工业革命爆发的标志或原因。他认为，通信是社会有机体的神经系统，而能源则是其血液，历次工业革命都是通信革命和能源革命的结合(贾根良，2014)：

19世纪，世界迎来了一次通信技术与能源技术的融合，这就是所谓的第一次工业革命。当时以蒸汽为动力的印刷机代替了手工印刷，这使得人类可以以低成本制作大量的印刷品，知识得以传播，新的经济模式日益崛起，最终造就了密集的城市核心区和拔地而起的工厂。

20世纪，人类经历了第二次通信技术与能源技术的融合，即第二次工业革命，电视、电话、广播等新型通信技术的出现，以及电力、石油等新能源的使用，极大地改变了经济形态以及人们的生活，催生出城郊大片的房地产业，带动工业区的繁荣。

21世纪，目前的第三次工业革命，就是新兴的可再生能源技术和互联网技术的出现、使用和不断融合后，将带给人类生产方式以及生活方式的再次巨大改变。

C. 能源替代的长波周期

现代经济增长经历了一系列的康德拉季耶夫长波周期，每一周期 50 年左右，其发端总是伴随着重大技术进步的出现和生产、分配、组织、制度等方面的创新活动的扩散。我们根据历史上的一些能源变革时间节点绘出主体能源革命的长波周期，如图 1-4 所示，其中可见如下特征：①全球范围内由能源技术进步引发的主体能源(木材、煤炭、石油和天然气)的替代周期与经济增长的康德拉季耶夫长波周期具有相似的周期性。②第一次工业革命前后的能源革命周期较短，而第二次工业革命时期的能源革命周期基本相同且与经济长波周期近似相等。③能源革命长波与经济发展长波之间存在一个提前相位差，即能源革命发端早于经济巅峰，相位差约为 45 年。

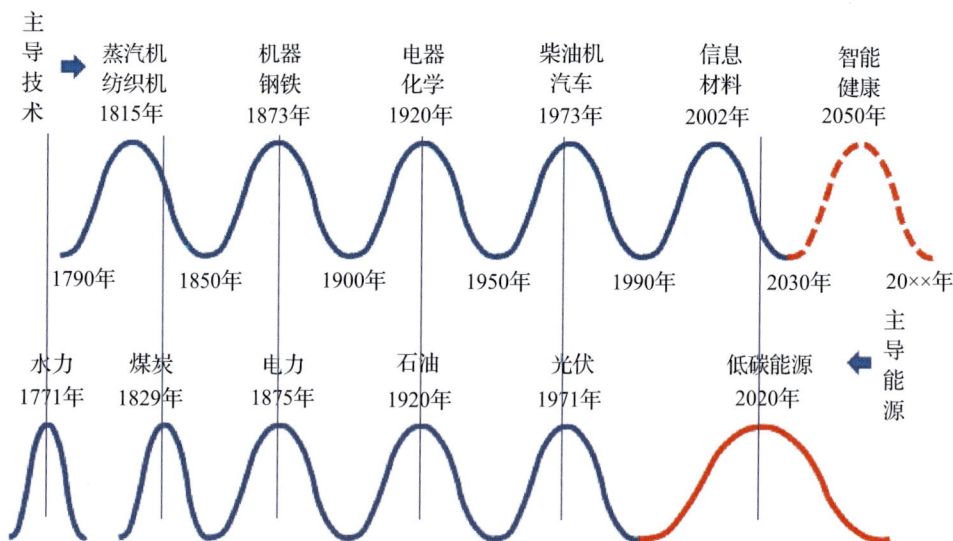

图 1-4　能源革命的长波周期曲线示意图

从能源替代的长波周期可以看出，煤炭能源的开发和利用对整个世界的命运改变具有至关重要的作用。正如巴巴拉·弗里兹所描述：工业革命(时代)被煤炭引燃，依靠煤炭铸铁而建立，并被蒸汽机和铁路这两个至关重要的发明驱动着，而这两项发明首先是为了迎合煤炭工业失稳需求而发展起来的。没有煤炭对工业革命的贡献，世界或将会继续几个世纪仍处于农耕时代，技术进步缓慢，物质财富增长缓慢。资本主义的原始积累不会突飞猛进，工人阶级不会迅速壮大，像 19 世纪的曼彻斯特这样的工业城市不会如雨后春笋般涌现，也不会有《共产党宣言》的问世。如果没有铁路，美国西部开发的进程将乘着四轮马车蹒跚而行。如果不是因为富足的煤矿使得德国工业蓬勃发展，世界大战也许不会爆发。殖民统治不会如此迅速推进，那些屈服于外国工业势力的民族将改写自己的历史。煤炭曾推动了一场能源革命，如今却正阻碍着另一场能源革命。煤炭从世界能源舞台上退场时，必将有社会和经济的代价随之而来，并且依然严重依赖煤炭生产的地区必将承受剧痛（巴巴拉·弗里兹，2013）。

4）能源兴替的基本规律

A. 能源发展的跃迁规律

世界上任何事物的发展过程都是量变和质变的统一，也就是相对稳定（量变）和层次跃迁（质变）的统一。能源系统的发展演化过程是自然环境系统的演变与人类有组织的社会、经济和各项活动相互耦合的结果，同样具备量变和质变相统一的特征。

各种主体能源的增长与兴替，基本上要遵循量变与质变相统一的 Logistic 增长模式，也称作 S 曲线的发展模式，如图 1-5 所示。系统从某一平衡点开始发展时，往往呈现出加速增长（发展）的趋势，但是由于各方面的约束（包括自身的发展极限），增长率随后逐渐降低，最终系统发展趋于饱和。这一演化发展过程的方程表达形式为（张九天，2006）

$$\frac{\mathrm{d}X}{\mathrm{d}T} = rX\left(1 - \frac{X}{K}\right)$$

式中，X 为系统的发展水平；T 为时间；r 为系统发展的内在增长率；K 为系统容量，是系统发展的极限。

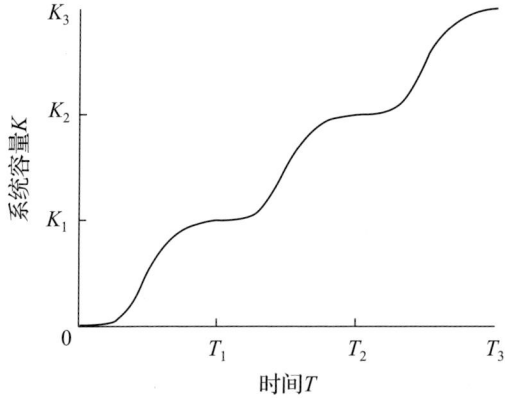

图 1-5　能源发展与跃迁的 Logistic 曲线

例如，1920～1960 年美国煤炭产量的 Logistic 曲线如图 1-6 所示，很明显的出现了增长→饱和→跃迁的由量变引起质变的规律。当煤炭产量的增长沿着 Logistic 路径进行时，必将会由于约束而趋于饱和(停滞)阶段，由此便构成了一个发展周期。此时，必须有相关的驱动因素推动系统向新的发展路径上跃迁，实现进一步的发展。

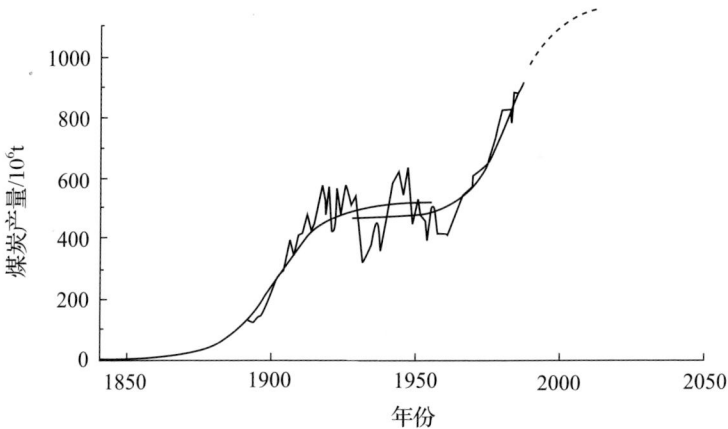

图 1-6　美国煤炭产量的 Logistic 增长模式

如果把能源发展和变迁看成是一个基于 Logistic 发展模式的周期循环，那么在每一周期的稳定发展阶段是量变的过程，每一周期的始末两个阶段是质变的过程。技术进步、社会变革以及各种创新，是质变的推动因素，并且在质变的过程中，呈现出有限随机波动和混沌等复杂现象。

B. 能源替代的竞争理论

在一种能源的发展演化过程中，不可避免地与其他能源的发展发生相互作用。从技术发展的角度看，体现为技术竞争和技术替代。一般来说，许多能源技术进步都表现为一种材料或能源载体对另外一种的替代。种群生物学的竞争理论，可用来分析能源技术之间的竞争与替代关系。假设两种能源技术 A 和技术 B 竞争，分别用 f_A 和 f_B 表示其相应的市场份额，那么用 Logistic 方程描述其竞争可以写为

$$\frac{\mathrm{d}f_A}{\mathrm{d}t} = af_A(1-f_A)$$

并且有 $f_A+f_B=1$，因此上面的方程解为

$$f_A = \frac{1}{1+\exp(-(at+b))}$$

如果写成对数形式，则有

$$\lg\left(\frac{f_A}{f_B}\right) = \lg\left(\frac{f_A}{1-f_A}\right) = at+b$$

式中，t 为时间；a 和 b 分别为回归系数。

图 1-7 所示为利用上述方程表达的我国居民生活能源消费中的电力

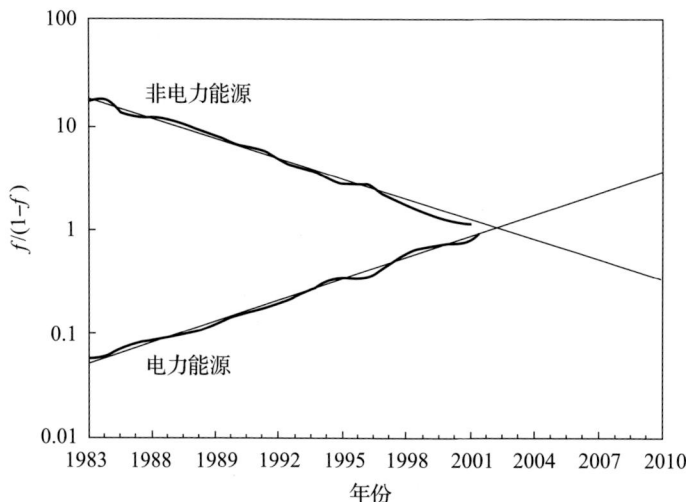

图 1-7　我国居民生活用能的竞争替代过程

对非电力能源的竞争替代演变关系,两条曲线的交叉点即为新能源对旧能源的替代时间。中华人民共和国成立后至 20 世纪 80 年代初,我国居民生活用能的主要能源是煤炭,电能消费的比例非常小。从 80 年代初期开始,我国居民生活用能中,电能的比例不断加大,煤炭的比例逐渐减小。直到 2002 年左右,我国居民的生活用电占比超过了非电能的占比,进入了电能替代时期。

全球煤炭能源的兴衰替代曲线如图 1-8 所示,从中可见,煤炭能源的兴衰周期约为 300 年(1780~2080 年)。从 1780 年左右开始,煤炭产量开始大规模增长,煤炭能源占比逐步提高,1875 年左右之时,煤炭替代木材成为主体能源。当狄立克于 1859 年在宾夕法尼亚州泰塔斯维尔打出第一口近代开采技术的油井之后,石油作为能源的占比逐年增长,到 1930 年左右,石油也成为替代木材的能源,形成了煤炭和石油双重能源结构,并且煤炭能源占比开始下降,直至 1970 年左右,石油替代了煤炭而成为主体能源。随着天然气产量增长,天然气替代石油而成为主体能源的时间将发生在 2030 年左右。今后,可再生能源将快速发展,预计在 2040 年左右,可再生能源将替代煤炭能源,届时全球的煤炭能源年占比大约 15%。

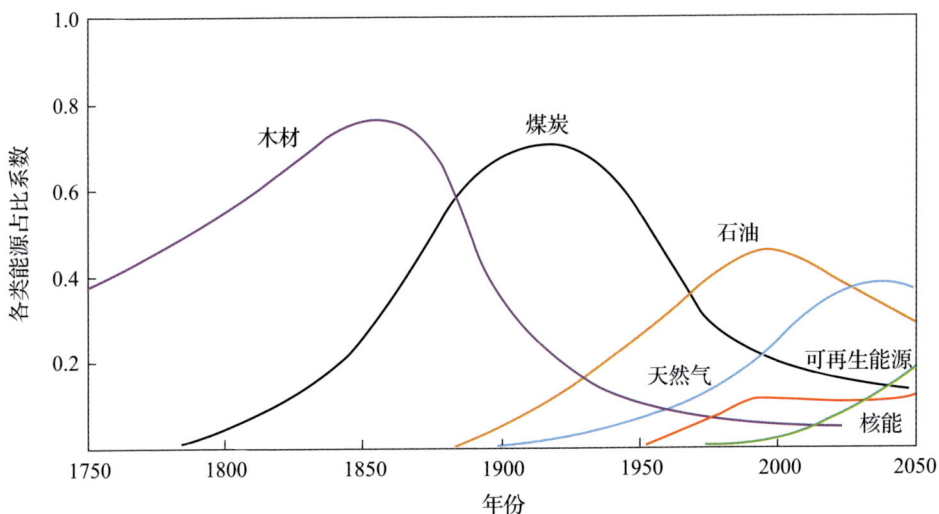

图 1-8　全球能源竞争替代变化曲线(煤炭能源的兴衰周期约 300 年)

5) 世界能源未来变化趋势

世界能源未来变化趋势主要有以下三个方面的特征。

一是页岩气、页岩油、可燃冰等非常规能源将有较大发展，形成新的能源供应和消费格局。近年来，美国页岩气革命使得美国能源独立之路向前迈进了一大步，不仅逆转了美国天然气市场格局，也影响了全球天然气市场的格局，引发了全球性的非常规能源开发热潮。伴随着发展中国家能源消费结构的逐步优化，全球能源消费结构将继续沿着低密度能源向高密度能源的方向发展，天然气、石油、核能在全球能源消费结构中的比例将有较大增加。

二是虽然化石燃料的时代远未结束，但其主导地位会有所下滑。世界对所有燃料的需求都在上升。未来 20 年，化石燃料在全球一次能源消费中的占比会从目前的 81%小幅下滑到 75%左右，天然气以及各类非常规燃气将成为唯一在全球能源结构中占比有所增高的化石燃料。由于煤炭具有资源丰富、分布广泛、供应可靠、价格低廉等突出特点，随着煤炭清洁高效利用技术和现代煤化工技术的快速发展，未来煤炭将根据市场的需要，在高碳能源低碳化利用方面发挥着更为重要的作用。

三是风能、太阳能、核能等新能源技术将进入快速工业化阶段，新能源消费总量将稳步增加。水能、风能等非化石能源消费在能源消费总量中的比例将有所增加，2030 年有可能达到 20%左右的比例。从各国能源中长期发展战略来看，以核能、风能、太阳能、生物质能为代表的新能源技术将持续突破，其发电成本的下降可能超过预期，以水电和风电为主的可再生能源技术将占到满足日益增长的需求所需新增装机容量的 50%。以智能电网、大规模储能电池为代表的能源配套技术的发展将大大促进新能源的发展和运用，提高其在能源结构中的比例。新能源以及绿色低碳能源的发展有望成为世界经济新的增长引擎。

6) 煤炭在世界能源结构中的地位

在世界能源的历史舞台上，煤炭消费曾经保持了近 60 年的高速增长。然而，过去的 100 年间，世界能源体系经历若干能源革命，每次革命都不同程度地影响了煤炭在世界能源舞台的主体地位。煤炭在世界能源消费结构中的比例，从最高时期的 48%降到目前的 30%左右。

从发达国家能源发展走过的历史来看，各国能源结构的优化主要出于洁净、绿色、低碳的考虑。经过了能源革命后的西方国家，出于能源安全和多元化发展的考虑，仍然保持了一定的煤炭比例。2015 年，煤炭在世界主要发达国家能源结构中的比例分别是：美国 20%、日本 27.1%、欧盟 17%、德国 25%、英国 18.3%。可见，煤炭依然是全球最重要的基础能源之一，其占一次能源消费结构 30%的比例，足以说明它持久的重要性。

根据世界各能源研究机构对未来世界能源与煤炭的预测，可得出一个综合的判断：即 2020 年左右，世界煤炭消费峰值可能出现，总量缓慢下降后，到 2035 年，能源品种中煤炭、石油、天然气的结构比例预计趋于均等，即各占 26%的比例，煤炭石油比例的降低，而天然气比例大幅上升表明世界能源进入天然气时代，初显全球能源煤炭、石油、天然气、核能、可再生能源五足鼎立的态势。

2. 我国能源结构演变及煤炭角色

1) 我国能源结构演变过程

我国煤炭资源丰富、品种齐全、分布广泛，而石油、天然气资源相对匮乏，能源结构一直以煤为主。图 1-9 显示 1978 年以来我国能源消费结构变化情况。

随着经济社会发展，能源消费总量持续较快上升，已成为世界第一能源消费大国，面临的资源、环境压力越来越突出。近年来，在国家产业政策引导和鼓励下，能源呈现多元化发展，天然气、核电、水电和其他可再生能源快速发展，已成为能源供应的重要组成部分，对煤炭的替代作用不断显现。2011~2015 年，煤炭占一次能源消费总量的比例下降了 5.2 个百分点，石油所占比例保持基本稳定，天然气上升 1.9 个百分点，核电、水电和其他可再生能源上升 2.6 个百分点，相当于累计替代发电用煤约 3.55 亿 t。

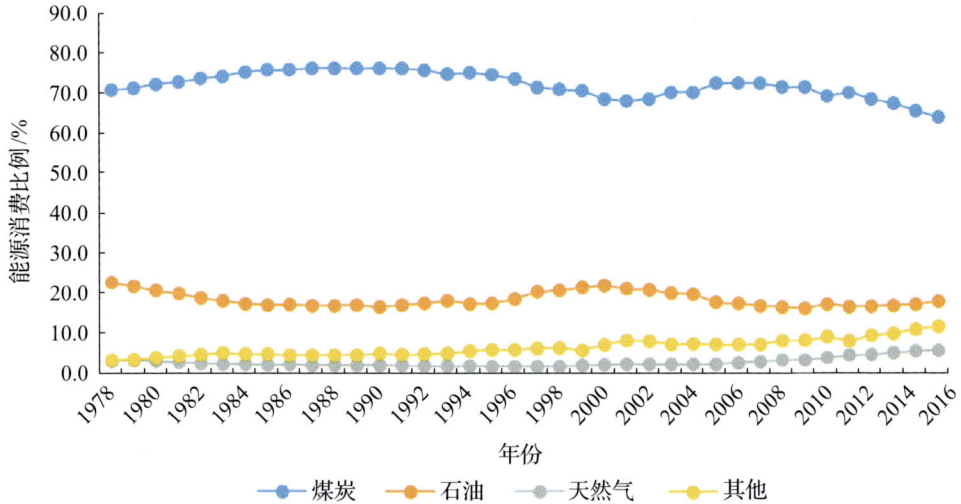

图 1-9　1978 年以来我国能源消费结构

2) 我国能源未来变化趋势

当前，我国能源发展正处于油气替代煤炭、非化石能源替代化石能源的双重更替期，在有效利用国际资源，不断增加石油、天然气供应，保障能源安全的同时，顺应世界能源发展趋势，进一步加快发展水电、核电、风电、太阳能等清洁能源，加快能源结构调整，与世界同步进入低碳能源时代，是我国能源发展的必然方向。在我国经济发展进入新常态、能源需求增速放缓的背景下，新能源和可再生能源对化石能源特别是煤炭的增量替代效应明显。根据《能源发展"十三五"规划》，2020 年天然气保供能力将达到 3600 亿 m^3 以上，核电装机容量达到 5800 万 kW，风电、太阳能发电装机容量分别达到 2.1 亿 kW、1.1 亿 kW 以上，届时非化石能源消费比例将提高到 15% 以上，天然气消费比例达到 10%，煤炭消费比例下降到 58% 左右，2030 年以前我国能源消费结构发展趋势见图 1-10。

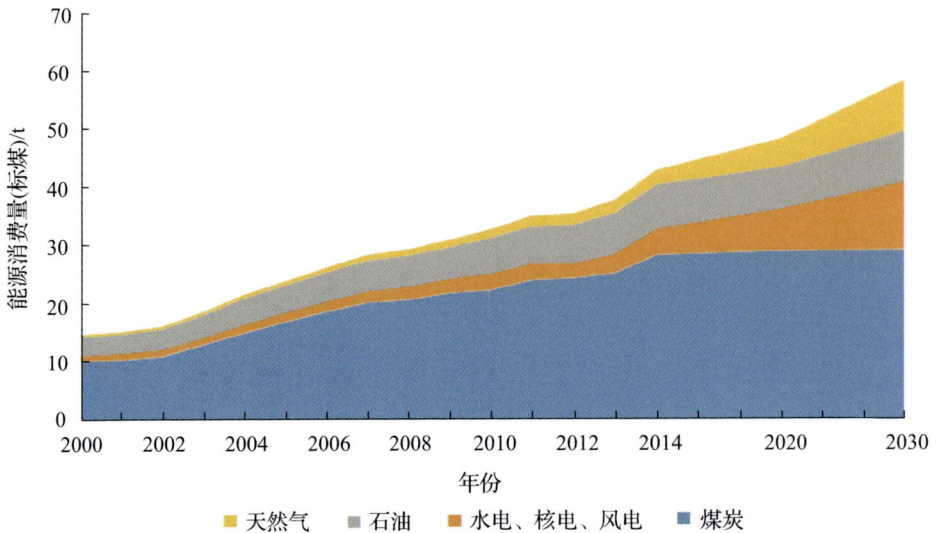

图 1-10　2000～2030 年我国能源消费结构及预测

数据来源：综合国务院发展研究中心、NRDC、煤炭规划院研究成果

3) 煤炭在我国能源结构中的地位

煤炭是我国的基础能源，也是重要的工业原料。自中华人民共和国成立以来，煤炭在我国一次能源生产和消费结构中的比例一直保持在 $\frac{2}{3}$ 以上。我国经济增长与煤炭生产和消费增长具有较大的相关性，特别是 21 世纪以来汽车、房地产、重化工业、电力工业发展态势迅猛，加上城镇化建设提速，以煤炭为主的粗放型能源经济模式再次升温，煤炭消费与经济增长的相关系数逐渐增大，"十五"期间达到最大值，超过 0.9，折射出我国经济发展对煤炭特征高度依赖。

虽然，近年来我国煤炭消费总量已出现转折，经济对煤炭消费的相关系数有所下降，但我国经济高度依赖煤炭的特征短时间内很难发生根本改变，煤炭供应的稳定与安全直接关乎我国国民经济运行的稳定与安全，煤炭在当前我国经济发展过程中的战略地位不可动摇，"弃煤化"不是选项。预计到 2030 年我国煤炭消费量仍占一次能源消费总量的 50% 左右，2050 年约占 40%。同时，和我国经济一样，高强度、低水平的煤炭生产和消费模式已经终结，煤炭行业已然走向结构调整、精细化发展的新时期。生产的绿色化、无人化，利用的清洁化、低碳化成为煤炭行业的发展方向。

1.1.2 我国能源革命的方向和重心

1. 我国能源革命的方向

我国经过 30 年高速发展，社会生产力水平显著提高的同时造成了大气污染、水环境污染、土地荒漠化和沙灾等十大环境问题。环境污染十分严重，主要污染物排放总量超过环境自净能力。环境承载能力已经达到或接近上限，生态保护形势严峻。

随着人们保护环境和生物圈的意识逐步增强，对清洁的空气、干净的饮水、宜居的环境要求越来越强烈。特别是在经济增速换挡、资源环境约束趋紧的新常态下，推动能源革命势在必行、刻不容缓。2013 年 9 月，国务院发布《大气污染防治行动计划》，部署大气污染物控制减排问题。2014 年 9 月，国家发展和改革委员会等三部委发布《煤电节能减排升级与改造行动计划(2014—2020 年)》，要求加快推动能源生产和消费革命，进一步提升煤电高效清洁发展水平。2014 年 6 月 13 日，习近平总书记在中央财经领导小组第六次工作会议上指出，面对能源供需格局新变化、国际能源发展新趋势，保障国家能源安全，必须推动能源生产和消费革命，并强调"大力推进煤炭清洁高效利用"。能源革命的提出，给我国能源行业带来深远影响。中央政府连续出台了一系列有关煤炭生产和消费的引导政策，2014 年 11 月，国务院发布《能源发展战略行动计划(2014—2020 年)》，要求到 2020 年煤炭消费总量控制在 42 亿吨左右。2014 年 12 月，国家能源局等三部委发布《促进煤炭安全绿色开发和清洁高效利用的意见》。与此同时，我国加大了天然气、页岩气、新能源等非煤能源的开发的政策力度和资金投入力度，各种鼓励和优惠的政策不断出台。

能源利用高效、清洁、低碳是能源革命的大趋势、大方向，面对日益凸显的能源与环境问题，推动我国的能源转型，实现能源清洁低碳化利用，已成为当前我国能源发展的重要任务。

2. 我国能源革命的重心

我国未来能源革命的重心一方面是传统化石能源尤其是煤炭的绿色开采与清洁化利用，另一方面是大力发展新能源，降低新能源的发电成本。

基于我国"富煤、贫油、少气"的能源资源禀赋状况和以煤为主的能源消费结构现实，高效清洁化利用煤炭资源必然成为我国能源清洁低碳化的首要选择。事实上，技术进步为煤炭清洁化利用提供了可能。煤炭本身是高碳能源，其利用必然伴随 CO_2 排放，但不断创新的技术正在改变这种状况。例如，煤炭洗选等提质加工技术、超(超)临界发电等高效清洁燃煤发电技术的大规模应用。

大力发展非化石能源是实现能源可持续发展的重要措施，也是未来能源发展的主要趋势。当前新能源市场应用不足、比例偏低的原因是多种多样的，包括新能源波动性和随机性大、并网难、成本高、政策不完善、技术尚未完全成熟，等等，然而，在制约新能源发展的诸多因素中，发电成本过高是一个关键性瓶颈制约因素。随着技术的进步、规模的扩大、供应链的完善和政策扶持力度的进一步加大，为新能源的规模化、商业化、产业化发展铺平了道路。尤其是考虑到煤炭、石油、天然气等传统化石能源的环保成本，预计再过 5～10 年，部分新能源电力成本将接近传统化石能源，市场竞争优势将逐步显现。

1.1.3 煤炭革命的战略意义

1. 能源革命背景下煤炭必须革命

虽然煤炭开发利用水平不断提高，但是煤炭行业自身存在的开发过程破坏环境、非清洁利用等问题仍未得到根本性解决，煤炭利用过程中产生的 SO_x、NO_x 和烟尘约占排放总量的 50%～75%，CO_2 排放量占排放总量的 80%以上。在能源革命的大背景下，煤炭必须革命，即革煤炭粗放型开发的命，革煤炭落后产能的命，革煤炭污染排放的命，走向高效、清洁、绿色的发展道路。煤炭行业发展模式、生产利用模式、市场营销模式、管理监督模式都将面临新的考验和新的挑战,亟待实现革命性的转变。

2. 煤炭革命是我国能源革命的重中之重

煤炭作为我国的主体能源,只有煤炭开发利用发生了根本性的变化,实现了煤炭革命,才能整体上实现我国的能源革命,实现能源的安全、绿色、经济供应。国家能源决策部门也一再强调,我国"正在压缩煤炭比例,但国情还是以煤为主,在相当长的一段时间内,甚至从长远来讲,还是以煤为主的格局,只不过比例会下降。我们对煤的注意力不要分散。"

3. 煤炭革命是解决煤炭发展困境的可持续发展的必然选择

煤炭行业依靠数量、速度、粗放型的发展方式已经结束,通过自身革命,依靠理念创新、科技创新,转向依靠质量、效益、集约型发展,提高安全、高效、绿色和智能化水平。可以推动煤炭行业与相关产业协调发展和产业转型升级,可以提高煤炭生产的安全度和集中度,实现从初级产品生产到高技术产品加工制造的新产业群的转化;提高行业整体水平和煤炭行业的形象。

推进煤炭革命,是中国煤炭工业加快转变传统发展理念、推动煤炭生产和利用方式变革、推进结构调整和发展方式转变的重要举措,对于构建资源利用率高、安全有保障、经济效益好、环境污染少、健康可持续发展的新型能源供应体系具有重大意义。

1.2 煤炭革命的紧迫性

1.2.1 煤炭发展面临的重大问题与挑战亟待解决

1. 经济可采的煤炭资源并不富余

我国煤炭资源总量丰富,但勘查程度低,详查储量占 26%,普查储量占 41%。可供建井的精查储量严重不足,仅占尚未利用资源量的 12%;

截至 2014 年年末，我国尚未利用中的精查储量 2994.8 亿 t，大量仍处于详查和普查阶段，不确定因素多，不能作为资源整体规划的依据。我国煤炭资源勘查现状不容乐观，基础地质勘查滞后，勘查程度低，煤炭资源保障程度低，已经成为制约煤炭现代化建设的瓶颈。另外，在已探明的 5.57 万亿 t 煤炭资源中，埋深在 1000m 以下的为 2.95 万亿 t，约占煤炭资源总量的 53%，可经济开发利用的煤炭资源并不富裕。

2. 安全高效绿色开采面临地质条件复杂、采深逐年增加等多重压力

地质条件复杂，开采难度大。煤矿深部岩体长期处于高压、高渗透压、高地温环境和采掘扰动影响，使岩体表现出特殊的力学行为，并可能诱发以煤与瓦斯突出、冲击地压、矿井突水、顶板大面积来压为代表的一系列深部资源开采中的重大灾害性事故。瓦斯含量高，严重影响煤矿安全生产。

目前我国煤矿开采深度以平均每年 10～25m 的速度向深部延伸。特别是在中东部经济发达地区，煤炭开发历史较长，浅部煤炭资源已近枯竭，许多煤矿已进入深部开采(采深 800～1500m)。全国 80 对矿井深度超过 1000m，山东新汶矿业集团有限责任公司孙村煤矿最大采深达1501m。与浅部开采相比，深部煤岩体处于高地应力、高瓦斯、高温、高渗透压及较强时间效应的恶劣环境中，煤与瓦斯突出、冲击地压等动力灾害问题更加严重。

3. 科学产能不足与当前产能总体过剩相矛盾

煤炭开采对生态环境影响较为严重。煤炭开采引起地表沉陷，并诱发地质灾害，造成土地挖损和占压，大量耕地损害与配给，植被破坏、水土流失与土地荒漠化加剧，给矿区农业生产、人民生活及社会安定带来一定影响。据初步统计，我国每采万吨煤炭，地表下沉和破坏土地面积为 2～5 亩(1 亩≈667m^2)，平均 3 亩，2015 年全国矿区(井)土地塌陷面积 6.8 万 hm^2。

2016 年以来煤炭行业化解过剩产能取得良好效果，去掉的过剩产能超过 4 亿 t，截至 2017 年年底，已基本完成去产能任务，但我国煤炭产能相对过剩的格局仍然存在。随着环境保护的要求日益提升，越来越迫切的要求煤炭实现绿色开采，而可实现煤炭绿色开采的科学产能依然不足，科学产能总体水平依然较低。晋陕蒙宁甘区煤炭科学产能总得分为 58 分，华东区为 55 分，东北区为 41 分，华南区为 33 分，新青区为 45 分。按照煤炭产量对各区域煤炭科学产能进行了加权平均，得出全国煤炭科学产能为 53.06 分。对美国、英国、德国、澳大利亚等世界先进产煤国煤炭生产情况调研与科学产能评价，估算得出美国煤炭科学产能得分为 94 分，英国、德国得分为 93 分，澳大利亚为 97 分。总体来看，我国与世界先进采煤国家科学产能得分差距较大。世界先进采煤国家煤炭科学产能情况见表 1-2。

表 1-2　世界先进采煤国家煤炭科学产能情况

产煤国	生产安全度（满分 34 分）	生产绿色度（满分 30 分）	生产机械化程度（满分 36 分）	科学产能得分（满分 100 分）
美国	34	24	36	94
英国	34	27	32	93
德国	34	27	32	93
澳大利亚	34	27	36	97
中国	15.11	13.83	24.12	53.06

4. 对煤炭的持续需求与当前不够清洁的利用方式相矛盾

我国能源资源禀赋和当前经济发展阶段，决定了未来相当长时期内煤炭仍将是我国的主体能源和基础能源。煤炭在能源结构中的比例会所有下降，但煤炭消费总量仍将保持在较高水平。煤炭的持续需求与当前不够清洁的利用方式之间的矛盾迫切需要解决。

我国煤炭中硫分和灰分含量较大，大气污染物排放量中约 85%的 CO_2、90%的 SO_2 和 73%的烟尘排放都来自燃煤(图 1-11)。每年散烧煤 7 亿～8 亿 t，约占煤炭消费总量的 20%，1t 散烧煤的污染物排放量是火电用煤的 5～10 倍，在极端气候的条件下，使用散煤燃烧所产生的污染物量可以达到污染物排放总量的 40% 左右。

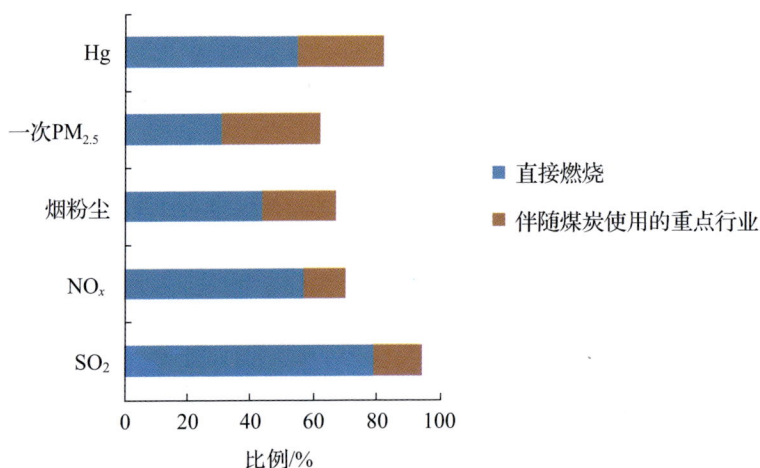

图 1-11　煤炭使用在我国大气污染物排放量中的占比

5. 煤炭利用的低效率高排放与生态环境要求相矛盾

煤炭作为高含碳能源，利用过程中不可避免地带来碳排放。我国单位 GDP 的 CO_2 排放量远高于发达国家，排放总量已居世界第一位。随着对气候变化的认识逐步深入，生态环境的低碳要求日益明显，煤炭利用的碳排放问题备受重视。我国政府已向国际社会庄严承诺到 2030 年的碳排放目标和非化石能源发展目标，必将对我国煤炭需求产生重要影响。

减少煤炭利用过程中碳排放的最有效途径是提高煤炭的利用效率。电力、钢铁、建材等重点用煤行业占我国煤炭消费总量的 90% 以上，是我国煤炭消费的主要方向，能源转化效率与国际先进水平相比仍存在一定差距。电力行业煤炭消费量约占我国煤炭消费总量的 50%，平均供电煤耗呈下降趋势，2005 年供电煤耗(标煤)374g/(kW·h)，2016 年供电煤耗已降低到 312g/(kW·h)，最先进发电机组供电煤耗达 276g/(kW·h)，居世界先进水平，但总体能效仍有提高潜力。我国火电行业亚临界燃煤发电机组仍占装机总量的 70% 左右，造成我国燃煤发电总体能效偏低，而先进国家燃煤发电以超临界机组、超超临界机组为主，总体能效水平距离发达国家的 275g/(kW·h) 的先进水平仍有较大差距。

钢铁工业煤炭消费量约占煤炭消费总量的 19%，是我国重点耗能行业。2016 年钢协会员企业平均吨钢综合能耗降至 572kg 标准煤，已接近国际钢铁工业综合能耗先进水平。但是由于耗煤量较大，节能减排空间仍较大。

1.2.2　供给侧改革倒逼煤炭生产革命

我国经济增速自 2010 年以来波动下行，经济运行呈现出不同以往的态势和特点。其中，供给和需求不平衡、不协调的矛盾和问题日益凸显，突出表现为供给侧对需求侧变化的适应性调整明显滞后。供给侧明显不适应需求结构的变化：一是无效和低端供给过多。一些传统产业产能严重过剩，产能利用率偏低。2015 年钢铁产量出现自 2000 年以来的首次下降，水泥产量出现自 1990 年以来的首次负增长。二是有效和中高端供给不足。供给侧调整明显滞后于需求结构升级，居民对高品质商品和服务的需求难以得到满足，出现到境外大量采购日常用品的现象，造成国内消费需求外流。三是体制机制束缚了供给结构调整。受传统体制机制约束等影响，供给侧调整表现出明显的黏性和迟滞，生产要素难以从无效需求领域向有效需求领域、从低端领域向中高端领域配置，新产品和新服务的供给潜力没有得到释放。

习近平总书记在 2016 年 1 月 26 日下午主持召开中央财经领导小组第十二次会议上强调，供给侧结构性改革的根本目的是提高社会生产力水平，落实好以人民为中心的发展思想。要在适度扩大总需求的同时，去产能、去库存、去杠杆、降成本、补短板，从生产领域加强优质供给，减少无效供给，扩大有效供给，提高供给结构适应性和灵活性，提高全要素生产率，使供给体系更好适应需求结构变化。

能源革命是我国供给侧结构性改革的重要内容，一方面是增加清洁能源的供给，另一方面是提高传统能源的清洁化程度。煤炭作为传统能源，一是要实现生产过程安全、高效、绿色；二是生产符合高效、清洁利用要求的煤炭产品。

1.2.3　消费侧改革倒逼煤炭利用革命

我国经过 30 年高速发展，社会生产力水平显著提高的同时，造成了大气污染等诸多环境问题。相关数据显示，我国环境承载能力已经达到或接近上限，人民群众对清新空气、清澈水质、清洁环境的需求越来越迫切，保护环境已上升为国家基本国策。我国对于能源消费提出了明确的清洁化、绿色化要求，出台了《大气污染防治行动计划》、《能源行业加强大气污染防治工作方案》、《火电厂大气污染物排放标准》等政策和标准。《大气污染防治行动计划》中明确规定，到 2017 年，全国地级及以上城市可吸入颗粒物浓度比 2012 年下降 10%以上，优良天数逐年提高；京津冀、长三角、珠三角等区域细颗粒物浓度分别下降 25%、20%和 15%左右，其中北京市细颗粒物年均浓度控制在 $60\mu g/m^3$ 左右。

煤炭作为近中期我国的主要能源，改变现有粗放的利用方式，实现高效清洁化利用是我国环境保护的客观要求，也是消费侧对煤炭提出的现实要求。

无论是从供给侧还是从消费侧来看，煤炭都必须主动革命，不革命就是死路一条，进行煤炭革命必须有壮士断腕的决心。

1.3　煤炭革命的现实性

1.3.1　煤炭绿色开发和超低排放已具备技术基础

科学技术的不断完善，科技成果取得新的突破，为煤炭革命提供了以下四方面发展动力。

一是在煤炭绿色开发方面，特厚煤层大采高综放开采关键技术及装备、生态脆弱区煤炭现代开采地下水和地表生态保护关键技术、宁东特大型整装煤田高效开发利用及深加工关键技术、高性能大型振动筛关键技术及其应用等一批具有较大影响力的创新成果达到了国际领先水平。为煤炭的绿色开采提供了技术支撑。

二是燃煤发电可以实现超低排放。近年来，我国建成了神华国华台山电厂、舟山电厂、华能玉环电厂、浙江能源嘉兴电厂等一批煤炭清洁发电示范工程。截至 2017 年年底，全国燃煤电厂完成超低排放改造 6.4亿 kW。部分电厂技术改造后，烟尘、二氧化硫、氮氧化物、汞的排放达到了燃气电厂的排放标准，且经济效益相当明显。

三是高效煤粉锅炉示范效果明显。目前，全国有锅炉 48 万台，每年耗煤 7 亿 t 左右，是仅次于燃煤发电的第二大煤烟型污染源。近年来，煤炭科学研究总院通过多省(区)和大型企业的工程应用示范，高效煤粉型锅炉燃料的燃烬率达到 98%(接近天然气锅炉水平)，比普通燃煤锅炉提高 28 个百分点，烟尘、二氧化硫、氮氧化物等大气污染排放指标低于国家标准。

四是水煤浆、型煤、褐煤提质等洁净煤技术取得了积极进展，洁净煤技术改善了原煤的燃烧特性，减少了污染物排放，提高了煤炭燃烧效率。

1.3.2　煤炭革命技术经济可行

煤炭革命性技术的不断研发和应用证明了煤炭革命技术具有良好的经济性。以煤电超低排放技术为例，对于新建燃煤机组，在煤质适宜的情况下，同步实施超低排放，与执行特别排放限值相比，即烟尘排放浓度(标态)从 20mg/m^3 下降至 10mg/m^3、二氧化硫从 50mg/m^3 下降至 35mg/m^3、氮氧化物从 100mg/m^3 下降至 50mg/m^3，污染物排放量下降 30%～50%，平均污染物浓度下降 44.1%，但环保一次性投资与运行费用增加基本都在 30%左右。以燃用常规低硫低灰煤的河北省三河发电有限责任公司 4 台机组为例，"近零排放"工程度电成本在 0.6～0.9 分。以燃用高硫煤的石柱电厂为例，仅考虑脱硫和脱硝改造，"近零排放"工程度电成本已达 0.7～0.83 分，与燃用常规低硫低灰煤的机组除尘、脱硫和脱硝全部改造的度电成本相当；如果加上除尘成本，燃用高硫煤的度电成本将远远大于燃用常规低硫低灰煤的度电成本。

由此可以看出，煤炭能够实现绿色开发，煤炭也能实现洁净利用，且技术经济完全可行。

第2章　煤炭革命的新理论、目标和战略

以人类文明发展为主线，从重大科学发现对能源科技发展重大促进作用的视角，本章论述了煤炭革命的科学基础，提出了煤炭开发利用一体化、矿井建设与地下空间利用一体化、煤基多元清洁能源协同开发、煤炭洁净低碳开发利用的能值转化四大煤炭革命理论，以及高端发展、国际化发展、近零生态损害的绿色开采、高标准的科学产能、高效低碳利用、转型发展理念六大煤炭革命新理念，进一步论述了煤炭革命的战略目标，指出安全绿色、清洁低碳、多元协调是煤炭革命的战略方向。

2.1　煤炭革命的科学基础

纵观人类历史上能源系统的变迁，自然科学的进步催生了工程技术的进步，而工程技术的进步(如畜力的使用，蒸汽机、内燃机、汽车等的发明和大量使用)决定了主体能源的兴替，驱使人类主体能源经历了柴薪→煤炭→石油→低碳的变迁。虽然这一变迁历程极为漫长，但最重要的特点在于，科学原理认识的进步决定了能源系统的变迁方向和速率，如图2-1所示，人类对自然科学的新发现为能源技术史上的重大技术变迁奠定了关键基础。

19世纪初以来，高密度的化石能源得到大量开发利用，并且制造出高效率的工具机和能动机，这得益于科学家们从自然现象中发现了各种自然力普遍的可转化规律。特别是在确定了各种自然力之间相互转化的当量关系，并且使这种当量具有统一的定量表达时，确立了能量守恒定律(申先甲，1999)。

| 摩擦生热原理 | 滚动减阻原理 | | 牛顿力学三大定律 | | 查理热胀冷缩定律 | 布莱克潜热理论 | 麦克斯韦电磁定律 | 爱因斯坦光子理论 | 热力学三大定律 | 爱因斯坦相对论 | 煤炭流态化理论 |

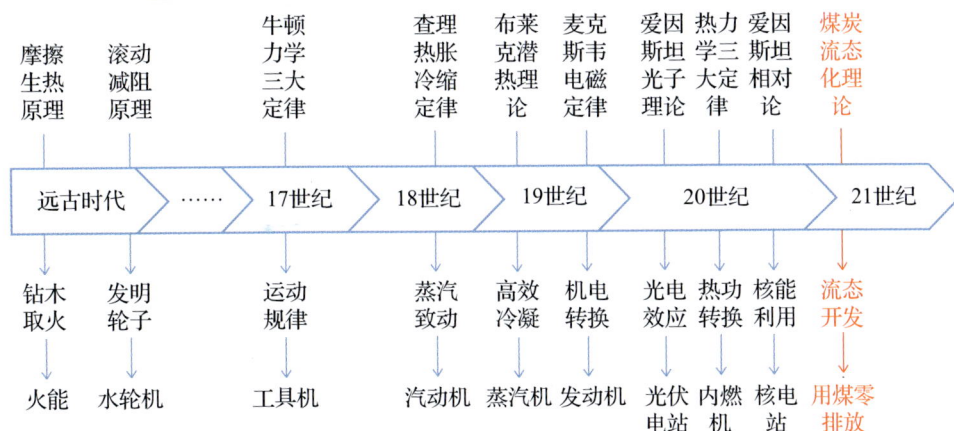

图 2-1 人类的重大科学发现及其对能源发展的重要贡献（时间轴：远古时代…… 17世纪 18世纪 19世纪 20世纪 21世纪；钻木取火、发明轮子、运动规律、蒸汽致动、高效冷凝、机电转换、光电效应、热功转换、核能利用、流态开发；火能、水轮机、工具机、汽动机、蒸汽机、发动机、光伏电站、内燃机、核电站、用煤零排放）

2.1.1　动能的定义

对于能量转化过程的定量化研究始于近代自然科学发展，是以一个动力学定理的形式出现的，一直被称为"活力守恒"原理。

1669 年，惠更斯（Huygens，1629～1695 年）在弹性碰撞的研究中，提出了 mv^2 这个量（m 为物体的质量，v 为其运动速度），并得出在完全弹性碰撞中 $\sum m_i v_i^2$ 这个量在碰撞前后不变的结论。

17 世纪末，在莱布尼兹（Leibniz，1646～1716 年）掀起的与笛卡尔学派关于"运动的量度"的争论中，把 mv^2 称为"活力"，而且断言，宇宙中真正守恒的量正是活力。

2.1.2　功的定义

1826 年，法国工程师彭塞利（Poncelet，1788～1867 年）在其出版的《机器应用力学教程》中明确了"功"这一术语，提出力和位移的乘积可以作为机器做功的量度，并规定其单位为千克·米。

1829 年，法国物理学家科里奥利（Coriolis，1792～1843 年）在《对机器效率的计算》一书中，主张"活力"应表示为 $\frac{1}{2}mv^2$，因为这样一来，它在数值上就会等于它所能做的功。

1847年，赫姆霍兹对功与活力的关系做出了清晰的数学论证，$\frac{1}{2}mv^2$ 的表示方式才被广泛采用，这就是现在所说的动能。

"功"的概念的形成，找到了各种物理力与某一标准的可量度的单位的关系，使最终定量地编织出各种物理力相互转化的网络得以实现。

2.1.3　能量的定义

1717年，约翰·伯努利在叙述虚位移原理时，采用"能量"这个词来表示虚功。

1807年，英国物理学家托马斯·杨（ThomasYoung，1773～1829年）在出版的《自然哲学和机械技艺讲义》中，建议将 mv^2 称为"能量"，他指出："在应用力学中，几乎一切有力作用的情况，产生任何运动所消耗的劳动，不是与动量成比例，而是与它获得的能量成比例。"不过，他所提出的能量概念，在很长时间里很少引起人们的注意。直到19世纪40年代，人们还是用"力"的概念来表示能量，如把现在所说的"势能"称为"张力"，把"动能"称为"活力"。

2.1.4　能量守恒定律

1842年，德国青年医生罗伯特·迈尔在《论无机界的各种力》论文中，以"无不生有，有不变无"和"原因等于结果"这些哲学观念为根据，对物理、化学过程中力的守恒问题做了一般性的论述，提出了"力是不灭的、可转换的、不可称量的存在物"的著名命题。

1840年，詹姆斯.P.焦耳发现了关于电流"焦耳热"的定律，他是用系统而精确的实验给能量守恒定律奠定了坚实的实验基础的第一人。在1847年5月发表的《论物质、活力和热》的论文中，焦耳对能量转换与守恒原理做了描述。

1847年，德国医生赫姆霍兹在《论力的守恒》的长篇论文中，第一次完整地提出了能量守恒定律的哲学基础、数学公式和实验根据，并把它演绎到物理学的各个分支。赫姆霍兹首先推导出活力守恒，即一个力学系统从一个位置状态运动到另一个位置状态时，所获得的活力(动能)必须正好等于使该系统回到原位置状态时外力所做的功。并且还推导出质量为 m 的落体的活力守恒的表达式为(罗平，2000)

$$\frac{1}{2}mv^2 = mgh$$

式中，v 为落体速度；h 为落体下落高度。在这里赫姆霍兹用 $\frac{1}{2}mv^2$ 表示活力，活力实际上就是运动物体的动能。这一表达式实质上就是在重力作用下的机械能守恒。

赫姆霍兹把活力守恒推广到普遍意义下的能量(机械能)守恒原理：质点系出现的活力(动能)和张力(势能)之和总是常数，表达为

$$\frac{1}{2}mQ^2 - \frac{1}{2}mq^2 = -\int_r^R \varphi \mathrm{d}r$$

式中，Q、q 分别为质点在 R 和 r 处的速度；φ 为关于位置的势能函数；赫姆霍兹把 $\int_r^R \varphi \mathrm{d}r$ 称为从 r 到 R 的张力之和，其实质就是今天所说的从 r 到 R 间的势能总变化。

赫姆霍兹的能量守恒原理对19世纪物理学乃至能源科学的发展产生了很大影响。早在 1853 年，能量守恒定律就首先被丹麦化学家汤姆森应用于化学，并在热化学方面取得了重要成就；1854 年前后，又被克劳修斯应用到热力学中，对热力学第一定律、热力学第二定律的建立产生了重要作用。此外，对麦克斯韦提出的电磁理论思想也产生了巨大影响。

2.2　煤炭革命的新理论

人类对地下煤炭资源大规模开采和利用已有数百年历史，为工业化文明进步做出重大贡献。但随着煤炭资源量持续减少、煤炭资源可采深度加大、煤炭利用产生大量污染，促使我们必须思考和探索以低资源消

耗、低环境污染、低地层损害为标志的煤炭革命新理论和新技术。

2.2.1　煤炭开发利用一体化理论

生态文明建设是煤炭革命对生态环境的新要求,煤炭革命不仅要求全面实现"高保低损"的煤炭绿色开采理念,而且要最大限度地提高煤炭资源综合利用率,突破长期以来煤炭开发与煤炭利用相互割裂的局面,发展共生和耦合关系模型,构建煤炭开发与煤炭利用一体化理论。

建立完善煤炭终端消费体系模型,一方面,提升煤炭开采过程中煤层气、矿井水、煤矸石、粉煤灰等多种资源及废弃物的综合利用率,统筹规划、综合利用、变废为宝,提高煤炭资源的利用效率;另一方面,将煤炭作为能源的同时,更应注重煤炭的资源化,实现煤炭由单一能源角色向多重资源角色的转变。煤炭中蕴藏丰富的稀土元素和镓、锂、铀、硒等金属元素,可通过井下精细化煤炭洗选,从煤中提取稀有金属,以实现煤的最大化利用。

2.2.2　矿井建设与地下空间利用一体化理论

长期以来,煤矿矿井建设都是以合理开采煤炭资源为目的而开拓布置井下巷道系统,从不考虑资源枯竭后这些井下巷道系统的综合利用。随着煤炭资源的枯竭,如何利用因开采形成的容量巨大的地下空间,不仅是资源枯竭矿井转型升级的重大需求,而且是煤炭革命的重要理念。

煤炭革命就是要充分考虑矿井建设与地下空间利用的高度融合,不仅要保障煤炭资源的科学开采,而且要充分考虑到关停矿井的地下空间综合利用。理论上,设定煤矿绿色开采和地下空间综合利用两个目标函数,以煤炭资源量、服务年限、年产量、回采率、地表沉陷量、水资源保护率、科学产能指标等作为变量,并采用先进算法,获得煤炭资源开采量和地下空间利用效率同时最大化,以建立矿井建设与地下空间利用一体化理论。

2.2.3　煤基多元清洁能源协同开发理论

煤矿以产煤与洗选为主，煤炭作为产品大多用于发电，"一煤独大"不仅是我国能源结构的特点，也是能源产业链不可或缺的中间产品。

煤炭革命促使我们思考煤矿如何从单一能源供给基地转型升级为综合能源基地，在井下进行煤炭就地转化，实现热、电、气联供。总体上，煤矿作为综合能源基地的相关理论需要在煤炭就地转化方面提出发展思路，并构建新的技术体系。例如，以煤炭地下气化为标志，构建合成燃气用于整体煤气化联合循环(IGCC)发电及 CO_2 封存的理论思路，实现地下气化污染物抑制及稳定产气；以煤炭地下热解为标志，提出以干热岩集热供热的地下煤炭原位干馏理论，发展基于电磁感应加热和微波辐射加热的地下煤炭原位热解理论与技术；以煤炭生物溶解为标志，提出基于微生物溶煤的地下煤炭原位生物开采理论与技术。

2.2.4　煤炭洁净低碳开发利用的能值理论

无论是自然环境系统，还是人类经济系统，其存在、运动、发展和变化均依赖于能量流动，因而研究能流的规律和特征就显得十分重要。能值分析是美国著名生态学家奥德姆(Odum)在热力学定律、最大功率原则和能量等级原理基础上创立的以能量为核心的系统分析方法。能值分析以能值作为基准，把不同种类、不可比较的能量转换成统一标准来进行比较。能值分析从一个更为系统化的角度给出了可持续发展水平的衡量标准(崔风暴等，2009)。

能值理论以太阳能值作为统一度量标准，主要采用以下四个基本能值指标来客观地评价和比较多种类型的自然资源对人类经济系统的贡献(隋春花等，1999)：

能值(energy)：某种流动或储存的能量包含另一种流动或储存的能量之量，称为该种能量的能值。它与能量有着本质的不同，是一种比值定义的概念。

太阳能是最原始的能源，地球上的能量都直接或间接地来源于太阳能，所以实际应用中通常以太阳能值(solar energy)来度量不同类型能量的能值，即任何资源、商品或劳务在形成过程中均为可直接或间接应用的太阳能之量，即为其具有的太阳能值，单位为太阳能焦耳(solar emjoules，缩写为 sej)。

能值转换率(transformity)：形成每单位某种能量所需的另一种能量(实际应用中是太阳能)之量，即该能量的能值转换率，单位为 sej/J 或 sej/g。它是一种比值，是度量某种能量能值的尺度，能值转换率越高，表明该能量在能量等级中的阶层越高。例如，太阳光的能值转换率为 1，在能量等级中处于最低层；粮食果菜的能值转换率为 24 000～200 000，人类劳务的能值转换率为 80 000～5 000 000 000，则在能量等级中处于较高层。太阳能值转换率的大小揭示了不同类型的能量之间存在差别的本质原因。

能值投入率(emergy investment ratio)：能值投入率等于人类经济系统的反馈能值与自然环境系统的投入能值之比。这个指标能够用来衡量经济活动在一定条件下的竞争能力，衡量经济发展的激烈程度，测知环境资源对经济活动的承受力大小，从而判定系统产品的市场竞争能力。

净能值产出率(net emergy yield ratio)：净能值产出率等于系统产出能值除以来自包括燃料、化肥以及劳务在内的经济系统反馈能值。它是衡量整个系统对经济活动的净贡献大小的指标，评价基本能源利用情况的指标，其值的大小能够表明生产过程中环境资源能值与经济反馈能值的利用效率大小。

利用这四个基本能值指标，即可衡量能源生产对经济系统的贡献，具有客观的物质基础和科学的理论依据。

2.3　煤炭革命的理念

2.3.1　高端发展理念

按照国际先进标准，通过科学技术革命、产业结构延伸、产业转型升级、组织结构变革、设定行业准入门槛、引进培养高端人才，发挥科技和人才的作用，使煤炭工业发展为信息化、智能化、现代化、知识化、专业化水平高的高技术产业；实现煤炭绿色开发(安全有保障、煤炭、水及煤炭伴生资源高效高回收率节约化开发、职工职业健康有保障、生产清洁化、地下水资源得到有效保护利用、地表生态近零损伤)和高效清洁利用与转化(超低排放火电、超低排放现代煤化工)；使煤炭行业成为经济效益和社会效益一流的行业；使科技进步和人才在煤炭行业发展中起到决定性作用；使煤炭行业成为管理水平一流的行业；使煤炭职工成为幸福的工人；使煤炭行业成为受人尊重的行业；使煤炭行业成为具有国际竞争力的行业；使我国由煤炭大国发展成为煤炭强国。

2.3.2　国际化发展理念

充分利用国际国内两个市场，两种资源，不断提升我国在国际煤炭工业发展方向、科技创新方向、发展战略、市场交易、定价等方面的话语权。

通过合作开发利用资源等方式，努力将我国煤矿安全高效开采技术、现代煤化工技术出口到发达国家(美国、澳大利亚等)；通过实施科技装备"走出去"等方式，努力将我国性价比高的高端液压支架等煤机装备出口到"一带一路"的有关国家；通过国际贸易，将我国的高技术含量、高附加值、高市场容量、高质量、具有高级竞争力的高端煤炭产品出口到国际市场；将我国的有关煤炭开发利用技术升级为国际标准，主导世界煤炭工业发展；主导制定煤炭国际贸易的质量标准和测试方法标准，依靠科技创新，创造市场需求，引导国际煤炭市场方向。

2.3.3　近零生态损害的绿色开采理念

树立和坚持"科技创新可以实现近零生态损害的煤炭绿色开采和超低排放利用及清洁高效转化"的理念；依靠科技创新和管理创新，使煤炭开采地表近零均匀沉降，地下水资源得到科学保护和利用；煤矿区环境得到有效修复和保护，矿区大气质量、水土资源质量达到国际有关标准。

2.3.4　高标准的科学产能理念

按照高科技含量和高技术、高门槛的原则，设定煤炭科学开采和科学产能标准，使煤炭开发发展为科学开采的系统工程；煤炭开采科学问题基本掌握：煤炭开采引起的"应力场、裂隙场、渗流场"三场关系以及与开采工艺参数的关系；煤炭开采引起的岩层变形、破断、运动机理；岩层结构再平衡；瓦斯逸出规律；地下水运移规律；粉尘分布规律；隐蔽火灾分布规律等；安全保障技术体系完善：水、火、瓦斯、煤尘、顶板等预警、防灾抗灾技术突破，体系完善；煤矿救援技术体系完善（救灾机器人）；开采技术体系完善：薄煤层无人智能化开采技术、超厚煤层无人智能化放顶煤开采技术、中厚煤层少人高效高回收率开采技术、全断面高效智能化掘进技术、复杂条件下机器人开采技术。

开采装备高端化：电液控制高端液压支架、智能化采煤机、变频智能化刮板输送机、工作面三机联动技术装备、井下开采机器人。

井下生产信息化、自动化技术：井下无线通信技术、井下生产自动化技术、井下生产智能化技术、数字矿山技术。

矿井管理科学化：矿井决策科学化、资源信息数字化、矿井管理信息化、矿井生产集约化、生产安全管理本质安全化、职工队伍高档化、作业环境人性化、地表环境友好化、核心技术自主化、成套技术集成化、总体技术领先化。

2.3.5　高效低碳利用理念

实现煤炭资源全组分高效利用，提高煤炭利用的洁配度和适配度，伴生的铝、镓、硅、煤层气等物尽其用，煤炭利用污染物实现近零排放，二氧化碳得到高效捕集和高效利用。

2.3.6　扩展、转型发展理念

实现煤炭由能源向原料和材料转变；煤炭碳氢元素的热能利用；煤

炭碳氢元素的材料功能；煤炭中非碳氢元素的开发利用；煤基高端燃料开发利用(高端油品：航空、航天油品、军用油品)；煤基高新材料延伸开发利用(交联聚乙烯)；煤炭能源与太阳能、风能、核能等其他能源耦合利用。

2.4　煤炭革命的目标

2.4.1　煤炭成为清洁能源

通过煤炭革命，使煤炭成为清洁能源。

(1)清洁绿色：实现开发、利用、转化污染物全程近零排放，推动煤炭由"黑"变"绿"；高碳能源低碳化利用；实现污染物及共伴生资源最大限度的资源化利用。

(2)高效智能：煤炭开发、利用、转化全过程中的高效技术及装备和优化集成高效系统；煤中特殊成分的有效利用，实现资源节约、集约发展。

(3)可持续：保护利用地下水资源，保护改善地表生态环境，实现煤炭开发利用生态环境友好；实现煤炭开发近零伤亡；推进高碳能源低碳发展；持续保障国家能源安全。

2.4.2　煤矿区成为煤基多元协同能源基地

通过煤炭革命，使煤矿成为集光、风、电、热、气多元协同的清洁能源基地，包括以下内容。

(1)煤炭生产区——煤矿区本身就是一个多能源系统。以煤为基础，煤矿区应当发展多能源协同开放的清洁能源系统。

(2)大力发展坑口清洁低碳煤电，提高煤电发电效率，实现煤电的近零排放，减少原煤长距离运输和污染排放。

(3)依托煤矿位于距离城镇较远或山区偏远地区，利用优势条件大力发展太阳能、风能、蓄水能，以煤电为核心，与太阳能发电、风电和水电的协同发展，多种电力能源的协同高效开发利用。

(4)依托煤矿区的生产条件和井下空间优势，大力发展煤矿井下新型生产工艺，实现煤基电、热、气的全井下供应和生产，污染物井下控制与处理，形成煤炭清洁能源系统、地下房地产及地下城市等。

2.4.3 煤炭行业成为社会尊重、人才向往的高新技术行业

煤炭革命不是革煤炭的命，而是对照国际领先水平，以科学产能和科学开采及科学利用的要求倒逼煤炭革命，包括以下内容。

(1)以"矿工安全与职业健康"倒逼矿工近零伤亡，提升矿工职业健康水平。

(2)以"生态绿色"倒逼煤炭开发、利用、转化过程中环境友好、低碳利用以及污染物全程近零排放。

(3)以"高效智能"倒逼煤炭开发、利用、转化过程中的装备信息化、智能化、无人化，实现从智能能源系统向智慧能源系统的根本转化。

2.5　煤炭革命的战略

2.5.1　安全绿色开发战略

以先进的技术和管理创新支撑本质安全和职业健康。实现重大危险源得到有效预控和防范、采掘作业环境友好舒适、瓦斯不超限、煤尘不超标，作业面无积水、无积尘，员工作业舒适无违章，员工职业健康有保障。依靠科技创新，实现煤炭、水、土地、煤系伴生资源最大化开发利用，煤炭开发利用零生态损伤，矿井生产系统运行节能化，矿井水资源得到保护和资源化利用，矸石不出井、废水不外排，煤矿乏风、矸石、废水等固液气废弃物循环利用，煤矿地表塌陷区得到有效修复，煤矿生活区花园化、美观化、和谐化。

2.5.2　清洁低碳利用战略

煤炭资源得到全部高效充分利用：煤炭中碳氢元素得到高效利用，煤炭中伴生的铝、镓、硅等资源得到高效回收利用，煤炭共生资源(煤

层气、页岩气、水、铀矿等)得到高效开发利用。煤炭利用(火电、大型高效工业化燃煤锅炉等)污染物达到超低排放，二氧化碳得到高效捕集和高效利用；煤炭转化(煤制油、煤制烯烃、煤制天然气等)实现环境友好(井下作业环境和地面环境)，污染物达到超低排放，二氧化碳得到高效捕集和高效利用，水资源得到循环利用。

2.5.3　多元协同发展战略

延长产业链、转变产品形态、上下游一体化。充分发挥煤炭碳氢元素的热能利用和材料功能，加强非碳氢元素的开发利用，向煤基高端燃料和高新材料延伸开发利用，将煤炭能源与太阳能、风能、核能等其他能源打造成协同统一的耦合系统。

第3章　煤炭革命的战略蓝图

中国资源赋存条件决定了以煤为主的能源格局在相当长时期内不会改变，煤炭必须革命才能跟上能源升级与结构调整的步伐。根据世界能源变革、发展的规律，实现煤炭生产的绿色化、无人化，利用的清洁化、低碳化是煤炭革命的本质要求和必然趋势。随着未来煤炭开采深度的增加，煤炭科学技术更需要不断升级、创新突破，形成一系列变革性甚至颠覆性理论和技术。本章根据煤炭革命的理念和构想，结合我国煤炭开发利用的现状、资源空间分布规律以及能源结构随时间的变化，创造性提出煤炭革命3.0阶段、4.0阶段和5.0阶段三个发展阶段，并给出每个阶段的战略目标，从而形成了我国未来30年煤炭革命的技术路线及战略蓝图。

3.1　总体战略蓝图

3.1.1　总体目标与特征

1. 总体蓝图

根据党的十九大确定的我国经济社会发展的总体目标与战略部署，提出煤炭行业发展的阶段划分、目标及总体战略蓝图，从而指导我国煤炭革命的发展实践。力争通过30～40年的努力，使煤炭行业由最初的单一资源开采利用发展成为煤基多元协同与原位采用一体化和深地空间利用的智慧能源系统，煤炭最终成为安全、绿色、可靠、高科技含量的清洁能源。煤炭革命的总体目标和战略蓝图如图3-1所示。

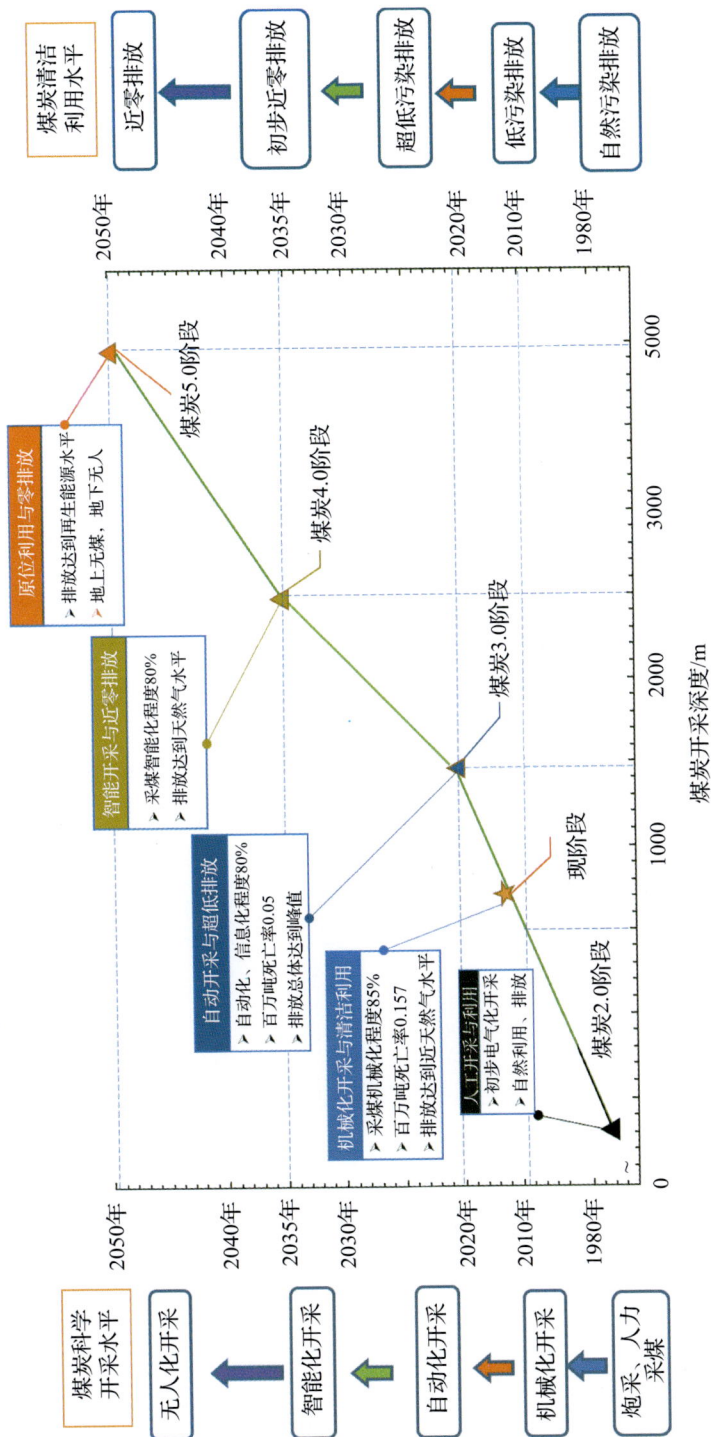

图 3-1　煤炭革命总体目标与战略蓝图

煤炭革命的发展有时间、空间和技术演进三个维度。从时间角度，煤炭革命是一个长期的过程，总结之前的 100 多年的煤炭技术发展规律，即煤炭经历了人工开采、机械化开采两个阶段，我们称之为煤炭 1.0 阶段和 2.0 阶段，彼时的煤炭仅仅作为燃料被低水平的开采、利用。目前，已经发展到 2.0 阶段的后期，煤炭开采效率、利用水平大幅提升，在满足能源需求的同时也带来了一系列问题。在此基础上，提出未来 30 年煤炭革命 3.0 阶段、4.0 阶段和 5.0 阶段的划分。煤炭 3.0 阶段要实现自动开采、超低排放，4.0 阶段要实现智能开采、近零排放，5.0 阶段要实现无人开采、达到再生能源排放标准。从空间角度，目前开采深度已经到 1500m，再继续向深部进军，将受到高地压、高地温及复杂地质条件等因素的严重制约，面临极大的安全、环境、技术及经济风险。当前的开采理论和方法适应的开采深度是有极限的，超过这个极限就必须考虑采用全新的开采方法。从煤炭 3.0 阶段、4.0 阶段就开始研究颠覆现有物理开采方法与体系的深部原位流态化开采理论、技术与装备，到煤炭 5.0 阶段开始工业性试验应用。从技术研究演进的角度，将按照"现有基础支撑技术—变革性技术—颠覆性技术"构建煤炭 3.0 阶段、4.0 阶段和 5.0 阶段三个阶段的技术蓝图。开采、利用技术的研究不单要考虑现有技术的升级与突破，还要有对新的、颠覆性技术的探索，从而应对未来的技术变革。

2. 主要阶段划分

按照煤炭革命总体目标与战略蓝图的设想，将煤炭革命的发展分为三个阶段：

1) 2020 年前煤炭 3.0（2000m 以浅）阶段

2020 年之前，开采 2000m 以浅煤炭资源。通过技术推广与升级，建成超低生态损害与超低排放的机械化、信息化煤炭开发利用体系，进入井下少人、接近天然气排放水平的煤炭 3.0 阶段，煤矿井下空间得到初步利用；煤炭 3.0 阶段是开采及利用技术的革命。

2）2020～2035 年煤炭 4.0（3000m 以浅）阶段

2020～2035 年，开采 3000m 以浅煤炭资源。通过技术的突破，建成近零生态损害与近零排放的智能化、多元煤炭开发利用体系，进入井下无人、接近清洁能源排放水平的煤炭 4.0 阶段，煤矿井下空间得到有效利用；煤炭 4.0 阶段是开采及利用方法的革命。

3）2035～2050 年煤炭 5.0（3000m 以深）阶段

2035～2050 年，开采 3000m 以深煤炭资源。现有开采体系无法有效支撑。通过颠覆性技术的研究，建成煤基多元、开放、协同、绿色开发利用的清洁能源基地，进入井下无人、地上无煤、纯清洁能源的煤炭工业 5.0 阶段，煤矿井下空间资源与城镇化发展协同开发利用。煤炭 5.0 阶段是煤基能源开发利用的革命。

3.1.2 全产业链煤炭技术革命路线图

要实现上述三个阶段的目标，需从煤炭开采过程、利用过程、环境影响消除的煤炭资源全生命周期角度研究煤炭技术的发展与演进路线。煤炭革命全产业链总体技术路线图如图 3-2 所示。

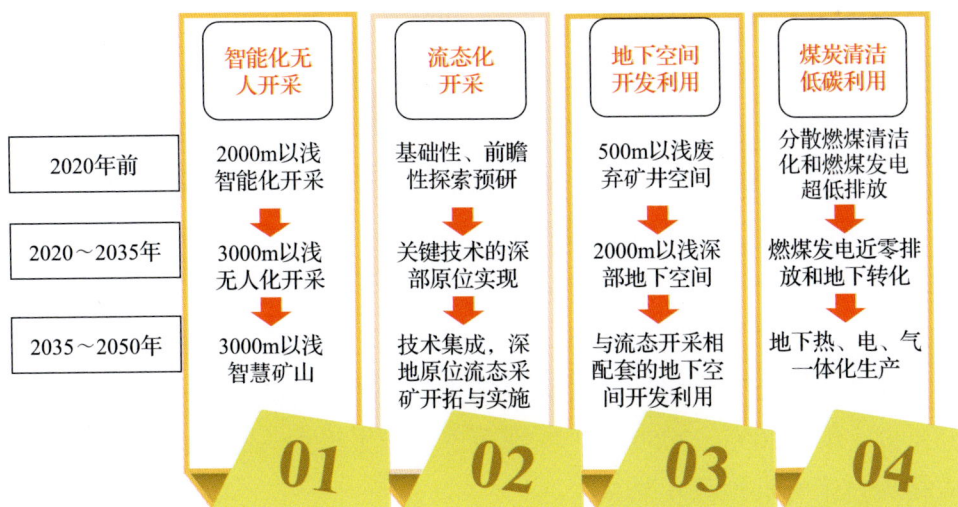

图 3-2　全产业链煤炭技术革命路线图

1. 智能化无人开采

2000m 以浅的煤炭资源开采仍可沿用现有的开采技术与装备体系，需要克服岩层、构造、瓦斯、水等地质条件变化而带来的安全问题。智能化控制技术可在有效探测环境信息的基础上实现装备的自动控制，避免开采事故的发生。通过地质构造的探测、反演及智能决策技术，可形成基于透明矿山的智能化开采系统。不但有效支撑当前煤炭开发，而且也为 3000m 以下深部资源的开采奠定技术基础。智能化无人开采发展目标是：2020 年前，实现 2000m 以浅智能化开采；2020~2035 年，实现 3000m 以浅智能化无人开采；2035~2050 年，打造出 3000m 以深的智慧矿山，实现煤炭开采人不下井。

2. 流态化开采

资源开采在进入深部后将面临更大的安全、环境、经济及技术难题。基于对地球深部基本科学规律的探索，提出煤炭资源深部原位流态化开采的颠覆性科学构想(谢和平，2017a)，以解决 3000m 甚至更深的资源开发难题。流态化开采就是将深地固体矿产资源原位转化为气态、液态或气固液混态物质，在井下实现无人智能化的采选充、热电气等转化的流态化开采技术。流态化开采可彻底改变目前矿业领域生产效率低、安全性差、生态破坏严重(土地塌陷、水资源破坏等)、资源回收率低、地面运输/转化能量损耗大等一系列问题，实现地下资源开采的颠覆性变革。流态化开采的技术演进路线是：2020 年前，将煤炭流态化开采作为深地研究的重要科学问题率先提出来，展开煤炭资源流态化开采前瞻性理论、基础性技术研究；2020~2035 年，建立现有煤炭开采及转化技术体系对流态化开采的基础支撑架构，部分流态化开采关键技术的深部原位实现；2035~2050 年，实现流态化开采重大关键技术的突破，集成相关技术开展现场实施。

3. 地下空间开发利用

煤炭开采产生了大量的地下空间，如果不能有效加以利用，不但对环境带来影响，而且也造成了人力、财力、资源的浪费。地下空间也是国土资源，其开发利用对人们的生产生活方式都带来重大影响。目前，一些废弃矿井的地下空间正在尝试存储、旅游观光、军事设施、交通等多种利用方式。

地下空间的开发利用技术路线是：2020 年前，主要进行 500m 以浅废弃矿井空间开发利用，积累空间分配、生态系统再造、通信等关键技术；2020～2035 年，进行 2000m 以浅深部地下空间开发利用，包括医疗、试验、废弃物处置等用途；2035～2050 年，开展与流态化开采相配套的地下空间开发利用技术研究。

4. 煤炭清洁低碳利用

燃烧是煤炭利用的主要方式。目前，我国燃煤发电技术已经取得很大突破，先进电厂的耗煤量、排放水平都达到世界领先水平。煤炭清洁利用的目标是：在 2020 年前，重点解决分散燃煤清洁化问题和推广应用燃煤发电超低排放技术；2020～2035 年，实现燃煤发电近零排放和地下转化，消减大部分的 CO_2 排放；2035～2050 年，煤炭不到达地面，直接在地下实现热电气一体化生产，由开采煤炭转变为开采"能源"。

3.2　煤炭智能化开采和超低排放洁净利用
——煤炭 3.0 阶段

3.2.1　战略定位与目标

煤炭 3.0 阶段定位在 2020 年前，是煤炭行业内在发展模式转型调整的关键时期。更安全、更环保、更高效的行业发展要求倒逼诸多先进开采与利用技术的推广、升级，建设超低生态损害与超低排放的自动化、智能化煤炭开发利用体系，只有这样才能在和其他能源的竞争中站稳脚跟。

1. 煤炭 3.0 阶段战略定位

煤炭革命 3.0 阶段的核心是尽快实现煤炭智能开采和超低排放洁净利用，完成煤炭开发利用技术升级与推广，最大程度消除煤炭开采及利用的环境负效应，为煤炭的可持续发展争取更多的时间和空间。

2. 煤炭 3.0 阶段战略目标

煤炭 3.0 阶段战略发展目标是：形成超低生态损害与超低排放的自动化、智能化煤炭开发利用体系；行业不存在或极少存在"落后产能"，摆脱高污染、高排放的开发利用模式(图 3-3)。具体指标包括以下内容。

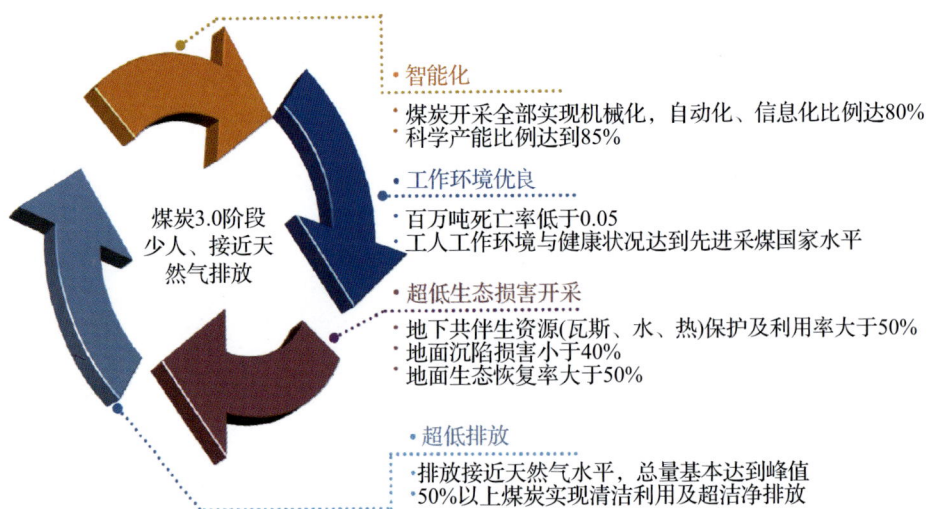

图 3-3 煤炭技术革命 3.0 阶段战略目标

(1)井下少人：实现井下作业人员下降 70%；煤炭开采全部实现机械化，自动化、信息化比例达 80%；科学产能比例达到 85%。

(2)无重大安全事故：百万吨死亡率低于 0.05，工人工作环境与健康状况达到地面生产车间水平。

(3)超低生态损害开采：地下共伴生资源(瓦斯、水、热等)保护及利用率大于 50%；地面沉陷损害小于 40%；地面生态恢复率大于 50%。

(4)超低排放：排放接近天然气水平，排放总量基本达到峰值；50%以上煤炭实现清洁利用及超洁净排放。

3.2.2　突破思路

煤炭 3.0 阶段既是对现有技术的升级，又是为 4.0 阶段和 5.0 阶段的技术突破奠定基础。发展方向集中在智能化信息化生产技术、绿色开采技术、超低排放及环境保护三个方面，目标是使开采效率更高、用人更少，人员更安全、生态损害更小；煤炭转化利用的效率更高、能耗更低、污染更少，从量变到质变。充分利用互联网+、大数据等现代技术，推进智能开采、绿色开采和超低排放、清洁利用，见图 3-4。

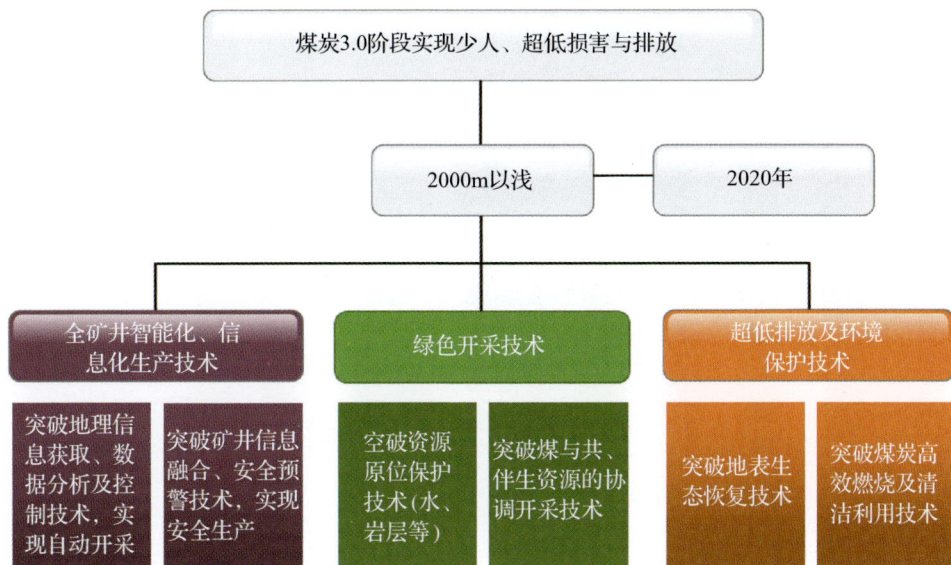

图 3-4　煤炭技术革命 3.0 阶段突破思路

3.2.3　实施路径

基于上述三个突破方向，进一步分解形成完善的技术链，基于现有基础支撑技术给出支撑煤炭 3.0 阶段目标的一系列关键技术，如图 3-5所示。

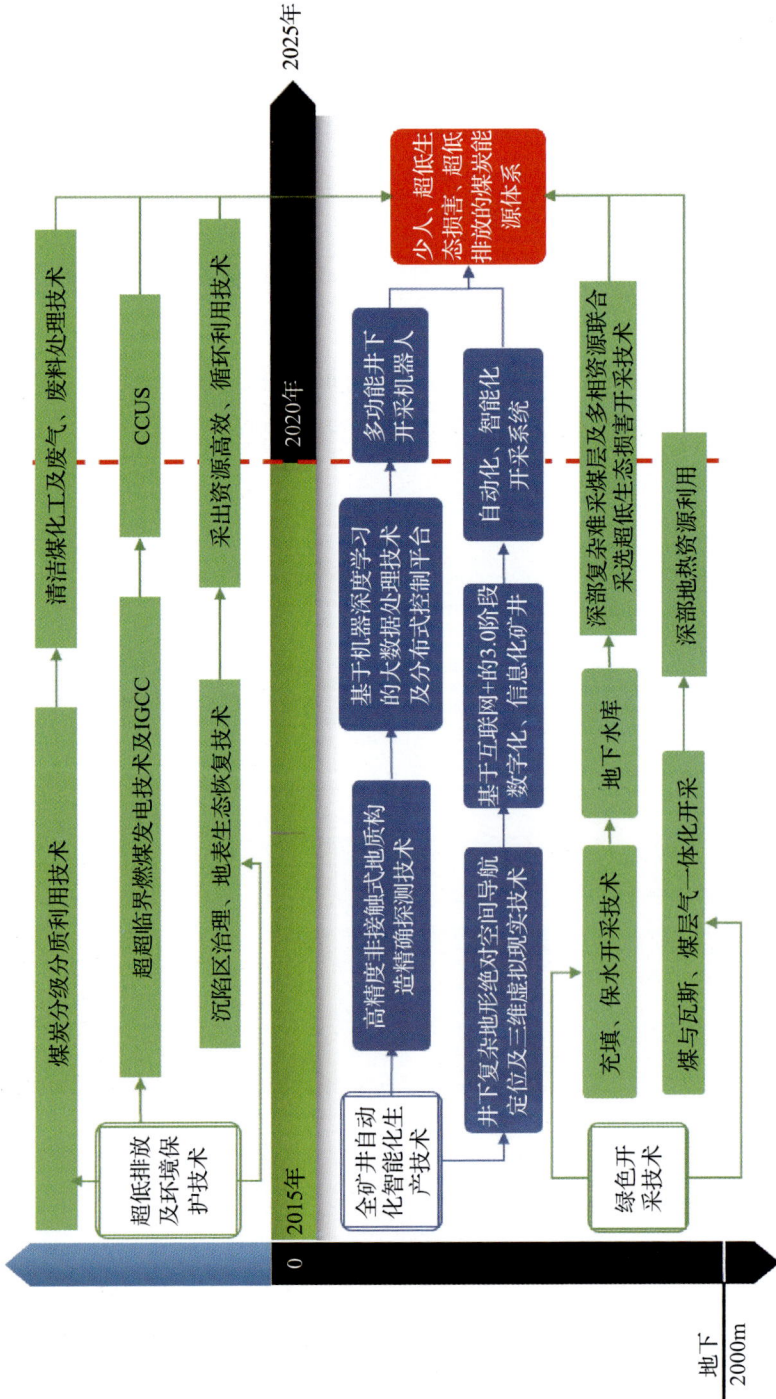

图 3-5 煤炭 3.0 阶段技术路线图

到 2020 年，煤炭开采深度不超过 2000m。全矿井自动化、智能化技术需有效支撑地质信息采集、通信、智能决策与控制等。因此，该部分核心技术包括高精度地质构造精确探测技术、井下复杂地形绝对空间导航定位及三维虚拟现实技术、基于机器深度学习的大数据处理技术及分布式控制平台、互联网+、井下机器人等。其中，机器人技术及部分复杂智能控制技术需要到 2025 年左右才能取得突破。

绿色开采技术主要包括充填开采、保水开采或地下水库、多相资源联合开采、地热资源利用等几方面的技术。在东部人口密集区域开采，需加强对这些相关技术的研究，减少对土地、地下水资源的影响或破坏。

超低排放及环境保护技术主要涉及超超临界燃煤发电及 IGCC，煤炭分级利用、废弃物处理、CCUS，以及地表生态修复等技术，消除煤炭开采、利用过程中产生的环境负效应问题。

同时，煤炭流态化开采作为深地研究的重要科学问题率先提出来，在煤炭 3.0 阶段，展开煤炭资源流态化开采前瞻性理论、基础性技术研究。

3.3　煤炭无人化开采和污染物近零排放洁净利用——煤炭 4.0 阶段

3.3.1　战略定位与目标

煤炭 4.0 阶段定位在 2020～2035 年，是能源技术由量变到质变的突破期和转换期——由有人开采到无人开采、由超低排放过渡到近零排放。同时，这一时期也是煤炭资源开发利用模式的变革期，煤炭企业将由生产煤炭产品转变为直接提供能源。

1. 煤炭 4.0 阶段战略定位

煤炭 4.0 阶段的核心是突破无人化开采、近零排放及流态化开采关键技术，开始由传统开采方法向流态化开采方式的过渡，为煤炭 5.0 阶段"流态化开采的技术集成及工业性示范"奠定技术基础。

2. 煤炭 4.0 阶段目标

煤炭 4.0 阶段发战略发展目标是：形成近零生态损害与近零排放的智能化、多元煤炭开发利用体系；研发出煤炭地下原位开采、转化(气化、液化)的技术与装备，行业彻底摆脱环境负效应(图 3-6)。具体指标包括以下内容。

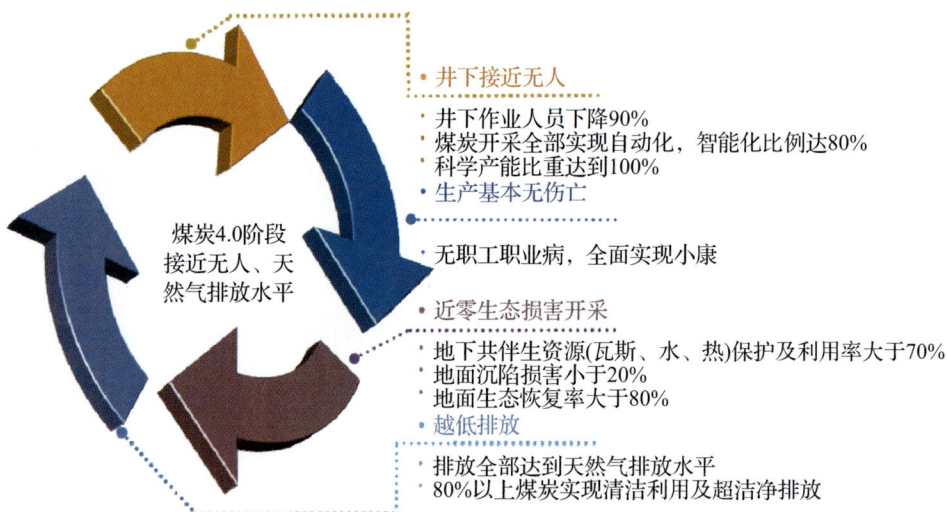

图 3-6　煤炭技术革命 4.0 阶段战略目标

(1)井下采煤无人化程度 80%，基本实现生态采补平衡，科学产能比例达到 100%。

(2)井下作业人员下降 90%，无职工职业病，全面实现小康。

(3)用煤洁配度 80%，煤炭排放总量下降至峰值的 70%，煤、气、水、热等共采，资源综合利用效率达 60%。

3.3.2　突破思路

煤炭 4.0 阶段承前启后，至关重要。发展方向集中在无人开采、清洁化利用两个方面，为实现既定目标奠定基础，煤炭技术革命 4.0 阶段突破思路见图 3-7。无人化开采技术主要突破智能化采选充一体化无人开采、地下气化/液化技术。采选充一体化采用高效智能盾构掘采装备的技术方案，地下气化/液化可以采用生物/化学方法、超临界液化技术等。清洁化利用技术主要是突破煤化工、高效转化利用、煤炭新原料转化技术，矿区生态建设主要是突破矿区生态恢复及空间综合利用技术。

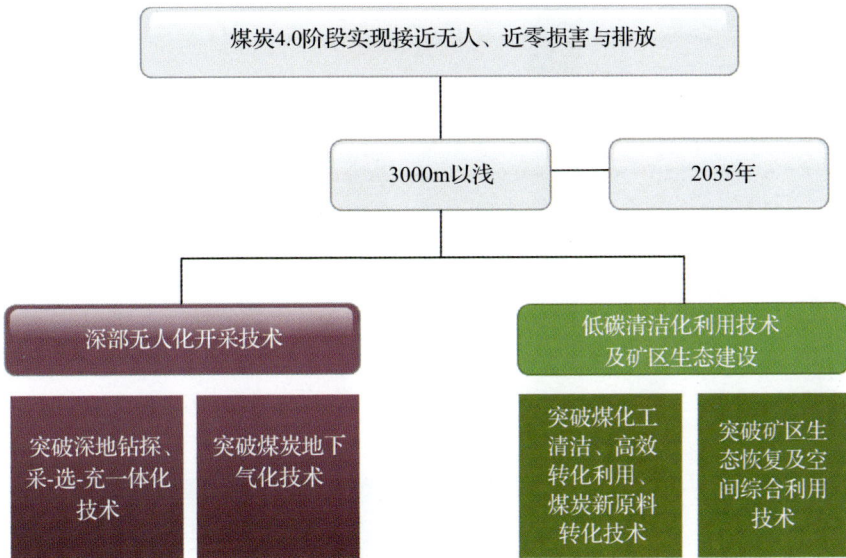

图 3-7 煤炭技术革命 4.0 阶段突破思路

3.3.3 实施路径

基于上述两个突破方向，进一步分解形成完善的技术链，给出支撑煤炭 4.0 阶段目标的技术路线图，如图 3-8 所示。

深部无人化开采有两种实现方式：一种是延续物理开采的方式，采用高效智能盾构掘采装备的采-选-充一体化技术方案。采选充一体化的盾构式开采需要建立新型完善的采-选-充一体化工艺，研发功能完善的采掘、选煤、充填结构模块，建立高度智能自动化的监测控制反馈系统，实现煤炭无人开采。此外，深部无人化开采需要深地钻探技术及大孔径、精准制导钻机、"透明矿井"地质全信息可视化技术的支持；第二种是采用化学/生物技术实现无人开采，包括目前已经开始探索的煤炭地下气化技术，还有微生物消化采煤技术。煤炭地下液化/气化技术主要开展煤制油联产、地下气化/地下发电一体化研究。

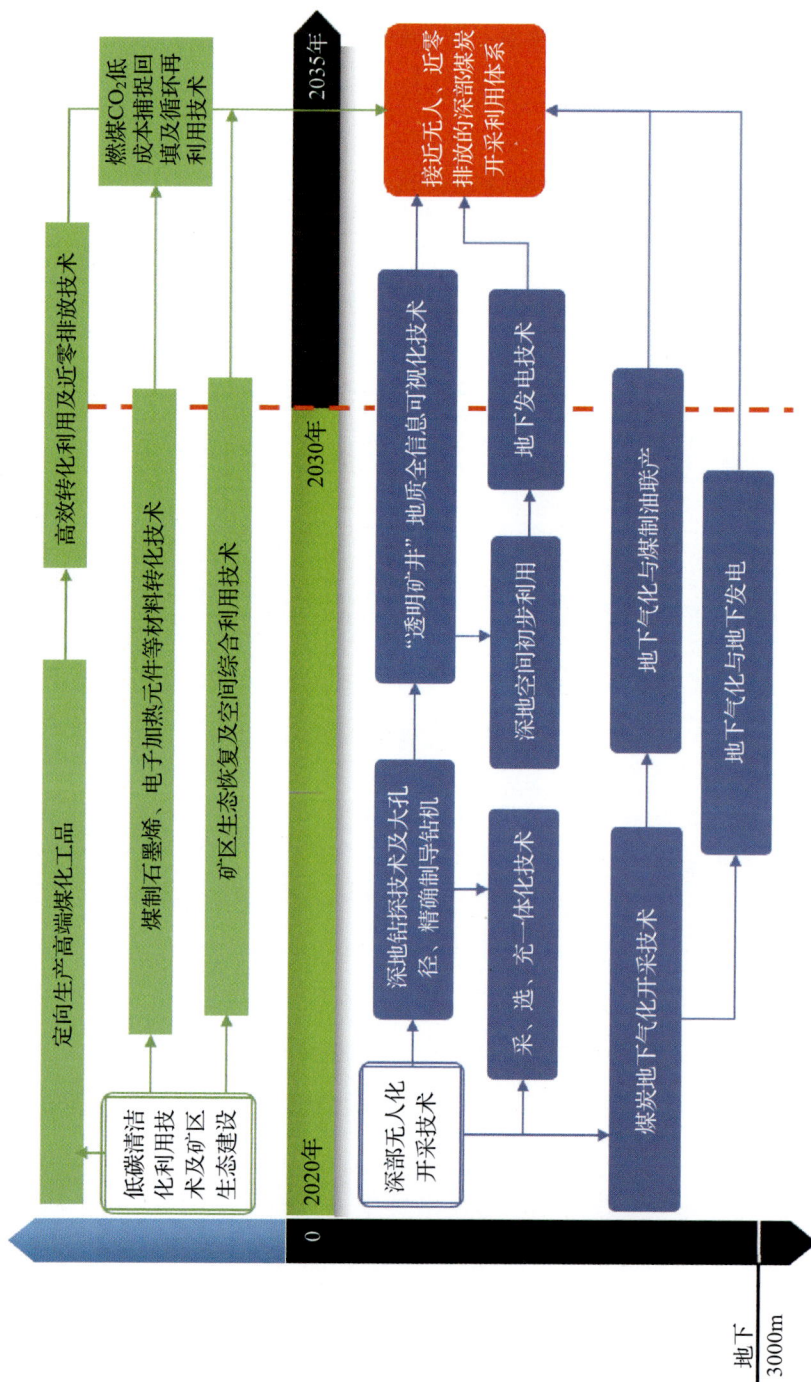

图 3-8 煤炭4.0阶段技术路线图

低碳清洁利用技术及矿区生态建设主要涉及矿区生态恢复及空间综合利用技术、煤制石墨烯等材料转化技术、定向生产高度煤化工产品、高效转化利用及近零排放技术、燃煤 CO_2 低成本捕捉回填及循环再利用技术等方面的关键技术。

同时，在煤炭 4.0 阶段要深入开展煤炭流态化开采技术、装备的研究开发，包括深井固、液、气混合高压流体负压抽采、供氢溶剂/氢气/催化剂定向导入与反应调控、煤炭地下气化装备集成控制、煤粉爆燃发电技术、盾构式采选充一体化开采装备等，初步形成流态化开采的基本技术途径与开发路径。

3.4　煤基多元协同绿色清洁能源系统——煤炭 5.0 阶段

3.4.1　战略定位与目标

2035～2050 年，煤炭工业发展进入 5.0 阶段，3000m 左右深部开采成为现实需求。3.0 阶段和 4.0 阶段研发的流态化开采技术、装备开始实际工程应用。力争到 2050 年，建立井下、热电气集成转化的流态化开采技术体系，达到"井下无人、地上无煤"的理想目标，实现地下煤炭资源开采的颠覆性变革。

1. 煤炭 5.0 阶段战略定位

煤炭 5.0 阶段的核心是颠覆传统煤炭开采理念和技术体系，实现深部资源原位流态化开采，最终实现多元能源系统及原位采用一体化。从而开辟新的采矿工业模式，引领矿产资源开采技术革命，实现深地矿产资源清洁高效、生态友好开发，开拓经济增长新空间。

2. 煤炭 5.0 阶段目标

煤炭 5.0 阶段目标是：实现对深地固体资源采、选、冶、充、电、气的原位、实时和一体化开发，颠覆传统的固体资源开发的开采模式、运输模式和利用模式，建设煤基多元、开放、协同、绿色开发利用的清洁能源基地(图 3-9)。具体指标包括以下内容。

(1)实现固相资源流态化开采，原位转化率大于 30%，地上无煤、地下无人。

(2)井下无作业人员，建立满足流态化工作要求的舒适工作环境，无职工职业病。

(3)煤系地层资源协同开发利用，综合利用效率 80%。实现煤、电、气、热、水、油一体化供应，太阳能、风能、蓄水能与煤炭协同开发；地下空间利用率大于 30%，深地生态圈与深地城市初具规模，实现煤矿的高端转型升级。

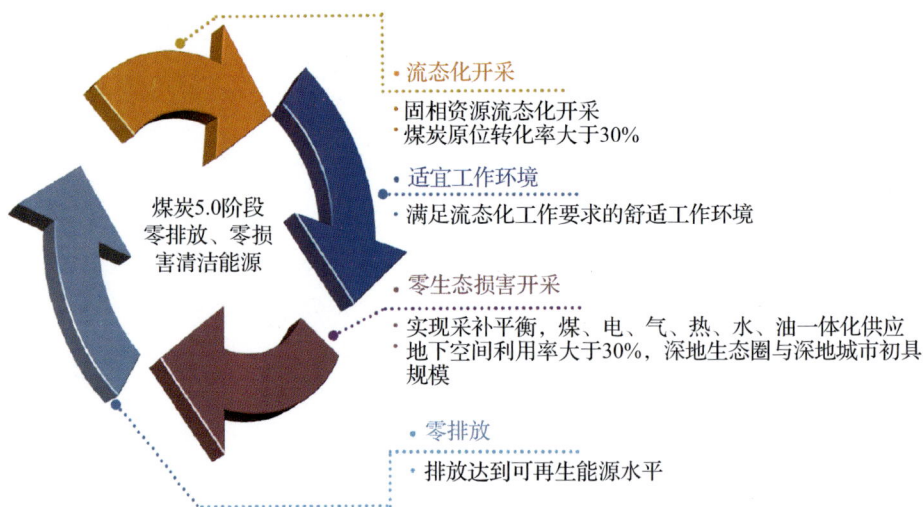

图 3-9　煤炭技术革命 5.0 阶段战略目标

3.4.2　突破思路

2035～2050 年，煤炭 5.0 阶段需要突破深部固态资源流态开采、地下空间利用、地上/地下能量与物质传输三个方面的技术。深部固态资源流态开采技术主要涉及生物开采、化学开采的理论与技术，深地钻探、透明地球技术与装备，地下多元清洁能源生成、调蓄和循环技术；地下空间利用主要开展深地生态圈和地下生态城市建设，涉及深地生态圈光、气、水等生态环境重构技术；地上/地下能量与物质传输技术主要是涉及能量无线传输、地上地下废弃物处置等技术。煤炭 5.0 阶段突破思路见图 3-10。

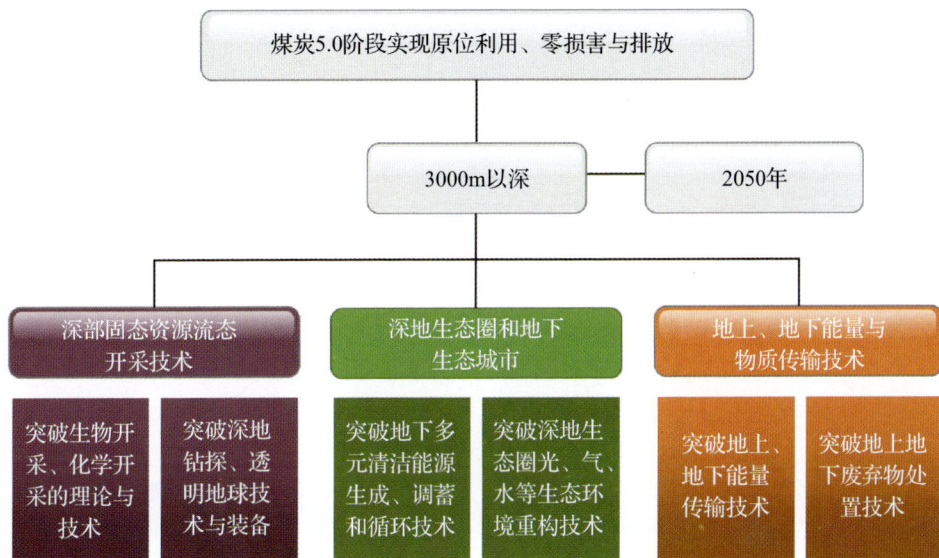

图 3-10　煤炭技术革命 5.0 阶段突破思路

3.4.3　实施路径

地下空间利用、地上/地下能量与物质传输两方面的内容将在其他论著中进行专门讨论，这里主要就深部固态资源流态开采的关键技术进行深入探讨。煤炭流态化开采包括"开采(资源获取或移位)"和"转化"两个核心。开采(资源获取或移位)就是将资源从原地移位或形成就地利用的条件，包括传统的物理落煤开采或开拓气化区域，仍需要从地质保障、采区规划、矿井开拓到智能化开采等关键工艺步骤和关键技术的支撑。转化就是将固体煤炭资源转变为气态、液态或混合态，包括地下气化、水煤浆、地下发电及废弃物就地处理等关键技术。整个流态化开采过程中，需要从地面输送空气、催化剂、设备等生产型原料，在煤炭转化成为热、电、气、液等形式的能量后再以流态形式传输至地面，如图 3-11 所示。

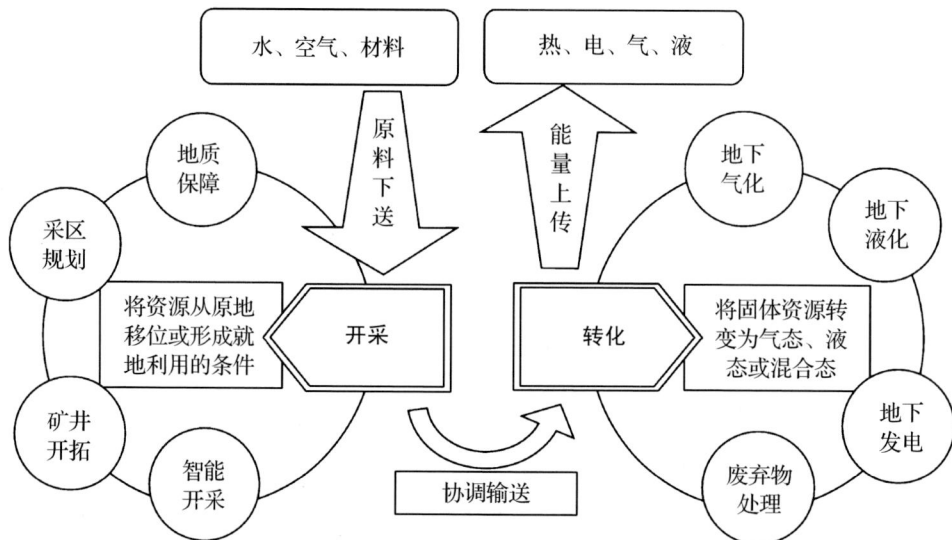

图 3-11　煤炭流态化开采技术思路

如图 3-12 所示，深部固态资源流态化开采关键技术主要集中在以下三个方面。

(1)采区规划及精准开拓是实现地下资源的流态化开发的前提。在突破高精度地质模型技术的基础上，仍需颠覆现有地质构造解析理论、开拓方式和采区布置模式，通过深地钻探 CT 等测试成像技术准确揭示深地煤层赋存基本规律及其围岩动态变化特征，打造完整、精准的"透明地球"、地质全信息可视化平台，实现采区的科学合理布局。

(2)深部资源流态开采需要实现生产全过程井下无人化。颠覆现有采掘模式，以人工智能、分布式控制技术为基础，打造一个具备自决策、自控制、自适应、自维护功能的深部资源采、选、充、气化、发电一体化的高可靠性智慧装备系统，展开流态化开采技术与工程示范。

(3)井下煤炭流态集成转化(制气、制油、发电一体)需精确、严格控制反应条件、设备参数，实现连续、稳定、高效的大规模转化生产。颠覆现有技术，大幅提升能源密度，在井下有限空间实现能源的高效、密集转化。形成有井交替气化充填技术、无井分区注充气化技术、容器式深地快速气化技术、地穴式超临界液化技术等颠覆性流态化开采模式。

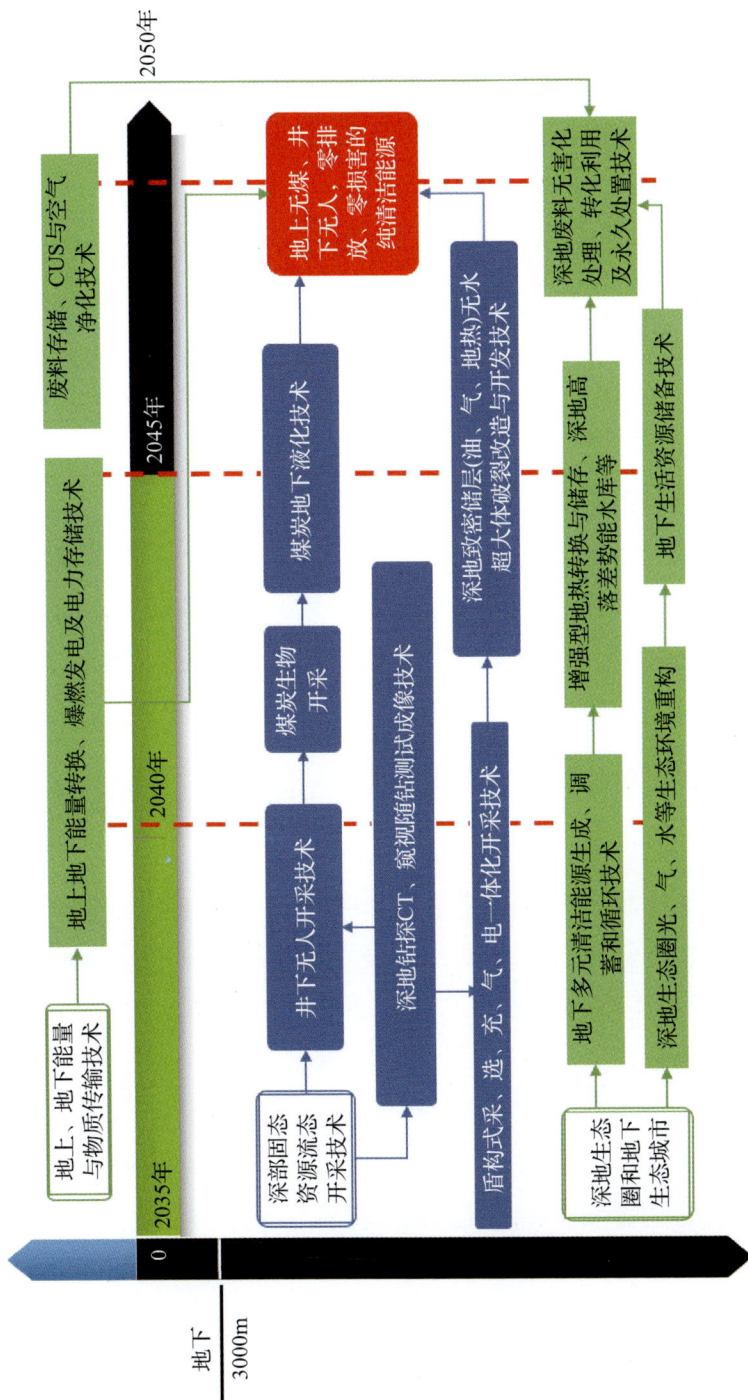

图 3-12　煤炭 5.0 阶段技术路线图

第4章　煤炭革命的变革性理论和技术

煤炭革命的关键是依靠技术革命，科技发展的演替过程和规律决定了煤炭技术革命的阶段性，不同阶段的技术革命具有不同的标准和要求。本章从煤炭技术革命的近零生态损害的智能化无人开采、近零污染物排放的清洁低碳利用、矿井建设(设计)与地下空间一体化利用等三大领域，凝练形成了与"十三五"、未来15年和未来30年相适应的"升级与换代技术(2020年前)、拓展与变革技术(2020～2035年)、引领与探索技术(2035～2050年)，同时，本章还系统地提炼出了未来亟须突破的重大理论问题，作为重大技术创新引领。在此基础上，形成了煤炭革命的变革性理论和技术体系，提出了三大领域的技术路线图，为未来较长一段时期的科技创新提供指南参考。

4.1　近零生态损害的智能化无人开采变革性理论与技术

煤炭近零生态损害开采技术是在20世纪90年代提出的绿色生产技术基础上逐步发展起来的一项变革性技术。由于当时开采强度和规模不大，造成的地表沉陷、水系破坏以及矿井内生产环境污染等负外部效应尚未充分显现出来，因而没有受到特别重视。然而，进入21世纪以后，特别是最近10余年来，全国煤炭年产量均超过30亿t，受煤炭开采影响的范围及影响强度越来越大，严重影响了矿区的生产生活环境，甚至威胁到了人们的生命安全。因此，消除煤炭生产给生态环境带来的不利影响，实现行业的可持续发展，是科学开采的重要理念。

近年来，绿色生产技术初步实现了从"降低损害"到"恢复生态"的转变。例如，在生态环境脆弱的华东、西北、东北地区实施保水、充填开采、采区沉陷区治理、地表生态恢复等补救性措施，迅速将采煤对环境的影响降低。同时将煤炭开发与生态环境治理进行统筹规划，逐步将原来的生态环境治理只有被动投入没有经济效益产出的模式转变为资源开发与生态环境保护协调的主动模式。

这种先破坏后治理的模式不仅需要投入巨大的人力、物力，而且有些矿区的生态环境遭到破坏后往往是不可恢复的。因此，对新建矿井必须严把生态环境的关口，在综合考虑生态环境承受能力，控制煤炭开发对生态环境影响范围和强度，力争实现采煤和生态环境的协调发展。同时，作为煤系共伴生资源，往往随着煤的开采而丧失开采价值，应将共伴生资源的共同开采和综合利用作为未来煤炭绿色开采的重点方向，如煤层气与煤炭一体化开采技术，矿井乏风瓦斯利用技术，深部矿井瓦斯抽采与热电冷联供技术，地下水人工补给技术等。

目前，零生态损害开采技术受认识、经济、政策等方面的限制，推广应用的范围非常有限。随着建设生态文明和美丽中国要求的不断提升，到 2030 年采取生态恢复技术的矿井有望提升到 50%以上；而在"采补平衡"方面，技术难度和经济投入都相对较大，力争在 2050 年全面实现煤炭资源的零生态损害开采。

4.1.1　近零生态损害的智能化无人开采变革性理论

1. 煤炭资源绿色高效开发理论

研究深部煤矿井下原岩应力场、采动应力场及裂隙场演化规律，提出深部采场岩层控制理论；研究深部巷道围岩大变形、冲击变形机理，提出巷道围岩控制理论；研究掘进工作面前方煤岩体应力随巷道掘进变化规律；研究掘锚分离巷道围岩变形破坏特征理论变形破坏规律；研究我国西部地区巨厚煤层开采理论与方法，研究复杂采矿扰动条件下采场-支架围岩关系及围岩控制理论；研究高强度强扰动开采条件下覆岩结构的形成、承载、垮落或失稳机理；研究充填开采矿压显现规律、支架-围岩相互作用关系及围岩控制理论；研究深部开采工作面围岩大变形作用大变形机理与控制理论；研究大断面大空间采场煤壁损伤与宏观应力场耦合作用规律；研究基于极限开采强度的支护系统适应性评价方法。

2. 煤炭超低损害开采理论

研究煤矿开采对土地及生态环境损害机理,揭示煤炭开采扰动区生态演变机理,形成基于区域地表土地及生态保护的超低损害开采方法;研究干旱半干旱区煤炭高强度开采沉陷区生态自修复机理,研发煤炭开采扰动区人工干预及自修复诱导促进机制;研究超低损害开采岩层移动控制理论。

3. 煤矿重大灾害防治基础理论

研究煤与瓦斯突出在孕育、启动和发生等阶段的激增机制,揭示煤与瓦斯突出和地应力、瓦斯压力、煤岩力学性质、突出致灾程度间的相关关系,提出煤与瓦斯突出区域预测量化关系模型及突出灾变分析新方法;研究深部矿井顶板垮落与冲击地压致灾机理,揭示深部矿井顶板垮落与冲击地压从孕育、发展到发生的全过程,提出顶板垮落、冲击地压灾害预测预报分析模型;研究煤炭采空区自燃机理,了解煤炭自燃各个阶段的形成条件及现象,掌握煤炭自燃的成因及规律;研究不同巷道类型风场分布规律,为矿井风网在线监测传感器布置工艺及瓦斯积聚分析模型构建提供依据;研究露天煤矿边坡在爆破、降雨、采动等因素耦合影响下的破坏规律及采空区变形失稳规律,建立边坡滑坡灾害预报、预警模型及采空区动态失稳模型;研究高强度采掘工作面粉尘生成特征及水介质多组分捕尘机理;露天煤矿阵发性开放尘源产尘机理及粉尘扩散特征;建立矿山作业人员尘肺病预测模型。

4. 煤与瓦斯共采新理论

研究采动条件下含瓦斯煤岩体破断结构演化规律及时空分布特征,破断煤岩体中瓦斯吸附、解吸及流动规律,破断煤岩体中瓦斯导向流动的形成机制,单一低透煤层卸压增透机制及高效抽采新原理,煤与瓦斯共采的气-液-固多相新模式,煤矿瓦斯零排放工程的标准化体系及矿区循环经济发展模式等。

5. 煤炭深部开采力学基础理论

1) "深部" 与 "采动力学" 基础科学原理与理论

深部开采是我国煤炭未来发展的必然趋势,但目前对于深部开采的基础理论和概念还未形成体系。深部不是深度,而是一种力学状态,综合反映深部开采的应力水平、应力状态和围岩赋存属性。应从力学角度出发,给深部界定给出一个机理性的、定量化的描述。同时,与岩土工程或土木工程不同,煤炭开采过程将对周围岩体产生强烈的采动影响,而煤岩体的采动应力状态与采动方式相关,在煤炭技术革命后,采动方式将发生变化,因此需要研究煤炭开采的采动力学新理论。

2) 极深部(2000m 及以深)岩石力学原理与理论

针对极深部(2000m 及以深)岩石力学理论主要开展以下三个方面研究。

(1) 极深岩石超常本构行为。多国大陆架钻探计划研究发现,6000m 以深深部岩体,地应力呈三向等压静水应力状态,极深岩石具有强流变性态。极深岩体在高地压高地温的极端环境下,其力学行为可能在源头上就呈现非线性、不可逆特征,经典的弹性定律、基于常规加载实验的宏观唯象理论将难以适用。分子动力学方法更适宜解释能量释放机制和宏观非线性行为,将粒子科学、化学、热力学、晶体学等多学科有机融合,探索极深部岩石力学超常行为的微观本质特征,并建立微观理论基础。

(2) 极深岩体微观环境力学。主要研究深部环境水、微生物的活化;深部致密岩体中的水气渗流与扩散;深部岩体中多组分气体的吸附与竞争;深部岩体 CO_2 地质处置;深部能源开发与存储。

(3) 极深岩体声磁力学行为。主要研究深部环境辐照损伤岩体力学。例如,深部岩体核素迁移规律,水、岩、核相互作用关系,深部高放射性核废料永久埋置,深部岩体核防护;深部声磁力学与地震预报,如地磁场变化与地应力偏转、温压地磁变化、岩层运动与声磁辐射、地磁异常与地震活动等。

4.1.2 近零生态损害的智能化无人开采变革性技术

1. 升级与换代技术(2020年前)

1)高精度非接触式地质构造精确探测技术和全信息地质安全预警保障系统

随着煤炭开采规模的增大、开采强度的增加、开采深度的日益加深,现代化矿井安全高效建设生产对开采地质条件的查明程度提出了更新更高的要求,形成了以采区地面三维地震、瞬变电磁法,如图4-1所示。和矿井瑞利波、直流电法、音频电透视、坑透为主要手段,以威胁采空区、小构造及陷落柱等超前探测、超前治理为地质保障的主要技术。开发出兼顾接收纵波和转换波的三维三分量观测系统设计及评价软件、地表一致性振幅、频率、相位补偿、面波压制和静校正软件,提高地震技术解决小构造的能力,在条件较差的矿区达到查明断距不小于5m断层的勘探精度,突破了国际上煤炭三维地震勘探精度只能查清深度500m断距不小于8m断层的技术记录,为煤炭开采提供了可靠的地质保障(韩德馨和彭苏萍,2001)。

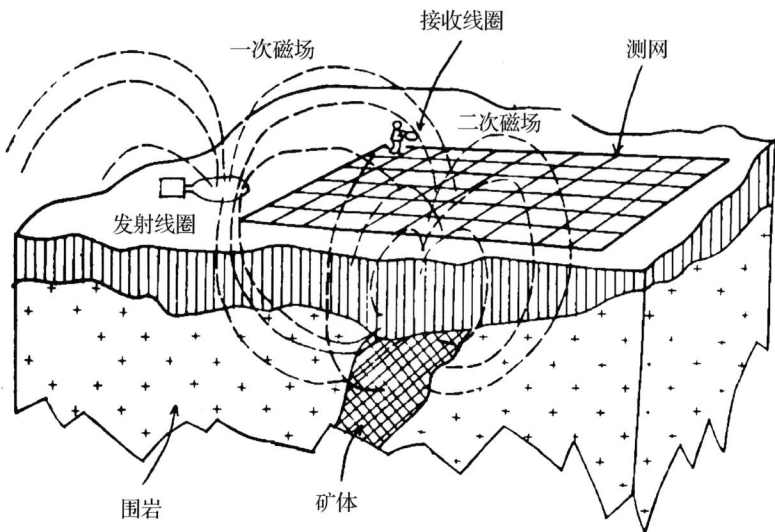

图4-1 电磁法地质构造探测技术示意图

A. 深层煤矿床赋存规律和多场综合勘探技术

深部煤炭资源勘探模式与浅层有别，技术难题进一步增大。浅层的煤炭资源勘探采用的是以地面钻探为主，辅之以地面物探的方法。深部煤炭资源勘探如果从地面钻探需通过采空区，勘探钻孔技术难度大，施工极其复杂，同时面对深部更复杂的环境、更多的目标参数，对深部资源采用钻探为主的勘探模式并不现实，而需从高精度的地震勘探、电磁法勘探、CT 扫描等新型勘探方法入手，逐步解决相关技术的应用难题，探索并建立一套深层煤矿床资源综合探测的技术体系。

在地质勘探的同时，要进一步开展原地应力真值、地温梯度、渗透系数等参数的测量，不仅需要了解区域地应力场、地温场、渗流场、湿度场的规律，也需要详细掌握地层局部的微观地应力场、地温场、渗流场的规律，还需要弄清它们的演化历史和形成机制，在此基础上建立以煤田、煤矿区和煤矿床为中心的深部原地应力场、地温场、渗流场、湿度场模型，为灾害预测、减灾、避免或防治灾害发生提供基础保障。

B. 复杂矿井探测小型智能飞行器

对于某些复杂矿井，如急倾斜煤层矿井、薄煤层矿井及巷道狭窄的矿井等，可开发类似无人机的煤矿井下探测小型智能飞行器，飞行器可以携带一些较小的探测设备与仪器，如带实时画面传输的防爆摄像机、温度探测仪器、瓦斯探测仪器等，实现某些特殊条件下地质与采矿条件探测。同时井下飞行器也是煤矿智能化、无人化开采的必要装备。

C. 基于深部多场耦合的多元信息数字化矿山和三维矿井设计技术

随着信息技术的迅猛发展，数字化在矿山中的应用也越来越广阔，煤矿生产环节中信息化、自动化、集成化不断提高，数字化矿山开始向自动化、系统化、多元化发展。当前数字化矿山建设主要是在矿井生产过程中逐步完成，按照生产的各个环节，对各种地质体和仪器、设备的空间信息、功能参数进行数字化，并结合相应的管理模型实现各种辅助管理功能。

随着人们对深部煤矿床赋存规律的掌握和勘探技术的革命，数字化矿山的建立将具有更加重要的意义。在勘探阶段即建立的基于深部地应力场、地温场、渗流场、湿度场耦合模型的多元信息数字化矿山，将在矿井建设和生产过程中的开挖、掘进、开采等作业全过程对整个矿区的应力、渗流的影响进行模拟，为矿井设计、建设和生产管理提供更加强大的信息支撑。同时，深部煤矿床赋存规律和采动效应的研究也将逐步应用到新型的矿井设计中，改变目前缺乏对深部矿床应力场、地温场、渗流场认识的情况下，主要以矿区地质资料为依据进行设计的现状，在以煤田、煤矿区和煤矿床为中心的深部原地应力场、地温场、渗流场模型基础上，应用深部采动效应规律，采用三维设计技术，设计现代化深部大型矿井。

D. 全信息地质安全预警保障系统

目前，现有探测技术精度尚无法满足精确描绘煤层地质构造的要求，给建立煤矿三维地理模型以及在此基础上展开的开采系统设计、安全保障及预测带来难题。为此，需突破地理大数据挖掘及模糊位置精准化(人工智能反演)技术、地球物理勘探精准模拟及计算应用软件系统等，探索新的高精度非接触式的地质构造精确探测技术(高精度航空磁力测量技术、高精度区域重力测量技术等)。

煤矿生产过程是一个复杂的系统，煤矿事故的发生机理非常复杂，只要生产，就会伴随潜在危险，生产活动的过程中就有发生事故的可能。现有地质雷达、地震波、瞬变电磁法等探测技术、精度尚无法满足要求，给煤矿三维地理模型建立、开采系统设计、安全保障及预测带来难题。

根据统计的煤矿事故发生的规律，结合现代事故致因理论可知，事故的发生是人、机、环、管因素共同作用的结果。在一定环境条件下的生产过程中，管理上的缺陷加上物的不安全状态即形成事故隐患，若人的不安全行为触激事故隐患，则会发生伤亡事故。事故形成的四个因素条件可用如下集合表示：

事故={环境不安全条件，管理上的缺陷，设备的不安全状态，人的不安全行为}

在四因素中，人的因素是主导，管理因素是关键，设备的因素是保障，环境的因素是基础。四因素相互影响，相互关联，其中环境因素即煤层的地质赋存条件对于煤矿事故的发生和科学开采方案的制订起决定性作用。

煤矿生产中不同事故可能发生在不同的地点，不同的地点有不同部门(岗位)人员、设备，并且所处的环境也不一样。为更好地对事故发生的机理进行分析，以事故致因理论为基础，设计出三维立体的煤矿安全事故致因初步模型，如图 4-2 所示。

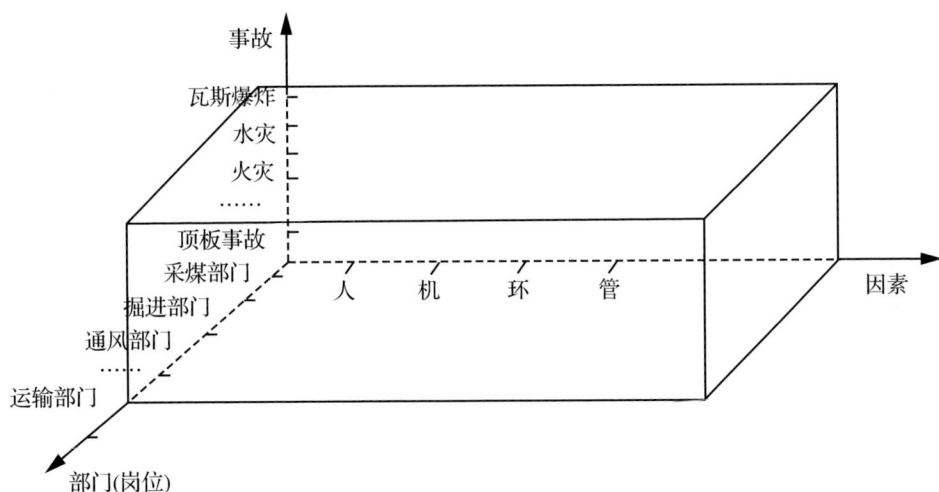

图 4-2　煤矿事故致因模型

要实现对煤矿地质安全管理的科学预见性和高效率，必须建立科学、有序、规范的安全预警评价体系，确定合理的监测、评价指标，然而目前还缺乏公认的安全指标，没有形成完善的、科学的地质安全预警评价体系。预警指标体系的构建即确定煤炭安全、高效、智能开采的地质危害因素和危害程度，需在煤矿致灾因素研究的基础上，根据煤矿所受顶板、瓦斯、水、火和粉尘五大灾害为切入点，进行有针对性的进行煤矿地质信息采集和分析，定量评价各因素的安全性，为建立客观、合理、有效的预警模型奠定基础。

全信息地质安全预警保障系统的构建应从预警分析和预控保障对策两方面实现安全管理工作。

预警分析包括监测、识别、诊断和预警评估四个方面。研究煤炭安全、高效、智能开采地质危害因素探测和监视技术，研发矿山呼吸性粉尘、火灾、瓦斯、水灾、顶板等灾害实时在线监测预警装备，实现煤矿精细地质构造高分辨三维地震勘探及顶板稳定性地质预测、煤矿瓦斯灾害源高分辨探测、矿山呼吸性粉尘探测、矿井突水灾害源高分辨探测和煤矿火灾源高分辨探测。

预控保障包括预防措施和控制保障两方面内容。预防措施即通过建立智能耦合型工作面液压支架、超前支护和掘进支护系统；瓦斯探测、瓦斯抽采和煤炭开采智能联动系统；井下空气质量监测及智能型喷雾降尘系统；矿井突水灾害源高分辨探测及疏导系统；煤矿火灾源高分辨探测及防灭火系统；实现对顶板、瓦斯、粉尘、水和火的可控性预防与管理。控制保障即通过安全预警中心对预警指标进行实时监测，当监测结果处于正常状态时，继续监测；当监测结果显示警戒状态时，通过预控对策库采取合适措施进行纠正；当监测结果显示危机状态时，立即成立危机管理小组实施救援工作，直到生产系统转危为安，到达正常工作状态，并将处理危机采取的措施反馈到对策库中，经过长期积累，事故预警管理系统达到很强的免疫能力。此外，安全预警中心还要负责对整个煤矿企业工作的组织、指挥和协调，对各部门的预警工作进行定期检查和总结。

2) 井下复杂地形绝对空间导航定位及三维虚拟现实技术

精确描述井下设备的位置及方向是建立自动化、智能化开采系统的核心。煤矿井下封闭复杂空间没有 GPS 卫星信号，无法建立类似于地面的导航系统；且井下环境复杂，围岩粗糙表面漫反射、大功率设备干扰、松散岩体吸收等都使得无线信号衰减非常严重。目前的研究主要集中在综采面导航定位和掘进面导航定位及虚拟现实方面。

综采面导航定位可采用激光雷达导航、三维惯性导航，UWB 超宽带无线定位(隋心等，2016)及无线 Mesh 网络导航系统(王海丹和邵小桃，2014)等，研究重点集中在各种定位技术的定位算法、滤波技术及其误差分析修正算法上，以确保信号传输的可靠性、定位的及时性和准确性。

掘进机的定位和导向是指在掘进过程中通过检测掘进机即时位置并按照掘进工艺要求的断面形状及时调整掘进机的行进方向和空间位置，确定掘进机相对于巷道的空间坐标。掘进机对截割机构的控制一般是以掘进机本身为基准的，掘进机的定位和导向是智能截割控制的基础。现阶段实际工程中是由地质测绘部门安装激光导向装置来指示掘进方向并确定在大地坐标中的绝对坐标，然后由掘进机操作人员判断并根据经验按照激光指向截割巷道，具有较大的主观性和随机性，容易出现欠挖或者超挖的现象。

通过采用掘进机自动定位技术，掘进机自主调整行走机构的动作，使掘进机始终处于巷道设计要求的理想位置上。全站仪、陀螺仪、电子罗盘、激光导向仪以及视觉测量等设备和系统是当前使用的定位与导向的主要方式。全站仪方式已经成功地应用在盾构掘进机的导向上，德国 PPS 公司也曾将该方式应用于 AHM105 悬臂式掘进机上，并在阿尔卑斯山隧道等工程上取得较好效果。该方式通过在掘进机上设置若干个棱镜作为辅助检测特征点，由全站仪通过检测机身上棱镜的空间位置从而计算出掘进机在巷道中的空间位置。全站仪的主要缺点是其同一时刻只能检测一个点，不能对同一时刻掘进机的动态空间位置测量，而且基于光学测量的原理对井下环境要求较高。

陀螺仪方式是通过与加速度传感器构成的惯性导航系统来对掘进机进行定位和导向，其优点是无需其他外界设备和信息，抗干扰能力较强，能够提供位置、速度、姿态角等数据，但其定位误差随使用时间增加而增大，需要根据实际地形进行修正，造成实时性较差，而且设备成本高。电子罗盘方式由通过与掘进机刚性连接的罗盘传感器构成，它通过比较掘进机机身轴线与地磁场北极的夹角获得掘进机的行进方向，进一步通过倾角仪获得俯仰和翻滚信息确定掘进的位姿。电子罗盘受井下电磁干扰较重，而且无法提供空间位置信息。

激光导向是现在井下人工指向的主要方式，激光位置由地测人员使用经纬仪测定，提供巷道施工需要的中线和腰线，精度高，可靠稳定。基于激光的导向一般使用激光导向仪和测距仪，通过对激光的测量确定掘进机的位姿，其精度主要取决于激光接收设备。

基于视觉的测量技术与激光导向原理基本相似，不同的是对激光的测量采用摄像机接收，通过对测量的图像进行技术分析可以确定掘进机的实时位姿。该方式具有实时、非接触、获取信息丰富多样等优点，但如何克服井下粉尘环境对机器视觉的影响是个难题。掘进机定位与导向技术都是通过采用各种方法建立掘进机与巷道之间的相对坐标空间角度，然后结合巷道设计参数，为掘进机行走控制提供直接的控制参数。目前主要的问题是如何克服井下恶劣的工况，包括机器振动、粉尘、高温高湿等恶劣工作环境，将在其他领域成功应用的自主导航技术应用于煤矿工程。

3) 基于机器深度学习的大数据处理技术及分布式控制平台

大数据技术是煤矿开采未来发展的核心驱动技术。井下生产系统包括通风、排水、瓦斯监测、开采、掘进、运输等多达 90 余个子系统，数据呈几何级数增长，运行过程中会产生海量的监测、控制数据，没有大数据处理技术根本无法挖掘数据背后的特征，同时，多任务、多优化目标的要求采用分布式控制平台，从而安全、高效、智能的控制系统设备。为此，煤炭 3.0 阶段需突破面向视频内容识别的大数据处理分析平台、基于围岩监测、生产过程信息的数据融合与同化技术、基于实时准确判断的地质活动预测及自动控制等。

数据挖掘是利用各种分析工具在海量数据中发现模型和数据间关系，使用这些模型和数据间关系可以实时预测，并利用大数据技术对传统系统的不足之处加以修正，发现被忽略的因素。将数据挖掘分析结果加载到三维实景综合管理平台，在三维实景中实时显示对参数重组和计算得出的评价结果，结合现有其他系统(如采掘设备传感系统、瓦斯监控系统、安全风险预控系统、人员定位系统等)区域状态的综合评定，实时准确地判断井下系统运行状态及事故隐患，起到对矿井安全多层防护的作用。传统的煤矿安全监测系统只是在检测量超出标准水平后发出故障报警，并不能在出现危险趋势时发出预报，智慧矿山数据挖掘可以加快安全事故隐患排查效率，达到事前预警，从而提高矿井灾害预防能力。煤矿数据量增长曲线如图 4-3 所示。

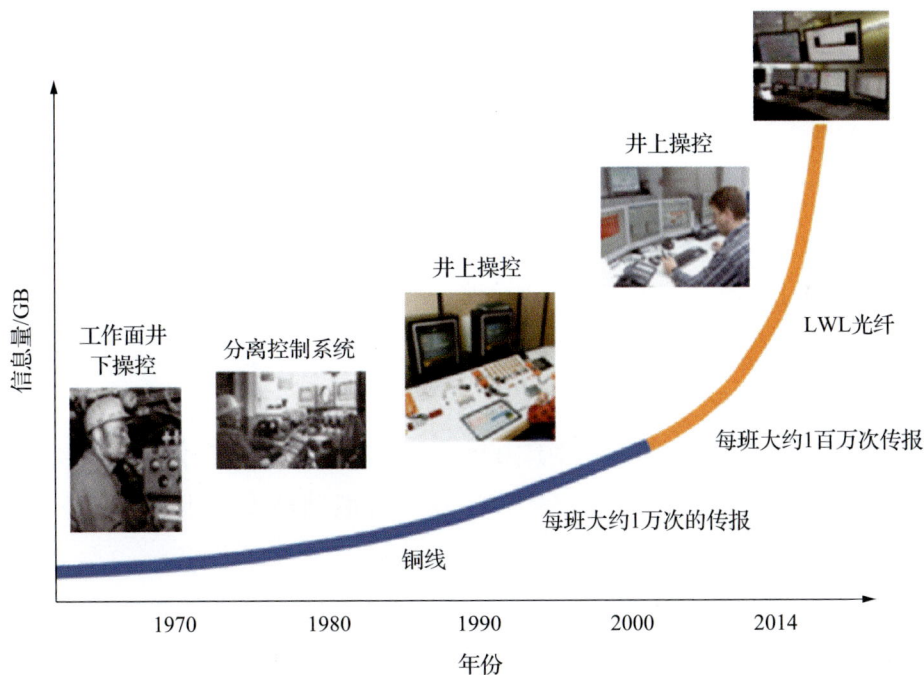

图 4-3　煤矿数据量增长曲线图

4) 基于互联网＋的 3.0 阶段数字化、信息化矿井

在"十三五"期间，尤其是"互联网+"增值服务在各行各业的发展应用，加快了我国全数字化智慧矿山建设进程，强化信息资源综合开发利用，必将成为煤炭行业转型升级的重要途径及有效手段。基于互联网+的 3.0 阶段数字化、信息化矿井技术架构如图 4-4 所示。

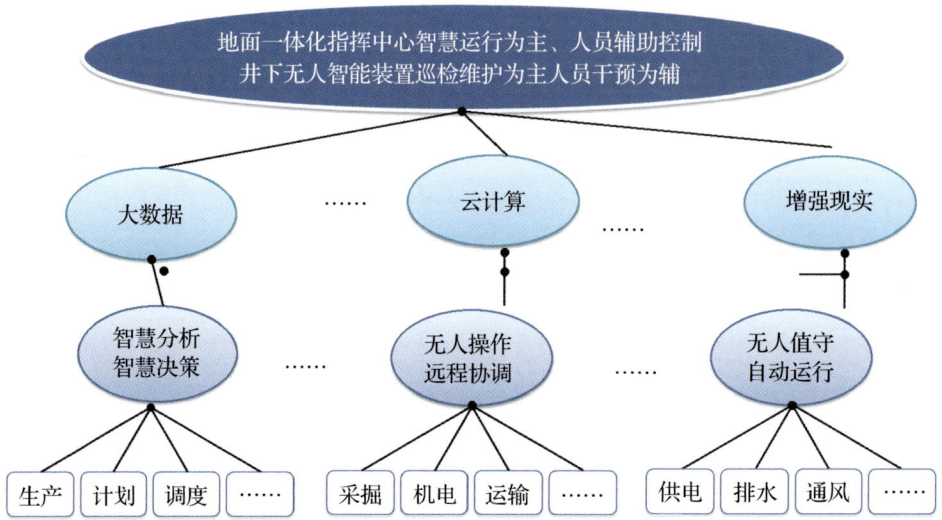

图 4-4　基于互联网+的 3.0 阶段数字化、信息化矿井技术架构

基于互联网+的 3.0 阶段数字化、信息化矿井以建设智慧矿山为最终目标，主要采用大数据、云计算、增强现实技术，实现智慧分析与决策、无人操作（王国法等，2018）。通过三维实景煤矿综合管理平台，实现生产、计划、调度、采掘、机电、运输、供电、排水、通风系统等信息监测监控，实时数据自动汇总处理、实时报警提示等。

"互联网+"时代的智慧矿山将互联网技术和互联网思维应用到煤矿领域，使得煤矿安全生产及管理运作与互联网结合起来，促进以云计算、大数据为代表的新一代信息技术与煤矿安全生产经营的融合发展，挖掘过去长期积累的海量数据，采用综合的可视化分析工具，从时空多维度挖掘大数据中隐含的知识规律、价值，指导煤矿安全生产决策，将煤矿安全生产提升到精细化管理的新层面。

"互联网+"下的数字化、信息化矿井建设包括以下重点内容。

(1)制定统一的技术规范及标准。这是推进煤矿"互联网＋"技术应用的基础，可避免各煤矿智慧矿山建设过程中的信息孤岛、各自为政，为推进煤矿企业大数据、矿业集团大数据和国家煤矿大数据在信息共享、数据挖掘应用等方面做好准备。

(2)建立煤矿安全生产和经营管理实时基础数据中心库。利用云计算、大数据并结合专家预测模型进行集中分析，实现煤矿安全生产环境全过程透明展示。

(3)建立实时判断煤矿井下安全生产状况、灾害、早期发现与预警专家远程事故诊断、区域安全形势专项预测评估等的功能平台。

(4)建立不同层级、不同区域的煤矿安全生产技术远程服务平台，形成煤矿企业、煤矿集团和全国煤矿的时空多维数据共享机制，实现煤矿安全生产信息的跨区域、实时远程监测及诊断的共享服务。

(5)建立煤矿安全产业链协同数据交换服务中心，实现监察、执法、隐患排查治理及应急救援等政府监管工作，促进传统煤炭工业向智慧能源的转型升级。

5)自动化、智能化开采系统

自动化、智能化开采技术是煤炭 3.0 阶段需要着重解决的关键技术。目前，基本实现了"以采煤机记忆割煤为主，人工远程干预为辅；以液压支架跟机动作为主，人工远程干预为辅；以综采运输设备集中自动化控制为主，人工远程控制为辅"的生产模式。实现了综采工作面由原来的 11 人(采煤机司机 3 人、支架工 5 人、运输机司机 1 人，电工 1 人，泵站司机 1 人)联合作业，递减至目前的 3 人(巡视工 1 人，监控中心操作工 2 人)随机监护(范京道等，2016)。不仅将工人从繁重的体力劳动中解放出来，减少顶板、水、火、瓦斯、煤尘对职工身心健康的危害，而且有效提高了工作效率、煤炭开采率和现场安全管控水平(任怀伟等，2017)。就智能化开采的技术发展而言，还有许多需要继续攻关的关键技术。例如，复杂煤层的自适应割煤问题、煤岩识别问题、超前支护自动化问题、智能放煤问题、掘进机定位及路径规划问题等，需要在煤炭 3.0 阶段重点予以解决。

A. 综采工作面无人化控制系统及无人操作运行模式

研究精准煤岩界面快速在线识别测试传感方法，开发采煤机智能调高控制系统，建立在井下复杂地形中装备运行绝对空间定位方法及其地质信息融合模型，安全隐患识别及预警机制；研究液压支架群组的自适应推进模型,创建大规模支护群组的协同排队控制机制,研制高可靠性智能耦合强力液压支架及其支护质量监控装置。实现运输设备运量的自动检测和功率匹配,建立运输系统的自动检测和故障诊断系统,实现远程监测监控和与其他设备的协同联动。

研究基于感知系统反馈的动态决策机制,建立系统级别的互联协议和控制机制,研制具备信息感知、智能监测、远程控制和自动执行功能的、能够实现煤矿无人化生产的高可靠性工作面成套装备协同控制系统。

重点突破工作面无人化开采系统配套关键技术,包括创新工作面无人化综采设备与煤岩耦合作用及自适应控制技术,两端部斜切进刀自动控制及实现方法,工作面自动清浮煤及端头支护自动化协同作业流程,工作面成套设备协同设计等技术。

B. 矿井清洁生产和声、磁、电降尘技术与装备

煤炭开采过程中存在粉尘、噪声、高温、振动、高湿等职业危害因素,对职工健康与安全造成较大威胁。开发先进的声波雾化降尘技术、磁化水降尘技术、预荷电喷雾降尘技术、泡沫降尘技术和高压喷雾降尘技术等,并应用于矿井降尘,可使其作业处的总粉尘和呼吸性粉尘得到有效沉降,创建与地面工况条件相似的舒适工作环境,突破工作面粉尘、高温、高湿环境的监测控制技术及装备,实现矿井清洁生产,无煤尘危害,确保生产装备稳定可靠、连续高效的工作。主要包括:工作面智能化降尘技术及装备,生产环境在线综合监测及智能预警技术与装备。

C. 基于分布式决策的工作面控制系统及应用平台

现有工作面设备、集控系统均来自于不同的厂商,遵从着不同的标准、数据格式、传输协议等。各个设备之间的信息交换和共享困难,只能通过人工的方式完成设备间的协调配合,这对于越来越庞大的工作面生产系统来说难度大幅增加,设备动作准确性、设备间动作的协调统一性都无法得到保证,不但生产效率受到影响,而且极易发生误操作导致

设备损坏和生产事故。此外，现有的集控系统只是将各个设备的信息汇集到一起，但尚未实现进一步的数据挖掘和应用，智能决策和自动控制更是无从谈起。除了技术原因外，很大程度上是因为集控系统提供商与其他设备提供商不是同一家，设备本身是不对其他厂商开放接口而受外部控制的。

为解决这些技术问题，改变目前的集中控制方式，提出基于分布式决策的工作面控制系统及应用平台。在该系统中，每个设备都是独立个体，自己决策、控制自身的行为动作，而分布式工作面控制系统来负责综合分析设备之间的信息，基于设备当前的状态、空间位置信息、即将运行的动作等做出决策，并发送系统级信息给某一个设备，控制该设备必须实现某一功能。然而，该设备如何实现该功能则不在系统级的控制信息中。同时，该控制系统基于大数据技术，将所有设备的信息集中写入数据库中，并留出统一接口供其他厂商调用。其他厂商可以在该系统基础上，开发各种数据分析和挖掘软件，为更加方便的控制工作面生产提供工具。因此，基于分布式决策的工作面控制系统及应用平台为统一连接不同厂商的底层硬件提供了可能，同时也为上层的控制软件提供基础平台，是对当前工作面生产控制系统的技术变革。

D. 井下多用途机器人

我国是产煤大国，长期以来煤炭作为一次消费能源在国民经济中扮演了举足轻重的角色，但是我国大部分煤炭资源的煤层形成条件差，地质构造条件复杂，90%以上的煤炭资源需要采用井工开采，其中相当一部分为高瓦斯矿井。水、火、煤尘、瓦斯、顶板等灾害随着开采深度的增大发生得愈发频繁，这决定了我国煤矿井下作业的条件不仅艰苦恶劣，还极具安全风险。

随着机器人技术的不断进步，人们开始思考如何将机器人技术引入煤矿的安全生产。早在 1995 年，苏学成等学者便对煤矿机器人的研究与开发做过调研，论述了我国研究和开发煤矿机器人的必要性与可行性。目前，机器人在煤矿中的应用主要包括 3 个方面：生产现场作业、矿难事故处理与救援和煤矿日常监测与维护。生产现场作业机器人包括掘进机器人、采煤机器人、机器人矿车等，它们可完成巷道掘进、巷道支护、采煤、运输等工作；矿难事故处理与救援机器人是用于替代救援人员进入事故现场开展现场环境探测、受灾人员搜救、事故处理等工作；煤矿日常监测与维护机器人可对井下环境及设备进行实时监测。

在矿用机器人领域国内外有许多专家和学者已进行了大量研究工作。

a. 国外

美国、英国、德国与澳大利亚等发达国家的多家研究机构或高校相继研发出了针对不同用途的煤矿救灾机器人，并已进入实用化阶段，这些研究成果包括以下内容。

RATLER 矿用探测机器人，如图 4-5 所示，由美国智能系统和机器人中心研发，装备有危险气体传感器和主动红外摄像机等，采用电传遥控方式，遥控距离约 76m。

图 4-5 RATLER 矿用探测机器人

卡内基梅隆大学机器人研究中心开发的具有探测井下实时环境、精确绘制立体地图功能的全自主矿用探测机器人 Groundhog，如图 4-6 所示。该机器人装备有激光测距传感器、夜视摄像机、气体探测传感器、陀螺仪，能够对矿井下的环境进行综合性的测量，并建立立体的矿井模型。

图 4-6　Groundhog 矿用探测机器人

美国南佛罗里达大学研制了矿用探测机器人 Simbot。此机器人小巧灵活，携带数字低照度摄像机、基本气体监视组件，可通过小洞钻进矿井，越过碎石和烂泥，并使用其携带的传感器发现受害矿工，探测氧气、甲烷气体含量，生成矿井地图。

Remotec 公司制造的 V2 型煤矿救援机器人安装有导航、机器臂和多种传感器，具有两路语音通信功能，遥控距离可达约 3km，矿井环境信息由光纤通信传送。

卡内基梅隆大学机器人研究中心设计了第二代移动煤矿救灾平台 CaveCrawle，内部采用齿轮差动机构，左右的轮子采用摇杆式移动系统，并且通过差动机构连接左右两摇杆与机器人主车体，将机器人左右摇杆的摆角进行线性平均，并转化为机器人主车体的摆角输出。此种设计有效地减小了地形变化对主车体的影响；同时使机器人较为均匀地向各个车轮分配车体重量，并且各车轮能随着地面的起伏被动地自由调整位置，提高了机器人的运行平稳性、抗颠覆能力和越障能力。

b. 国内

国内许多学者从各自专业角度，为矿用机器人的研究及应用做出了努力。代表性的研究工作有虚拟样机设计、行走机构设计、防爆设计、控制系统设计等；由于防爆轮毂电机的设计需要运用到防爆理论、行走结构模型、控制原理及产品虚拟设计等内容。国内矿用机器人代表性成果总结如下：

中国矿业大学救援技术与装备研究所研制了我国最早的一台矿用探测机器人 CUMT-1 号，如图 4-7 所示；目前研究所拥有不同类型的井下机器人十余台，并且新近研制成功了 KRLD-48 型矿用探测机器人，如图 4-8 所示。

图 4-7　CUMT-1 矿用探测机器人　　　图 4-8　KRLD-48 矿用探测机器人

山东省自动化研究所联合其他研究机构于 2009 年成功研制出了具有生命探测功能的井下探测救援机器人。

唐山开诚集团主持研发了"KRZ-I 型矿用井下机器人装置"。该型机器人装置具有越障、防爆、自定位、各种数据传输和信息采集识别等功能，能够进入危险区域进行环境探测，采用近距离无线控制，远距离光纤通信控制。

灾难救援工作中首次使用机器人，但是中途即因陷入泥浆地被迫撤离搜救现场。由于最可能发生灾害情况的采掘面通常离升井口或地面很远，加之矿井坑道的路况恶劣，机器人在实际使用过程中的行进效果通常很不理想。

不论用于灾前或灾后，煤矿井下机器人的现场运用均显得尤为必要。机器人具有功能多样、体积小巧等优点，是及时了解煤矿现场状况的得力助手。将机器人技术的最新成果与煤矿安全生产的需求相衔接，研发适用于煤矿井下安全监测、工况和环境的工业巡检机器人，替代井下人员的巡检，通过多传感器融合的高精度探测，形成一种快速巡检、高精度探测、实时响应的机器人技术和装备。若煤矿井下巡检机器人得到推广应用，势必对煤矿的安全生产起到积极效果，势必有利于实现煤炭自动化、无人化和智能化的绿色开采。

随着机器人技术的不断进步，人们开始将机器人技术引入煤矿的安全生产。目前，由于矿井环境复杂、恶劣等的影响，矿用机器人发展较其他机器人缓慢。美国的卡内基梅隆大学机器人研究中心、南佛罗里达大学、中国矿业大学救援技术与装备研究所、唐山开诚集团都研制了不同类型的井下机器人（葛世荣和朱华，2017）。井下救援机器人如图 4-9 所示。这些机器人装置具有越障、防爆、自定位、各种数据传输和信息采集识别等功能，能够进入危险区域进行环境探测。尽管国内外的煤矿机器人在设计研究上取得了丰硕的成果，但在实际应用中也出现了不少问题，现场的复杂性对机器人在硬件和软件两方面都提出了很高的要求，尤其在机器人整机的移动性和人机可靠通信方面值得进行更深入地研究。研发机器人时应充分了解矿井下的自然环境和灾害环境的特点，提高机器人的高机械可靠性、避障能力、通信能力和安全防爆性能；同时，在研发机器人的过程中必须坚持创新设计的理念。

图 4-9　井下救援机器人

6) 大型煤矿快速建井技术

随着中东部地区浅层煤炭资源枯竭，矿井逐渐进入千米埋深开采，中东部深部矿井建设已遇到了千米冲积层；西部地区大型矿井建设远比想象复杂，富含水的弱胶结地层为矿井建设带来了相当大的技术难题，与此同时，现代化大型矿井建设已开始向安全、节能、环保方向发展。因此，大型矿井建设技术的研究方向是：凿井领域，通过开展竖井钻机、竖井掘进机、反井钻机工艺技术及装备研究，实现机械破岩、排渣、支护平行作业，达到减少爆破作业和下井人员的目标；特殊凿井领域，以节能、无害、高效、可靠为宗旨，发展千米冲积层冻结、深厚基岩注浆改性、斜井沿轴线冻结；岩巷掘进领域，改变破岩方式，在高强度岩石内实现综合机械化掘进成巷，改进工艺、装备，提高爆破掘进效率和工艺、装备的集成配套。同时加强基础研究、实验研究、工艺研究、关键元部件开发，形成适用于大型矿井的先进、快速建设技术如下。

A. 大型煤矿快速建井技术

在科技攻关研发出的大型矿井竖井掘井机，千米沿轴向斜井冻结技术，TBM 斜井冻结技术，大直径斜井反井钻机等基础上，加快大型建井工程的实用性研究，形成相应的施工工艺，完善集成大型煤矿快速建井成套技术与装备，并在 2020 年后逐步进行示范和推广。

B. 特殊条件下作业机器人

"打井不下井"、"钻机和凿井不要人"是矿井建设的重要发展方向，需要研究满足不同煤矿建设条件的不同形式的机器人，能够具备人的技能，在矿井建设特殊条件下，替代人工作业，从事矿井施工操作，包括钻眼机器人、装药机器人、出渣机器人等，或形成多功能机器人，一套设备，满足井巷施工的全部操作要求。

C. 3D 打印建井技术

按照设计图纸的要求，3D 打印技术将应用到建井领域，一次能够完成建井的各个工艺环节，提高了矿井建设的效率和准确性。同时也提高了深部井筒井壁的安全性和可靠性。

7) 切顶卸压自动成巷无煤柱开采技术

由于工作面的回采，液压支架的前移，工作面后方顶板岩层失去支撑，巷道采空区侧的直接顶在自重及临时加强支护作用下，出现一次破断，破断直接顶呈倒台阶式的悬臂梁状态，留巷顶板由于直接顶垮落及基本顶下沉的带动，其变形形式主要以旋转变形为主，对巷道影响很大。一般来说，巷旁支护体很难对抗基本顶的旋转压力。为了保持巷道顶板的完整，以及减小顶板压力，通过预裂爆破技术将顶板沿预定方向切断。

切顶卸压自动成巷是指沿工作面前方预留巷道内侧对工作面顶板进行超前预爆破，使顶板沿预定方向产生切缝，即为切顶线；随着工作面的推进，顶板压力增大，采空侧顶板沿切缝自行垮落，切顶卸压一次成巷。这样可大大减轻采空区顶板垮落时对留巷支护的破坏作用，减少了整修维护量，节约了大量的人力、物力。采用切顶卸压自动成巷效果示意图如图 4-10 所示。

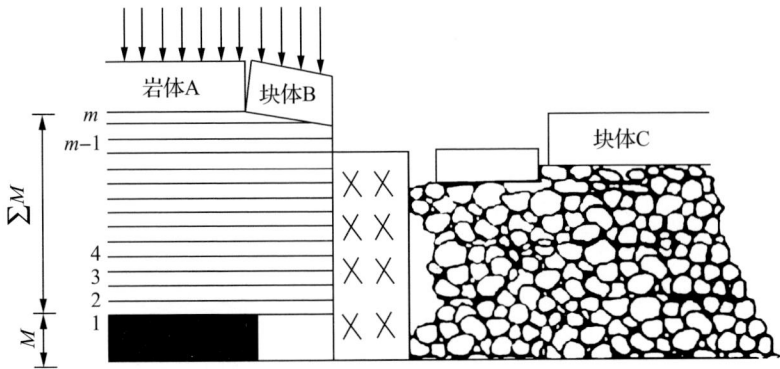

图 4-10　切顶卸压自动成巷技术示意图

M 为采高；$\sum M$ 为关键层与煤层之间高度；m 为覆岩层数

8) 深部复杂条件煤炭开采技术

20 世纪 60 年代后期，世界各采煤国都陆续进入深部开采阶段。因各国煤矿地质条件与开采条件的差异，对深度标准的界定也不一样，英国与波兰根据其开采地质条件将深部煤矿开采的起点定为 750m；日本定为 600m；独联体国家定为 800m；德国将 800～1200m 定为深部煤炭开采；中国华北、华东地区将深度大于 600～800m 的煤矿开采认定为深部开采(谢和平等，2012f，2015b)。

在我国煤炭开采技术和装备快速发展的背景下，开采强度不断提高，开采水平也在不断延伸，国内许多大型矿区的开采或开拓延伸的深度目前均已超过 800m，目前已有江苏、山东、河南、河北、黑龙江等省 50 多个大型煤矿的开采深度超过 1000m。未来 10 年之内，我国多地煤矿将全面进入深部开采阶段，在深部高地应力、高地温、高瓦斯、高水压等环境和高强度开采扰动下，矿井灾害显现越来越频繁，如冲击地压、煤与瓦斯突出、矿井突水、巷道围岩大变形、地热灾害、自然发火等，对深部资源的安全高效开采造成了巨大威胁。为了实现深部煤炭资源的安全开采，必须对多种开采地质灾害形成的要素精细探知与评价，努力解决深部开采技术难题。

A. 深部冲击地压防治

冲击地压的防治技术可概括地分为三种：一是采用开采优化设计方法

以避免冲击地压的发生，包括优化开拓布置、解放层开采、无煤柱开采、预掘卸压巷、宽巷掘进、宽巷留柱法等；二是对已具有冲击危险的区域进行解危，避免高应力集中和改善煤岩体介质性质以减弱积聚弹性能的能力，包括顶板深孔爆破、煤层卸载爆破、煤层高压注水、大孔卸压法、定向水力压裂法、高压水射流切槽、断底爆破法、预掘卸压硐室、煤层高压水力压裂、底板切槽法等；三是采用更有效的支护方法，通过增大支护强度或改善支护方式以提高支护体抵抗冲击的能力，这是一种被动防护方法，如冲击震动巷道围岩刚柔蓄能支护法、高预应力、强力锚杆 U 形钢支护法、门式液压支架(或垛式液压支架)法、恒阻大变形锚杆(索)支护法等。

开采优化设计方法是从源头上消除应力高度集中，降低冲击地压危险的一类方法，目前许多冲击地压矿井由于在开采设计阶段没有考虑开采中的应力叠加和集中问题，从而造成了后期开采生产中出现了孤岛煤柱开采和上覆煤柱下方开采的局面，通过巷道布置优化和保护层开采等开采设计优化手段可达到消除应力多次叠加产生的应力高度集中的目的。

B. 薄煤层智能机械化开采技术

从开采原理上突破薄煤层开采的技术难题是其技术革命的有效途径。薄煤层开采一个特点是煤层赋存量小，开采强度不大。因此，可采用刨煤机或采煤机器人进行薄煤层开采。

(1)刨煤机。对于薄煤层，目前采用刨煤机开采相对较多，该设备集"采、装、运"功能于一身。目前我国东北和南方地区薄煤层分布较多，刨煤机配备自动化控制系统可实现无人工作面全自动化采煤，提高煤炭资源的回收率。

(2)薄煤层机器人采煤。机器人集中了控制、材料、制造中最为尖端的技术；已经在工厂、信息、家庭等诸多领域成功应用，并且是未来人类发展的重要工具手段，所有的生产、服务性工作都能够采用机器人完成。机器人采煤也应该是未来煤炭生产的发展方向。

采煤机器人可直接代替人进入到危险的采煤作业区进行信息采集和设备的相关操作，包括自动控制和远程遥控，实现工作面生产情况监测、设备启停操作、工作面环境监测及预报（瓦斯、粉尘超限等）等功能，真正做到采煤工作面无人化生产。

开展基于采煤机器人的新型采煤方法的研究，重点研究集智能感知、视觉、听觉、决策于一身的采、支一体式机器人；应研制自适应采煤机器人的运输系统；研究工作面无人值守巡检机器人；研究环境感知及控制技术与装备等。其中应重点突破以下几方面的难题：一是机器人安全防护问题，机器人本身结构精密，在井下高温、高湿、粉尘，并伴有岩石崩落的条件下，如何实现其安全、无故障运行是首先需要解决的问题；二是机器人无障碍行走机构的难题，井下环境特别复杂，如何规避障碍物是其正常工作的前提；三是机器人动力系统的研究，要使其长时间的工作，动力保障必不可少。

C. 急倾斜煤层高效开采

急倾斜煤层是指煤层倾角大于 45°的煤层，储量约占我国煤炭总储量的 14.05%。我国急倾斜煤层大多分布在新疆、贵州、四川、云南等西部地区，约占该地区煤层总储量的 30%左右，这些地方的区域经济发展相对落后，地质条件较复杂，矿井的开采规模及产量都相对较小，进而导致这类矿井的经济效益不够理想。急倾斜煤层开采的围岩运移规律以及顶板管理与缓倾斜煤层开采相比具有很大的差异和难度，所以矿井大多数采用传统的非机械化开采方法。急倾斜煤层多为不稳定的复杂煤层，常给开采工作带来很大困难，根据煤层厚度不同，适用急倾斜煤层的采煤方法也各不相同，如倒台阶工作面开采工艺、选巷道采煤工艺、伪斜开采工艺和充填开采工艺等。

我国急倾斜煤层开采普遍面临如下难点：①机械化程度低。大部分急倾斜煤层采用坑木或单体液压支架支护，放炮落煤，机械化程度只有 10%～20%，工人劳动强度大；②回采率低。急倾斜煤层开采需要留设大量的煤垛和保护煤柱，自溜运输，回收率极低；③安全保障条件差。急倾斜煤层顶板事故频发，对煤层瓦斯积聚和自然发火的防治比较困难，安全隐患大。

虽然国外也在开采急倾斜煤层领域做了有益探索，但效果并不明显，急倾斜煤层一直是矿井机械化开采的禁区。在目前条件下，急倾斜煤层走向长壁工作面不论是开采设备与工艺，还是围岩控制理论与方法的选择都受到很大制约，导致开采急倾斜煤层的矿井几乎都发生过由于开采方法与围岩控制及设备问题引发的安全事故。从本质上讲，急倾斜煤层开采难度大，因而开采中的安全隐患也非常严重，"安全"在急倾斜煤层开采中占更加重要的位置。

针对急倾斜煤层开采，亟须开展急倾斜煤层自动化钻煤、破煤成套工艺和技术、急倾斜煤层柔性钻煤、破煤一体机成套装备研发、急倾斜煤层原位洗煤零排放清洁开采等技术的研究。

9) 深部多相资源联合采选和超低生态损害开采技术

A. 深部矿井煤与瓦斯共采技术

通过对深部高瓦斯低透气性煤层改性增透机理、深部煤层瓦斯抽采流动及高效抽采基础理论、深部高瓦斯煤层群煤与瓦斯共采基础理论进行研究，研发地面大直径千米深井、多分支水平井钻井施工关键技术及装备，实现 1200m 以上深度地面钻井装备国产化，提高成孔效率。研发地面大排量、大砂量、高中砂比水力压裂、大功率重复脉冲冲击波等大范围煤层增透、低渗松软煤层的水平井分段压裂增透、近距离煤层群多煤层水平压裂增透关键技术与装备，实现煤层大范围增透，提高地面煤层瓦斯抽采效率。研发高瓦斯低透气性煤层群瓦斯抽采、无煤柱煤与瓦斯共采、单一突出煤层瓦斯抽采、低瓦斯含量高瓦斯涌出煤层瓦斯抽采、高瓦斯特厚急倾斜易自燃煤层瓦斯抽采、井上下联合抽采煤层瓦斯、煤层瓦斯智能抽采等关键技术及装备。针对不同的开采条件、煤层赋存条件，形成典型地质条件下适用的煤层瓦斯高效抽采技术体系及装备。研发松软破碎煤层、穿越采空区抽采下组煤层瓦斯完井、增产改造、排采技术工艺及装备，研发采动区抽采井孔稳定性保障技术及装备，防止钻孔井壁失稳、出煤粉伤害抽采管路、采动区上覆岩层破裂、错动从而挤压和剪切采动区井套管，影响煤层瓦斯抽采。

煤与瓦斯共采技术核心是在煤炭开采的采前、采中和采后等各个阶段，依据科学安排，采取合理、有效的技术手段，通过实施相关工程，实现煤炭与瓦斯的共同开采、协调开发并把抽采瓦斯加以综合利用，即瓦斯的抽采贯穿煤炭开采的全过程。近年来，我国煤矿瓦斯抽采量得到显著提高，2016 年瓦斯抽采量达到 128 亿 m^3，利用 48 亿 m^3，为保障煤矿安全生产，提高资源利用效率，减少环境污染做出了重要贡献。经过 60 余年的瓦斯抽采实践，我国煤炭企业陆续总结出一系列瓦斯抽采模式和技术，可概括为三种模式多种技术（表 4-1）（申宝宏等，2015a）。

表 4-1 我国瓦斯抽采模式与主要技术

抽采模式	具体技术	适用条件	较早应用矿区	实施效果
先抽后采（未卸压瓦斯抽采）	巷道抽采	本层抽采	抚顺龙风矿（1952 年）	我国早期的瓦斯抽采，现在很少使用
	顺层钻孔抽采（交叉钻孔）	本层抽采	抚顺（1954 年）、阳泉、天府、北票等	全国推广，但抽采量不稳定
	巷道穿层钻孔抽采	各类煤层及煤层群	阳泉（1957 年）、北票等	较好，在全国推广
	压裂抽采	高透气性煤层	抚顺（地面井，1976 年）、鹤壁（地下钻孔，20 世纪 70 年代）、晋城等	近年发展迅速，较好
随采随抽（卸压瓦斯抽采）	保护层开采的瓦斯抽采	煤层群、单一特厚高瓦斯煤层	中梁山（20 世纪 60 年代初）、抚顺、松藻、淮南、淮北等	好，全国推广
	高抽巷抽采	邻近层抽采	阳泉（20 世纪 70～80 年代）、盘江	好，但巷道工程量大
	顶板走向穿层（顺层）钻孔	采空区抽采	淮南（20 世纪 90 年代后期）、淮北、平顶山等	较好，全国推广
	巷道穿层钻孔抽采	各类煤层及煤层群	阳泉（1957 年）	较好，全国推广
	采空区埋管抽采	采空区抽采	高瓦斯矿井多有采用	部分较好
先采后抽（卸压瓦斯抽采）	地面钻井采空区抽采	新采空区或封闭较好的老采空区	铁法、晋煤、淮北、淮南、焦作、阳泉	较好
	采空区埋管抽采	采空区抽采	高瓦斯矿井多有采用	部分较好

虽然我国煤与瓦斯共采的工程实践取得了快速发展，目前在全国范围内已形成规模，技术也在全面推广。但是，由于我国煤层赋存条件的复杂性，地下采掘诱发的采动应力场、煤岩体裂隙场及瓦斯流动场的互动性，煤层瓦斯赋存又具有微孔隙、低渗透率和高吸附的特征，相关技术进步主要依赖经验，尚未形成科学性、有效性、针对性的煤与瓦斯共采理论与技术体系，面临的主要问题有：①采动含瓦斯煤岩体破裂机制、性质、特征及破裂程度之间的关系不清；②高强度大断面集中开采和工作面推进度与瓦斯抽放量、瓦斯排放量的动态关系关联机理不清；③瓦斯在破断煤岩体中的富集与运移规律不清；④煤与瓦斯共采时空协同机制及单一高瓦斯低透气性煤层的瓦斯抽采理论与技术没有取得实质性进展，仍属世界难题；⑤煤矿井下抽采瓦斯和风排瓦斯利用率不高，有关理论和技术需要进一步探讨与完善。

主要从以下两个方面开展煤与瓦斯共采技术攻关研究。

a. 开发煤与瓦斯共采新技术与装备

破断煤岩体中瓦斯导向流动监测及控制技术和关键装备，煤与瓦斯共采的时空协同控制技术和关键装备，高突煤矿井上下联合（协同）抽采技术，单一低透煤层瓦斯高效抽采关键技术和关键装备，高瓦斯低透气性煤层卸压增透及高效抽采变频技术与装备，高瓦斯、煤与瓦斯突出煤层内气体或液体互动强化驱动瓦斯解吸及抽采技术与装备，外加场及新型冲击波等有效改造煤层透气性与强化抽采瓦斯技术与装备，高瓦斯突出煤层钻孔内气、液、固高压脉动抽采技术与装备，抽采瓦斯阶梯利用关键技术与装备，抽采瓦斯的零排放关键技术与装备等（刘见中等，2017a）。

b. 煤与瓦斯共采智能化协同系统及新模式

研究探索并建立一套煤与瓦斯共采智能化协同系统及新模式，使采煤工作在一个既能密封又能开放的空间中进行，改变当前采煤与瓦斯抽采相对分离的现象。当采煤机械运行，瓦斯涌出量大时，回采工作面上下风巷自动封闭，将回采工作面空间的瓦斯浓度保持在30%以上、氧气浓度控制在 9%以下，完全处于失爆的环境中，使机械的效率能充分发挥，实现高产高效的目标，同时在回采工作面风巷进行瓦斯高浓度抽采，实现煤与瓦斯的高效生产。当工作面出现故障，必须停产处理时，此时打开上下风巷的风门，恢复通风系统。由于采煤工作停止，少量的风量即可满足工作的要求。

B. 深部矿井地热资源利用技术

a. 热-电-冷联供降温技术

利用矿井抽取的瓦斯发电，将电能及瓦斯发电机余热供给地面制冷系统进行制冷，通过管道将冷冻水输送给井下供冷系统，再配合风循环系统和矿用自洁净式空冷器将冷冻水转换成冷气供给到各高温工作面进行降温。

b. 冰冷却空调降温系统

该系统首先通过地面制冰场制取粒状冰或泥状冰，通过管道输送至井下的融冰池，然后利用矿井各水平现有涌水作为喷淋融冰和井下辅助用水，融化后形成的冷冻水经风循环系统和自洁净式空冷器转换成冷气送至高温工作面进行降温。

c. 地热能降温技术

该技术首先利用冬季冷能将低焓地热能和风能储存起来，其中一部分通过井上换能系统制造冷冻水，再通过井下换能系统产生冷风，吹向工作面进行降温，另外一大部分储存于浅部地层储冷井群中。在其他季节，通过另一套井上换能系统将储存在地下储冷层的冷能提取出来，再通过井下换能系统产生冷气，吹向工作面进行降温。

d. 热-电-乙二醇制冷降温技术

该技术首先把电厂发电余热通过余热利用系统输送到溴化锂制冷机里进行一级制冷，再进入乙二醇螺杆制冷机里进行二级制冷，制取冷冻乙二醇溶液。冷却的乙二醇溶液通过供冷管道输送到井下换冷器，转换成冷却水，然后经风机和空冷器转换成冷风，输送至高温工作面进行降温。目前在平顶山煤业集团四矿已成功运用。

C. 深部矿井"煤-水"双资源联合开发技术

核心技术主要包括：①对于具备可疏性矿井，宜采用矿井排水、供水、生态环保"三位一体"优化组合方法。排水措施可以实施地面排水，也可井下放水，有时可两者相互结合，井下放水最好采用清污分流的排水系统，这样可大大减少矿井水的处理成本。②对于可疏性差矿井，宜采用矿井地下水控制、利用、生态环保"三位一体"优化组合方法。地下水控制措施包括：煤层底板注浆加固与含水层改造；注浆封堵导水通道；改变走向长壁采煤方法，实施诸如充填开采法或房柱式开采法等，优化开采工艺；在第四系强富水含水层下对煤层覆岩实施局部轻微爆破松散，抑制断裂带发育高度；局部限制采用对煤层顶底板扰动大的一次性采全高或放顶煤等开采工艺；应用"三图法"对研究区实施开采适宜性评价，进行开采适宜性分区，圈定不宜开采地段；建立地面浅排水源地，预先截取补给矿井的地下水流；预先疏排诸如强径流带等地下水强富水地段等。在对补给矿坑地下水实施最大限度控制、最大限度减小矿井涌水量的基础上，将有限的矿井排水分质处理后最大化加以利用。通过对矿井水实施有效控制与利用，保护了矿区地下水资源，防止了地下水水位大幅下降，避免了矿区生态系统和地质环境的恶化，维护了矿区原始生态地质环境。③对于具备回灌条件的矿井，可采用矿井水控制、处理、利用、回灌、生态环保"五位一体"优化组合模式和方法，首先通过采取各种防治水的有效措施后，将有限的矿井水进行井下和地面的水质处理，最大限度地在井下生产环节和地面供水环节利用矿井水，最后剩余的矿井水经处理达标后回灌地下，达到矿井水在地面的零排放目标，实现我国煤炭资源开发与水资源和生态环境保护统筹规划、协调可持续发展的最终目标。④管理层面的组织协调。由于"三位一体"或"五位一体"优化组合系统涉及矿山、水务、环保三个相互独立的不同部门，如能使三者实施无缝有效的成功结合，不同层次的政府出面组织协调三部门相互关系是非常重要的保障。

D. 深部矿井"煤-水-气-热"多资源联合开发技术

深入开展深部和下组煤开采条件下的煤层赋存规律、高地应力、高水压、高水温和高瓦斯压力的"四高"特征与分布规律，以及深部岩石在

"四高"环境下的力学行为演化特征，充水水文地质条件补充勘探、深部岩溶水补水、径流、外排特征和底板岩溶水突出机理、采动岩体裂隙动态演化规律、深部矿井突水动力灾害致灾机理和触发条件、经济技术可行的深部隐伏地质构造精细探测定位技术与方法、煤炭资源开发的多种地质灾害耦合互馈链式反应效应、突水灾害预测预报理论和治理技术及监测监控预警方法等研究。

a. 地下水库构建技术

为了适应我国西部浅埋深、薄基岩特点的煤炭资源保水开采需要，必须研究和开发更加实用的保水开采技术及措施，实现水资源保护由"堵截"向"导、储、用"的转变，其中"导、储、用"是指"疏导含水层的地下水"、"储存疏导的地下水与适当的地下空间"、"利用储于地下空间的矿井水"。采取"导、储、用"为手段的保水开采技术，就是在掌握开采对水资源运移影响规律的基础上，将含水层的地下水疏导至采空区进行储存，并建设相应的水处理和抽采利用工程，对矿井水进行高效利用，达到疏导后矿井水不外排的目的，实现保水开采。实现矿井水"导、储、用"的关键是建设煤矿分布式地下水库(顾大钊，2015)。

煤炭开采后，在不同开采水平形成了大量的采空区，随着开采对上覆岩层扰动的结束，采空区趋于稳定，形成了较大的空隙空间，为矿井水储存提供可行条件。煤矿地下水库是对开采形成的采空区加以改造形成的地下储水空间，将同一水平、不同水平，甚至矿区的多个煤矿地下储水空间通过人工通道连通，根据采煤生产接续计划，对矿井水进行分时分地储存，形成分布式的地下储水空间，也即煤矿分布式地下水库。如图4-11所示。

煤矿分布式地下水库的作用是使煤炭开采过程中产生的矿井水，按其自身的运移规律或在人工干预下汇集和储存，并根据需要调出至地面使用，从而实现矿井水不外排，达到保护地下水资源和地表生态的目的。

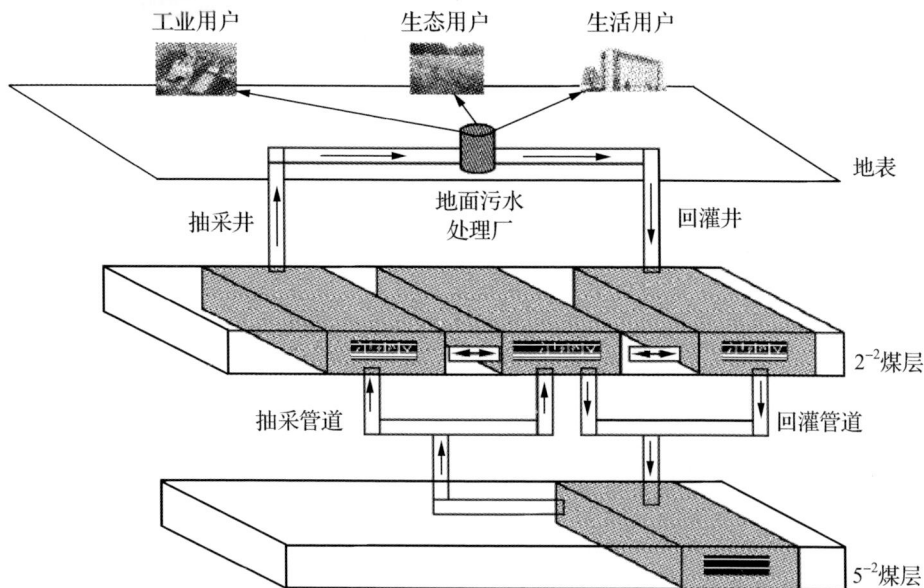

图 4-11　煤矿分布式地下水库

煤矿分布式地下水库技术包括水库规划、设计、建设、运行、监控和管理，是一个复杂系统工程，涉及煤矿开采和水利水电工程等领域，技术难度较高，因此需要加大技术研发和工程示范力度。

设计技术。煤矿分布式地下水库设计技术主要包括地下水运移规律、地下水库选址和地下水库库容设计。其中，地下水运移规律主要是通过地球物理勘探和钻探手段，利用实验室相似材料模拟和三维数值仿真等技术，对建设区域水文地质情况、含水层、隔水层、矿井充水条件、周边老窑积水情况、矿井涌水情况等进行探测，为地下水库建设提供基础；通过对井下采空区岩性、顶底板岩层渗水系数等进行研究，结合采煤工艺和开采参数以及工作面布置等，确定地下水库地址；通过对采空区空间尺寸、岩层条件、顶板垮落情况和松散体密度等研究，确定合理的水库库容。

建设技术。煤矿分布式地下水库建设技术主要包括筑坝和防渗。筑坝主要是通过煤柱留设和合理的工作面开采布置顺序，形成储水采空区，并对筑坝材料和筑坝方式进行研究；防渗主要是对采空区安全煤柱进行地质勘探，对其防渗性进行评判，对重点部位实施防渗工程。

运行技术。煤矿分布式地下水库运行技术主要包括水库监测和库间调控。监测主要包括水质监测和安全保障技术，利用有关仪器对水质进行检测；安全保障是通过对水位监测和坝体渗漏监测，防止发生溃坝等。库间调控技术能够通过人工输水通道实现地下水库之间的水量调节，保障水库安全和实现水库库容最大化利用。

b. 充填开采技术

在目前的充填采煤实践中，需要针对不同矿区所处地理环境特点，发展适合安全高效充填开采的新型充填材料，研制低成本的充填材料输送系统及充填设备，打破充填能力不足的技术瓶颈，优化采充工艺，进一步提高充填采煤规模化程度，让充填开采发挥更大的作用。

(1) 充填采煤对地表沉降控制能力与策略。采煤过程中如何尽量减小和控制采动影响是实现采煤同时主动保护生态环境的关键。采动影响的表现形式就是矿压显现，因此，必须着力研究充填开采上覆岩层运移及矿压显现规律，减小和控制采动影响。

矿山压力是采动后促使围岩运动的原因，但是矿山压力的显现则和围岩条件、支护状况等因素有着密切联系，是相对的，也是可控的。充填法采煤上覆岩层运移及矿压显现同垮落法相比发生了较大的变化，重新审视充填法采煤的上覆岩层运动变化规律和矿山压力与岩层运移间的关系，选择正确的充填工艺、充填液压支架及合理的工作阻力，是充填法采煤顶板控制的关键。

尽管通过多座煤矿的充填采煤实践，经过研究上部岩层弯曲变形各变量之间的关系，确定了不同岩性条件下的液压支架支护参数和充填密实度，控制了上覆岩层的移动，使上覆岩层位移最小，对地表影响最低，达到在采煤过程中控制地表下沉的目的，但需进一步研究不同地质条件、不同顶板条件下矿压显现规律，研究不同充填率与地表沉陷量的关系，从而针对特定充填目的做到地表沉陷可控，得到不同的控制策略。

(2)新型充填材料研制及配套输送系统。充填材料的选择，直接涉及充填效果（即对地面开采沉陷的控制效果）、充填工艺、充填成本等，充填材料的输送特性直接关系到输送系统及充填装备的选型与设计，急需研发新型采空区充填材料。

目前的充填技术主要有五个方面。一是固体材料的多样选择。固体充填是成本低、效率高的一种充填方式，应积极开拓固体充填材料源。根据不同地区条件，利用当地现成的、廉价的固体材料作为充填材料，扩大充填开采范围。根据矿区条件，可利用黄土作为原料充填，黄土高原特点是土多水少，可考虑以黄土替代粉煤灰作为矸石固体黏结料，该种充填材料制作过程全部采用物理方法，没有任何化学添加剂，其优势是来源广、成本低、无污染，需研究矸石、黄土和水在不同配比下条件下的力学性质，研制出最佳配比和相适应的输送系统；有的矿区，可将铁矿尾矿作为充填材料充填，铁矿尾矿量大，且存在着危险性，煤矿充填是安全利用方法，针对尾矿没有黏结性的特点，研究专用的黏着剂，满足煤矿充填开采的需要；有的矿区，可将硬度不高的荒山，取石破碎后作为充填料，和土丘取土一样，还可造一片平地，改变当地的生态环境。总之，坚持入地无害的原则，就地取材，节约充填成本，扩大充填规模，还有利于矿区生态环境的转化。

二是高浓度胶结充填材料及工艺。目前胶结充填综采采用的充填工艺主要有两种：似膏体充填和膏体充填。由于现有的似膏体充填，在井下需要大量地脱水，不但污染了井下环境，而且影响了充填效率；而对于膏体充填来说，由于其浓度接近于输送浓度的上限，一旦充填环节发生问题，极易造成堵管事故，从而影响工作面生产，所以膏体充填系统的可靠性较差。与上述两种充填工艺相比，由于高浓度膏体充填的系统可靠性较高、井下脱水少，已经成为胶结充填的发展方向，因此煤矿充填也应当以高浓度充填作为研究和发展的方向。

高浓度胶结充填材料的主要研究方向为：研究开发适合采空区充填要求的新型充填材料，包括配制充填材料所需的胶结剂的研发、各种配料用量与材料固结后性质参数之间的相关性研究,确定充填材料的合理配方、相应的最佳物理力学参数及其高效输送方式。

高浓度胶结充填工艺的研究方向包括:采空区充填综采工作面回采工艺研究;采空区充填综采工作面充填工艺研究;采空区充填综采工作面的优化设计研究。

三是充填材料制备与输送系统。充填系统的能力是制约充填采煤产能的关键因素之一,国内现有充填系统的一般设计能力为 $150m^3/h$,正常工作时的充填能力可达 $120m^3/h$,国外充填系统的正常工作能力可达 $250t/h$,约合 $130m^3/h$。因此开发用于采空区充填工作面与充填材料、充填工艺相配套的高效输送与充填装备;研究具有可靠性高、输送能力大、操作方便、实用性强等特点的充填材料制备与运输系统;实现采空区充填工作面充填物料输送、充填机械化是煤矿充填的一个重要研究方向,从而为充填采煤工作面产能的提升提供保障。

四是充填综采工作面液压支架。充填液压支架目前我国已经研发成功,但相关技术还需要改进,需要在分析工作面采场矿压显现规律与参数的基础上进行充填综采工作面液压支架的结构、控制系统分析与设计,并对生产出的样机进行综合检测、测试。专用充填综采液压支架的关键突破点是在充填材料没有凝固之前,充填支架可以在保护充填体的同时,实现采煤作业,由于充填体凝固不再占用循环时间,从而可大幅度提高工作面产能。

五是充填综采工作面生产工艺系统优化。由于采空区充填综合机械化采煤增加了充填材料输送系统和充填系统,因此需要对煤炭生产过程中的回采、充填工艺以及工作面进行优化设计,这样才能保证采空区充填综采工作面生产的正常、有序进行。另外,合理利用现有生产系统实现沿空留巷,以减少充填开采中巷道掘进量、减少工作面煤柱留设数量,也是采空区充填综采工作面生产工艺系统设计与参数优化需要考虑的重要内容。

E. 采、选、充一体化技术与装备

采、选、充一体化在金属矿山应用较多，特别是深部金属矿产资源的开发，更趋向于采用该方法。由于金属矿山本身产生的尾矿较多，随着埋深的增加，提升压力及成本都大大增加。采、选、充一体化更能体现出减轻提升压力的作用，尾矿直接充填采空区，精矿提升能力增加。采充平衡临界品位的研究意义重大，全部尾砂充填采出空间外尚有余地可容纳掘进产生的废石那将是最完美的系统。国外金属矿山应用较多，随着环境保护及开发技术的进步，我国金属矿山应用该方法也越来越多。

采、选、充一体化在煤矿中应用正在起步阶段，应用实例不是很多，由于煤炭中矸石含量相对于金属矿中尾矿含量要低得多，多数情况下需要几个采面(掘进面)采出的煤洗选后的煤矸石供一个采面充填采空区。

目前进行的矸石充填虽然在局部试点矿井取得了重大进展，比早期的简易机械充填的效果和工作效率有了很大提高，但在充填开采设备配套和工艺体系完善、对煤矿地质采矿条件的适宜性、操作规程与技术标准、进一步提高充填效率和增加示范应用规模等方面，还存在较多问题。近期需要解决的具体问题主要有：

(1)地下选煤厂的设备优选。与实际情况相结合，实现设备的优选，使之更适应于地下空间及满足运输需要。

(2)地下选煤厂流程优化。由于采、选、充一体化的充填材料全部来源于地下洗选出来的矸石，一旦洗选系统出现问题，矸石料来不及供应，会影响整个生产的进程，必须对其流程进行优化，提高选煤系统的稳定性，同时使得维修与安装更方便，缩小占地空间。

(3)地下选煤厂空间结构布置和优化配套。在煤矸石分选系统布置时充分考虑到井下现场实际情况，本着避免或降低对矿井现有生产系统的影响，充分利用地势和现有设施，减少开巷工程量，布置简洁紧凑，节省投资的原则。

(4)煤矿井下空间工程稳定性的提高，有助于发展地下采煤场。相对于煤矿企业，地下选煤厂属于大型硐室，针对大型硐室的工程稳定性方面的研究较少，难以保证安全生产。

(5)地下选煤厂的自动化和监控的远程化。逐步实现选煤厂的自动化和监控的远程化有利于提高整个系统的稳定性。

(6)矸石巷式充填采选充一体化关键技术及设备。重点研究与矿井岩巷高效掘进衔接的"三下"保护煤柱矸石巷式充填方法、工艺体系和设备选型与配套，研究井下矸石运输系统、充填系统布置与优化，研究矸石巷式充填区域的岩层移动与地表沉陷规律和控制技术。设备包括大型矸石仓及防堵设备、可伸缩矸石皮带输送机、适用于高度 6.0m 以上充填巷的自移式矸石充填机等的研制。

(7)综采矸石充填采选充一体化关键技术及设备。重点研究与矿井岩巷高效掘进衔接的综采矸石充填技术原理与方法、工艺体系和设备选型与配套，研究井下矸石运输系统、长壁工作面综采矸石充填系统布置与优化。设备包括可伸缩矸石皮带输送机的研制、充填液压支架设计等。

(8)急倾斜煤层柔掩支架采煤法矸石充填关键技术及设备。重点研究与急倾斜煤层矿井岩巷高效掘进衔接的柔掩支架采煤法矸石充填技术原理与方法、工艺体系和设备选型与配套，研究井下矸石运输系统、伪斜工作面柔掩支架采煤法矸石充填系统布置与优化。设备包括可伸缩矸石皮带输送机、自移式矸石充填机等。

已有的相关研究成果是深入开发高效机械化矸石井下充填技术的重要前提，但是要实现地下采、选、充一体化技术的成熟、系统稳定、可靠还需要做更深一步的技术革命，主要包括：①采、选、充系统的自动化。由于煤矿开采自身危险性及工作条件艰苦等客观存在的事实情况，实现井下开采的高度自动化是以后煤矿开采的大趋势，那么井下采选充一体化的自动化也是大势所趋，这样在保证安全开采的同时，由于控制系统的精确性，可大大提高整个系统的稳定性、可靠性。②自动识别、报警系统。该系统是为解决在整个采选充过程中某个环节一旦出现异常，通过在各个工作设备安装的识别器，自动判断分析异常产生故障或事故的可能性，一旦达到某种可能就立即发出警报，提示需要紧急处理。③自动处理异常及故障系统。根据自动报警系统发出的警报来源，分析是在哪个环节出现异常或可能导致故障的可能性，根据具体情况，自动及时地处理异常，使之恢复正常。

10) 地表生态环境恢复治理技术

A. 采矿对地表生态环境影响的机理与诊断技术

针对开采问题日益复杂、开采强度日益增加、开采深度日益加深以及采矿处于矿-粮复合、生态脆弱等复杂区域生态环境条件，重点探讨不同开采条件和环境下的生态环境的影响机理、土地及生态演变规律、生态安全监测预警方法、复杂条件的开采沉陷预计理论与方法、区域性的采动水循环的影响机制；重点研发地表生态环境损伤的监测诊断技术，尤其一些难以直接获取损毁信息的诊断，如地表沉陷裂缝全生命周期的监测技术、水田土壤中隐伏沉陷裂缝的探测技术、沉陷损毁边界的确定技术、自燃煤矸石山着火点的探测技术等；重点研究采矿岩层移动规律与不同地形的耦合关系、采矿沉陷耕地损害边界的预计方法、丘陵山区的采煤沉陷地预计方法、黄土沟壑区的采煤沉陷预计方法、高强度快速开采的沉陷预计方法、深部开采的采煤沉陷预计、沙漠化地区采煤沉陷地预计方法、内蒙古草原下采煤的沉陷预计方法等；研究复杂矿区生态保护与恢复的信息支持问题，提出矿区沉陷变形、滑坡崩塌GPS/InSAR/数字近景摄影/三维激光扫描等监测关键技术，提出一套实时、自动、精准提取矿区植被退化、土壤侵蚀、土地覆被变化、水资源变化及污染、尾砂、废矿堆积等生态环境灾害信息的技术方法，建立矿区生态环境灾害预报预警、生态保护与恢复决策支持系统。

B. 减轻地表生态环境损伤的开采设计与技术

传统的地表生态环境治理都是针对地表的损伤，头痛医头、脚痛医脚，缺乏源头治理技术，因此，研发基于地表生态环境的特点，进行保护性开采布局和时序的设计；研发减轻地表损伤的充填开采、条带开采、协调开采、超大工作面开采等减损开采技术，在减损开采工艺、装备和材料上都有所突破；研究矿区环境容量与合理的开发强度、各种配采方案及其环境效应、资源与环境相协调的开采新技术、新方法。

C. 酸性废石堆治理技术

矿山酸性废石堆(煤矿区就是煤矸石山)主要因含有硫化物而造成酸性及产生次生环境问题，如造成强烈的酸性水并活化和挟带大量的重金属离子污染周边土壤和地表水以及地下水，是矿区最主要的污染源，此外，酸性矸石山极易在氧化过程中产热导致废石堆自燃。我国不少矿山多年来为这一污染和自燃问题所困扰，治理难度大，特别是由于缺乏有效的防酸、防火、灭火技术，导致复燃率高、防火失败率高。因此，应在研究矿山废石堆酸性产生机理的基础上，研发抑制氧化、产酸的物理-化学-生物联合治理的机理与材料，重点是研究化学改良方法和物理阻隔相结合技术、抑制微生物催化氧化的专性杀菌剂、抑制氧化的还原菌剂等，筛选经济、可靠、持久的阻隔材料、杀菌剂、还原菌剂和施工工艺，减缓酸性废石氧化的速率和酸性废水的产生量；研发原位固硫技术，如污泥固硫、化学固硫、生物固硫等；研发酸性中和的材料与施用方法；研发高效、长效灭火技术；研发基质改良、表土覆盖和优化配置技术，创造良好的立地条件；研发物理碾压的方法与施工技术及装备，研究最佳的碾压强度和不同介质的不同碾压方法，同时研发相应的施工设备；研发污染原位控制与生态恢复的一体化技术，重点研究污染原位治理技术与生态恢复的耦合关系，在污染原位控制的基质上如何构建植被恢复介质以及如何快速恢复植被的关键技术。

D. 生态系统重构与土地复垦关键技术

我国的土地复垦技术经过近 30 年的发展，已经开始由原来的粗放型复垦模式转变为精细化的复垦，由单一的恢复植被变为建立一个持续稳定的生态系统，土地由单一的土地利用变为提高土地的经济价值与产出，技术的革新更为重要。一是针对高强度开采对西部干旱半干旱区产生的土地资源破坏、植被退化、水土流失加剧等生态破坏问题和矿区植被保护与恢复、植被品种筛选与快速繁育等矿区生态恢复技术难题开展研究，研究高强度开采对西部干旱半干旱区的开采沉陷影响规律和地表土壤水分特性；研究生态脆弱矿区植被筛选与培育技术；提出西部高强度开采沉陷区植被保护与快速恢复技术；针对生态脆弱区露天开采浅部房采区灾害治理工程存在的问题开展生态恢复研究，建立整体协调的生态防护和保育体系。二是针对东部矿区潜水位较高，大面积塌陷积水区湿地生态恢复经济及技术问题，研究防止洪涝侵袭、控制沉陷水位的塌陷积水区规划与疏浚技术；塌陷积水区水污染控制技术；塌陷积水区水生植物群落构建技术；塌陷积水区的生态、旅游开发模式和利用技术等。

a. 生态工程复垦技术

生态工程复垦技术是将土地复垦工程技术与生态工程技术结合起来，综合运用生物学、生态学、经济学、环境科学、农业科学、系统工程的理论，运用生态系统的物种共生和物质循环再生等原理，结合系统工程对破坏土地所设计的多层次利用的工艺技术。其目的在于促进各生产要素的优化配置，获得较好的经济、生态和社会综合效益，走可持续发展的道路。它不仅包括各种土地复垦工程技术的优选，也包括农业立体种植、养殖、食物链结构、农林牧副渔业一体化等生态工程技术的选择，需要通过平面设计、食物链设计和复垦工程设计来实现。

b. 生物复垦技术

生物复垦是根据待复垦土地的利用方向，采取包括活化土壤结构、微生物培肥等在内的生物方法，改变土壤新耕作层养分状况和土壤结构，增加蓄水、保水、保肥能力，创造适合农作物正常生长发育的环境。主要包括：利用植物、土壤微生物和土壤动物来改善土壤理化性质的土壤基质改良技术，针对矿山的自然环境、气候和土壤条件的植被筛选技术等。其中，应用微生物技术加快生土熟化，加速植被恢复，是培肥矿区土壤和改善矿区生态环境的一个重要途径。

c. 地表生态环境治理的装备与材料

地表生态环境治理的装备与材料的研究十分缺乏。亟须加大力度开发地表生态环境治理的装备、材料并进行产业化。重点研究地表生态环境治理的土壤改良材料；研发土地复垦质量的专用设备；开发酸性自燃煤矸石山治理的设备和材料。

E. 复垦质量监控的标准化与可持续维护技术

质量监控和验收是成功治理的保障。针对地表生态环境治理的不同工程特点，研发快速、便携的工程质量无损探测方法、技术和装备，重点解决不同质量参数检测的信息采集、提取和处理方法以及相应的精度分析等；研发治理质量参数的野外实时监测与传输的技术与装备；开发治理质量监控与验收的信息系统，建立复垦验收标准化制度。

11）全面推进煤炭科学产能

将安全、高效、绿色作为煤炭行业可持续发展核心，将煤炭"以需定产"的开发模式转变为"科学产能"模式，加快制定煤炭科学开采的国家宏观政策。加快建立完善以科学产能为最终目标的资源管理、产能布局、产业规划、矿井设计建设、技术装备支撑等系列政策措施，全面提升科学产能在整体产能中的比例。

全面推行科学产能的理念，建立基于煤炭科学产能的标准体系，规范和约束煤炭生产与供应。制定煤炭开采行业准入门槛，限定煤炭开采的资源、安全、装备、环境等条件，设定科学产能的综合评价指标体系和评价标准，符合条件的准予开采，达不到国家规定科学产能标准的企业强制退出煤炭生产，对资源浪费严重、安全生产条件不达标、瓦斯防治能力不足的煤矿坚决予以关闭，引导煤矿向高效、绿色、安全方向发展。按照保持已有，改造一批，以新建矿井为主的原则全面推进科学产能的发展。保持已达到科学产能的矿井稳定生产；新增产能严格按科学产能标准开工建设；争取对另外尚未达到科学产能标准的矿井，从科技上进行攻关和技术改造，使其达到科学产能的要求；剩下落后和不可改造的部分逐步予以淘汰。新增产能严格按科学产能标准开工建设。通过增加投入，使科学产能与国民经济发展一致，改变煤炭行业高危、粗放、无序的形象。

围绕我国煤炭向安全、高效、绿色发展的主攻方向，继续增加科技投入，建立稳定、合理的科技投入渠道，国家应设立煤炭科学开采技术研发专项，为煤炭科学研究提供必要的支持。整合优势科技资源，建立政产学研用一体化的科技创新模式，健全煤炭行业科技创新体系；制定煤炭科技发展规划，对相关的重大科研和技术性问题，开展基础性研究和先进适用技术的推广示范工作；建设国家煤矿专业人才教育培养基地和人才吸引及激励机制，加大煤炭教育投入，以高校和煤炭企业为主体，培养高级专业人才和应用性技术人才，加强对科技创新人才的培养和引进，尽快使煤炭企业走出人才短缺的困境；加强基础性、前瞻性、战略性研究和技术装备研发，提高资源保障程度，为煤炭科学开采提供科技支撑。探索 1500m 以下煤炭资源开发技术，提高煤炭后续供给能力。

结合国家重大需求和行业发展需要，把实现煤炭科学开采作为有潜力的战略性新兴产业的重点和方向。大力发展煤层气开发利用、煤炭洁净利用、现代煤化工、先进的系统节能节水及减碳、煤炭智能化开采设备、煤矿区生态修复和治理、地下选煤及井下充填关键技术、煤炭地下气化(UCG)及地热利用技术等。

2. 拓展与变革技术(2020~2035 年)

1) 煤炭资源扩展勘探与"透明矿井"地质全信息可视化技术

我国地层深部煤炭资源储量丰富，开发陆相与海相、陆地与海洋深部(2000m 以浅)与超深部(大于 2000m)煤炭资源勘探理论与技术。弄清海洋深部(2000m 以浅)与超深部(大于 2000m)煤炭资源地质储量、经济可采储量、技术可采储量。

全面、准确的三维可视化地质信息模型是流态开采采区规划及精准布局是实现地下资源的流态化开发的前提。在突破高精度地质模型技术的基础上，颠覆现有地质构造解析理论，准确揭示深地岩层赋存基本规律及其动态变化特征，实现采区的科学合理布局。

结合互联网、云计算、大数据、虚拟现实(VR)、工业控制、三维地理信息系统(葛世荣等，2015)以及煤矿开采等技术，在透明采矿技术研究采场应力、裂隙、渗流动态变化及显示的基础上，完成煤矿三维虚拟地理信息系统平台的设计与开发，构建包括高精度地质模型在内的矿井三维动态模型，形成"透明矿井"模型见图 4-12。

图 4-12　"透明矿井"模型

(1)研究 2000m 以深地层基础地质探测技术，包括煤岩构造、断层、水等位置探测，实现全矿井范围内的地质构造精准探测及显示。

(2)研究深部矿井高精度导航与定位技术，实现设备实时定位与姿态检测。

(3)研究利用地质勘探、物探、生产、煤岩界面探测、地质力学测试、机电设备及其他相关数据，建立矿井全息模型，构建"透明矿井"，实现矿井高精度三维动态地质模型、设备模型的构建，使矿井地质条件、地质力学参数、开采环境和设备布置透明化和可视化。

2)深地钻探技术及大孔径、精确制导钻机

煤炭 4.0 阶段开展深地资源的勘探开发，需攻克深地钻探技术及大孔径、精确制导钻机，在煤炭 3.0 阶段复杂地层空间导航定位技术、地质构造精确探测技术的支撑下实现准确的定向钻探，深地钻探技术见图 4-13。

图 4-13 深地钻探技术

3)煤与煤系伴生物共采一体化开发理论与技术

煤系是多种宝贵矿产资源赋存的重要层系,煤与煤系伴生物资源如图 4-14 所示。重点研究煤系气共生成藏作用与资源预测模型,煤系稀散金属元素成矿作用与成矿规律,煤系固-流矿床采动诱导效应及其多场耦合响应,提出煤系矿产资源一体化开发新技术。到 2025 年,要实现煤与煤系共伴生物共采一体化开发。

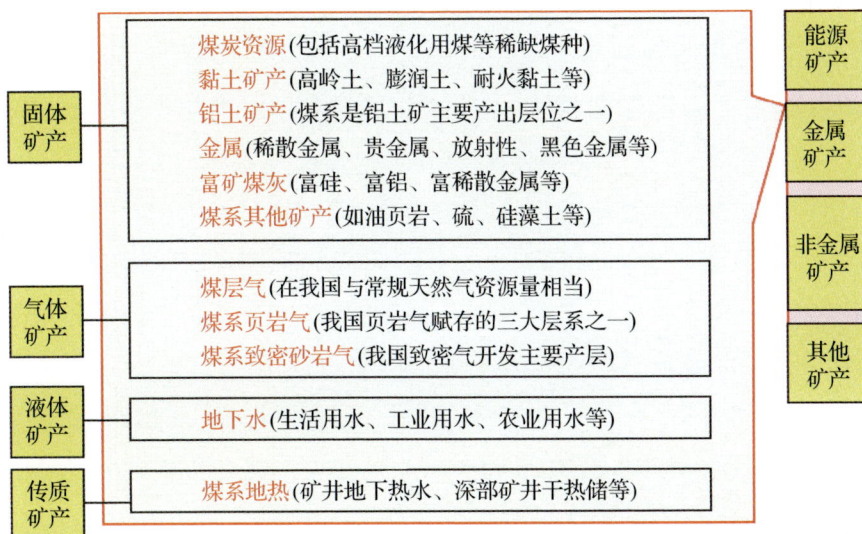

图 4-14 煤与煤系伴生物资源

例如，我国煤系富镓煤与煤型镓矿产资源丰富。金属镓(Ga)国际市场价格(2015-03-13)：228 美元/kg。煤灰镓(Ga)品位：工业品位 0.005%，边界品位 0.003%，华北相当多矿区石炭二叠系煤灰镓品位超过工业品位。

我国华北部分地区石炭二叠纪煤层中金属镓预测资源量：准格尔煤田，30.50 万 t；大同煤田，30.42 万 t；西山－古交矿区，7.01 万 t；柳林沙曲矿区，4.15 万 t；阳泉煤田，15.25 万 t；渭北煤田，7.88 万 t；平朔煤田朔南矿区，7.79 万 t。仅上述煤田，煤中镓资源量达 102.97 万 t，潜在价值 2350 亿美元。

神华集团有限责任公司创建了煤基能源资源多产业一体化新技术体系，攻克了铝、镓高效环保型回收关键技术，已经建成年产 4000t 粉煤灰提取氧化铝中试工程。但煤系矿产资源一体化开发仍存在技术难题，煤系共伴生资源勘探开发也存在一些挑战。

A. 技术难题

(1)煤炭的开采往往侧偏重煤炭单一资源的勘查与开发，而忽视煤系相关共伴生矿产资源的一体化勘查与开发，同时影响矿井安全的地质构造或异常体隐患无法精细化探明和治理，勘查开发成本难以降低。

(2)20 世纪 90 年代以来，逐步开展煤层气的勘探开发，2005 年以来，开始重视煤与煤层气共采，但依然忽视煤系气(煤层气/页岩气/致密气)共探共采，资源浪费极大，同时由于煤矿瓦斯未能有效实现"先抽后采"或抽采未达标，使得煤矿安全问题未能从根本上解决。

(3)一直以来煤系其他矿产资源的勘查开发无序化严重，相关勘探开发工作地点散，规模小，资源综合回收率极低，矿区循环经济缺乏可靠资源基础。

B. 面临的挑战。

(1)共生基础。煤系多种矿产资源综合成矿规律、赋存特点及相互关系如何？只有解决这一基本问题，才能够为一体化勘查具体方向提供地质指导。

(2) 共探基础。解决多赋存态(固态/气态/液态)、多物性响应(录井/测井/地震等)问题。否则，相应的勘查技术难以发展，一体化开发矿产资源缺乏可靠保障。

(3) 共采基础。解决不同矿产资源开采条件的共性与差异性，及由此导致的共采工程科学问题。否则，一体化技术难以发展。

采动条件下地应力场-地下流场-地温场动态平衡，地层固气液能量分配方式与机制，煤系固态、流态矿产一体化开采诱导环境效应等。

4) 深部矿井降温与地热利用的"煤热共采"技术

《煤炭资源地质勘探地温测量若干规定》指出：原始岩温高于 31℃的地方为一级热害区，原始岩温高于 37℃的地区为二级热害区。根据煤炭资源开发和地温场测试分析数据表明：在预测的煤炭资源总储量中有 73.2%的储量埋深在 1000m 以下，预测的围岩温度在 39～45℃。单纯从地层温度考虑，我国今后千米以下深部开采将普遍处于二级热害区，热害问题将严重制约深部煤炭资源的安全高效开采。然而，如果将深部高温地层中蕴藏的热量作为一种资源考虑，在降温的同时，将置换出的热能提取并在地面加以利用，将会对煤矿传统生产方式产生重大革命，实现既开采化石能源又开采地热能源的新能源生产模式。因此，在今后的研究中，将基于我国自主研发的深井降温与热能利用高温交换机械系统技术，重点进行以下工作：①发展适合不同开采条件下的深井高效节能降温与地热利用技术。现有热害治理技术都存在高耗能、无法有效利用绿色能源、效率低等问题，这些问题进入深部开采后随着地温升高和输冷距离的加大会更加严重。首先研究能够有效利用矿井涌水、浅层地热冷能、地表水体等天然冷能的井下高效节能降温技术，同时，利用水体或风流将井下热能输送至地表进行有效利用，取代地面燃煤锅炉，从而形成井下用冷地面用热的循环生产系统，实现矿区采煤不燃煤，将矿井降温系统由原来的高耗能系统转变为热能生产系统。②采前深部岩体中的能源气体开采技术。深部煤岩体中含有大量的可利用能源气体，如甲烷、一氧化碳、乙烷等，这些能源都是以吸附气体方式赋存于深部煤岩体中。一旦发生开采扰动，在深部高温高压的耦合作用下，此时大部分吸附气体转化为游离气体，这些气体如果不加以利用或及时排除就会严重影响矿井安全。因此，在深部高温环境下煤炭资源开采时，开采之前首先应该开采深部岩体中吸附的大量可利用能源气体，这样既保证矿井的安全同时又实现资源合理利用。

深部矿井降温与地热利用技术革命包括以下两个方面：①深井热害资源化利用技术。建立适合井下矿井涌水、浅层地热能、回风等各种形式冷源的高效节能冷源提取技术并研发相应的配套装备；研究不同水源条件下的热害防治模式及其逆卡诺循环降温机理，深井热能利用模式及其热交换机理；建立适合井下环境的降温逆卡诺循环及配套装备，将冷能输送到降温地点，同时将井下热能排出地表；建立适合矿区环境的供热逆卡诺循环及配套装备，进行矿区井口防冻、洗浴、建筑物供暖等供热，实现矿区零燃煤零排放。②深部岩体能源气体开采技术。研究深部地层温度场分布特征、高温异常区形成机制及其对岩体热力学特性的影响；研究深井高温高湿热害环境导致井巷围岩强度软化大变形致灾机理及其岩体内部结构及裂纹扩展作用机理；研究深部岩体中能源气体的赋存规律及降温前后温度-压力耦合作用下吸附能源气体运移规律；研发适合深部环境的岩体能源气体开采技术及配套装备。

5) 深部煤矿动力灾害防治与动力能量利用技术

A. 强冲击倾向性煤岩体浸润改性亲水材料

浸润性是固体介质的重要特征，它是由该材料的化学组成和微观几何结构共同决定。冲击倾向性则是产生冲击破坏煤岩的固有属性，主要包括煤岩体积蓄的能量、破坏时间、变形和刚度四个方面。煤岩体冲击倾向性的强弱和冲击地压的发生密切相关。研究亲水性煤岩改性材料，将具有强冲击倾向性的待采煤体用含有亲水性煤岩改性材料的水体封闭，待经长时间浸润后，亲水性介质可与煤岩微颗粒充分结合，一定程度上改变煤岩的部分物理力学参数，消除其冲击倾向性，确保开采安全。

B. 深部煤层采动区围岩应力场 CT 实时探测及预警技术

对全矿井采掘、运输、矿井环境等生产活动中的主控灾害因素进行系统监控，构建完整的以动力灾害监控为核心、以生产运输监控为辅助的综合监控预警系统。重点研究深部开发复杂动力灾害主控影响因素、深部矿井运输环境隐患主控因素、深部矿井综合监控智能分析预警系统研发等方面。

深入研究不同频率电磁波穿越煤岩介质时波速变化规律，反演煤岩体应力场特征。通过电磁波穿越煤岩体时的走时或能量变化，得到煤岩体内部的波速或衰减系数分布图像，以此推断煤体内部地质构造、应力异常区域、煤层厚度变化等典型异常区域的分布情况。一旦采动煤岩体应力集中程度超过规定阈值，便可从二维云图上红色预警显示，及时采取卸压措施，从根本上杜绝高能量的应力集中。

C. 深井采动应力集中区卸压技术和自移卸压操作机器人

煤炭开采难以避免应力集中，在深部开采条件下，应力集中和动载影响成为发生冲击地压的诱因，除采取爆破、注水弱化等卸压措施外，还可采取高能量激光脉冲卸压方式。采用高峰值功率的脉冲激光射向煤体高应力集中区，将激光经过路径的煤颗粒熔化或气化，再采用高压空气或氮气作为辅助气体，扩展煤体，每个脉冲激光产生大量的微粒喷射，使高应力集中区的煤体得到弱化和损伤，降低应力集中。

深井采动应力集中区卸压操作存在一定危险性。研制深部矿井采动应力集中区自移式卸压操作机器人，能自动完成行走、操作激光束或打钻、装药、爆破、故障排除等一系列动作，实现危险区域的无人化作业。

D. 深部煤岩动力能量利用技术

深部矿井重力引起的垂直应力明显增大，构造应力场复杂，在高地应力作用下，开采扰动影响强烈。在深部开采环境下，煤岩体的变形特性发生了根本变化：高地应力作用下，煤岩体具有较强的时间效应，表现为明显的流变或蠕变；煤岩体的扩容现象突出，表现为大偏应力下煤岩体内部节理、裂隙、裂纹张开，出现新裂纹导致煤岩体积增大，扩容膨胀；煤岩体变形的冲击性，表现为变形不是连续的、逐渐变化的，而是突然剧烈增加。深部开采环境和煤岩体变形特征决定了深部矿井会遇到冲击地压等一系列煤岩动力灾害。

冲击矿压与采深有密切关系，随着开采深度增加，冲击矿压发生的频率、强度和规模会随之上升。同时，冲击矿压有可能和煤与瓦斯突出、承压水问题等灾害相互叠加、相互作用，互为诱因，使灾害的预测及防治更为复杂困难。

从煤炭开采角度认为，冲击地压是一种动力灾害，但其实也是另一种能量形式。该能量虽品位较低，但可加以利用。在煤体或巷道里布设特殊支撑装置，一方面辅助煤体承载上覆岩层载荷，避免出现过度应力集中，另一方面采集煤体应力集中或巷道大变形释放的能量，该能量可由工作面安装的蓄能器加以储存。通过能量采集系统充分采集煤体应力集中转移或释放的能量。将蓄能器与工作面支架泵站系统相连，实现能量就地转化，变害为宝。

6) 巨厚煤层开采技术

我国巨厚煤层开采实践多集中在煤层厚度 20m 左右的煤层，基本上采用放顶煤开采。对于煤层厚度 30m 甚至 40m 以上巨厚煤层的开采，尤其是近水平巨厚煤层目前没有典型应用，仅有的几处矿井目前处于基建期或首分层开采时期。

目前已经投产的巨厚煤层矿井，产量普遍较低，由于工艺复杂和大块煤现象，产量甚至低于大采高综采工作面。目前巨厚煤层开采缺乏相应的高产高效采煤工艺，各种问题尤其是采法、装备、工艺等问题，均有待进一步深入研究。巨厚煤层工作面开采主要面临以下技术难题。

(1) 顶板控制难度高。不满足露天开采的巨厚煤层一般埋藏较深，一次采出厚度大，对上覆岩层扰动大，根据国内厚煤层综放工作面开采经验可知，厚煤层综放面矿压显现强烈，部分特厚煤层矿区工作面支架工作阻力已经达到 21 000kN 以上，但仍有支架压死、立柱压坏等问题，这与顶板覆岩的破坏高度有直接关系。

(2) 自然发火严重。巨厚煤层盘区大巷和工作面顺槽均布置在煤层中，使用周期长，盘区大巷的使用时间接近 60 年，顺槽的使用时间也在两年以上，巷道周边煤体在矿压作用下破碎形成裂隙，长时间存在漏风，有发生巷道自燃的危险。此外，综放工作面采空区不可避免的要留有浮煤，易引起采空区自燃。由于首分层采空区中存有的残煤开采中已经过一次不同程度氧化，加之断层裂隙及旧巷的存在，随时有向采空区供氧的可能，下分层开采时，面临的煤层自燃问题更加严峻。

(3) 瓦斯涌出量大。巨厚煤层开采给瓦斯防治带来了许多新的问题，许多低瓦斯含量的特厚煤层开采由于开采强度大、出煤集中、煤岩卸压范围大，也会时常导致工作面瓦斯超限。加上对底煤的扰动产生的溢出瓦斯，生产过程中可能造成瞬时瓦斯超限的问题，且瓦斯溢出的时空演化规律不明。

(4) 开采工艺复杂。巨厚煤层分层厚度大，单一分层服务年限长，需科学确定各分层厚度。放顶煤开采时的采放高度问题、大块煤问题、覆岩垮落高度问题、顶煤顶板岩移问题等有待深入研究。

(5) 设备可靠性要求高。巨厚煤层开采强度大，设备在恶劣工况下长时间重载运行，必然导致高故障率。现有技术水平的大型液压支架、采煤机、刮板机已远不能满足要求，许多问题已非纯粹机械问题，对设备的可靠性要求进一步提高。

我国厚煤层储量占全国总储量的 40% 左右，而新疆地区巨厚煤层占总储量的 70% 以上。我国巨厚煤层(大于 40m)主要分布在新疆的吐哈煤田、准东煤田、内蒙古华亭砚峡煤田、陕西彬长矿区、内蒙古胜利煤田、辽宁抚顺煤田等。其中，新疆的准东、吐哈、伊犁、沙尔湖、三塘湖、大南湖、淖毛湖均为世界级整装煤田。大多数煤田为巨厚煤层赋存条件，煤炭可开采量巨大。其中，沙尔湖煤田单层厚达 217.14m，至今尚无成熟的技术用于开发；准东煤田资源储量 3900 亿 t，煤层赋存稳定，单层厚度达 40~60m，是目前最具发展潜力的世界级大型煤田。

虽然储量巨大，但我国大部分巨厚煤层矿井由于剥采比较高，实现露天开采并不经济。针对我国部分埋藏较深的巨厚煤层，且难以实现一次采全高特点，可采用基于井工条件下的露采技术开采。

具体思路为：针对深埋巨厚煤层，摒弃传统的长壁工作面回采工艺，采用巨型岩石穹顶下台阶式剥离工艺，剥离台阶采用水平分层，台阶高度根据煤层物理力学参数确定，全部采用单斗铲采装，即单斗-卡车开采工艺，岩石台阶与煤台阶均需穿孔爆破。工作线长度根据矿井产能确定。煤层台阶剥离时，工作帮煤层可采用单斗-卡车-破碎站-皮带直接运出。台阶岩层剥离高度则根据支护需要选择是否剥离，一般将软岩或不稳定顶板也采用台阶开采的方法剥离掉，留作稳定坚硬顶板作为岩石穹顶。剥离掉的岩石采用靠帮充填的方法直接充填在矿坑的内部排土场，辅助承载岩石穹顶。岩石穹顶采用高强度超长锚索锚固在坚硬稳定岩层里。所有锚固、钻爆、剥离、装卸、破碎、运输设备实现自动调度无人化作业。

巨厚煤层井工条件下台阶式剥离开采，开采强度高，产能大，关键技术在于岩石穹顶的稳定性。可选择性地将不稳定岩层剥离掉，留作稳定岩层外加超长锚索锚固技术结合内部排土场充填体共同支护顶板，实现安全高效开采。

为此，亟须开展巨型岩层穹顶超长高强度锚索锚固技术，巨厚煤层井工条件下台阶式剥离工艺，锚固、钻爆、剥离、装卸、破碎、运输环节无人作业自动控制技术，巨型岩层穹顶稳定性监测及预警技术等研究。

7) 难采煤层的化学开采/地下气化技术

煤炭地下气化技术(underground coal gasification, UCG)在煤炭 3.0 阶段清洁能源技术支撑下发展出一系列综合清洁能源技术(梁杰等，2013)，主要包括：

煤地下气化(UCG)—整体循环发电(IGCC)—碳捕获与地质封存(CCS)相结合；即 UCG-IGCC-CCS 联合技术

煤地下气化(UCG)—氢地下气化—燃料电池(AFC)—碳捕获与封存(CCS)相结合；即 UCG-AFC-CCS 技术

煤地下气化(UCG)—气变液、化工—碳捕获与封存(CCS)相结合；即 UCG-GTL-CCS 技术。

煤炭化学开采区别于传统物理开采法，它是一种向地下煤层注入介质，并使其发生化学反应，从而提取原煤中的有效成分的采煤方法。煤炭地下气化是一种典型的化学开采方法，过程是向地下煤层中通入气化剂，将煤炭进行有控制地燃烧并产生可燃气体，再将煤气输出地面加以利用。该过程集建井、采煤、地面气化三大工艺为一体，把煤的开采和转化相结合，变传统的物理采煤为化学采煤，省去了庞大的煤炭开采、运输、洗选、气化等工艺的设备，因而具有安全性好、投资少、效益高、污染少等优点。地下气化技术不仅可以回收矿井遗弃煤炭资源，而且还可以用于开采井工难以开采或开采经济性、安全性较差的薄煤层、深部煤层、"三下"压煤和高硫、高灰、高瓦斯煤层。可作为传统采煤方法的补充，二次开发和利用浅部剩余煤炭资源，开采深部煤炭资源。煤炭地下气化需要突破以下五方面技术。

A. 难采煤层地下气化炉结构及构建技术

地下气化炉是煤炭地下气化过程的物质基础，决定了气化区的扩展范围，同时也是气化过程稳定控制措施实施的渠道。在气化炉生命周期里，炉内氧化区、还原区、干馏区在空间上均能得到充分的发育和相对稳定，才能保证煤气组分、热值和生产过程的稳定。另外进出气孔直接沟通了上、下含水层和气化区，钻孔在热作用下失稳将给气化炉的稳定运行和环境保护带来了潜在的威胁，也缩短了气化炉的生命周期。对有井式气化通道可采用人工掘进的煤巷。对无井式气化通道的构建将采用定向钻进和逆向火力贯通的方法，既要在高渗透性煤层里快速形成长距离通道，又能保证气化通道的构建质量。因此，要针对难采煤层的地质赋存条件特点研究合理的地下气化炉结构及施工技术。

B. 气化工作面综合探测技术

如何监测地下气化过程中燃空区塌落后空间的变化以及气化炉中火焰工作面的位置、燃烧范围、火焰的移动方向和速率，对地下气化过程中工艺的调节控制、保持炉内温度的稳定、掌握燃空区上覆岩层移动及地表沉陷情况起着至关重要的作用。但目前并没有形成关于煤炭地下气化工作面探测的成熟技术，要通过学习传统石油勘探技术，结合多种物探手段，考虑煤炭地下气化自身建井、气化工艺自身的特点，开发适用于煤炭地下气化工作面综合探测的新技术。

C. 气化区顶板冒落及地下水防控技术

气化区反应状态稳定，除了要求有稳定的反应体积（或反应比表面）和反应强度外，反应温度也决定了气化过程的稳定，而水是影响气化区温度最重要的因素。煤层中含水或少量的地下水进入气化区，对气化过程的进行是有利的，在高温下水被分解产生 CO 及 H_2，有利提高煤气中的有效组分。特别是富氧气化时可适当降低煤的燃烧温度，使其不超过灰熔点。但随着气化空间增大，上覆岩层冒落，产生裂隙，导致上覆含水层水进入气化区。当煤层中的水分含量超过一定限度时，还原带的温度及气化过程遭到强烈的破坏，热损失增加，反应过程失稳，煤气组分和热值不稳定。因此，要掌握燃空区扩展和顶板冒落规律，防止大量来水影响气化过程的稳定。

D. 煤炭地下气化过程稳定控制工艺

工艺控制是指通过调节气化剂的质量、数量、压力、供给方式等来控制气化过程温度、气化反应比表面积、控制气化反应氧化区、还原区、干馏干燥区的分布与扩展等，而达到控制气化过程稳定的。煤炭地下气化过程中料层（煤层）不能移动，必须通过气化区的移动来实现气化过程的连续，但随着气化区的移动，氧化区、还原区、干馏干燥区的分布与扩展受到了影响，采用移动供风点、反向供风、提高氧气浓度可有效地控制气化区的分布与扩展。因此，要研究不同工艺条件下合理的气化反应区分布与扩展规律。

E. 污染物产生、迁移规律及控制、防治技术

地下水污染是指由煤炭地下气化过程引起的对地下含水层的污染，是煤炭地下气化潜在的重要环境问题之一。地下水的污染风险主要取决

于气化区的水文地质条件，包括气化区岩层的渗透性、地质结构、水力联系，以及高温气化过程气化盘区围岩的渗透性、裂隙发育等物理性质的变化。地下水的主要污染源主要来自：①煤层高温热解产生的挥发性有机污染物及金属污染物；②煤层气化产生的硫化氢、氨等气相污染物；③煤层气化留下的气化残渣。因此要揭示煤层气化过程污染物的析出规律和污染物在地层中的扩散及迁移行为，形成污染防治技术，保障煤炭地下气化技术的可持续发展。

3. 引领与探索技术（2035～2050 年）

1）深部开采的应力场、裂隙场、渗流场的精确探测及可视化技术

发展三维应力冻结、三维光弹、相移法等技术和理论方法，采用"冻结记忆"和"数字化识别"方法来提取经历不同加载阶段时的内部应力场；开发不同开采应力下煤岩内部裂隙网络演化可视化技术；开发不同开采应力下煤岩内部渗流场可视化技术。

A. 复杂矿井智能探测车

对于某些复杂条件矿井，尤其是危险的地方，人员不方便进入，智能化探测车将实现人员不下井。为此，可研制开发类似月球探测车的复杂矿井智能探测车。智能探测车可以携带多种探测设备，可包括应力场、裂隙场和渗流场"三场"监测仪器和设备、带实时画面传输的防爆摄像机、温度探测仪器等，实现煤矿井下地质采矿条件及其变化的全面探测。由于煤矿开采深度较大，巷道拐弯多，因此可以在建井时布置一些中继站，实现信号在煤矿的全覆盖。

B. 自移动伺服智能钻探及随钻自动监测技术

钻探是煤矿井下地质条件探测最可靠的方法，在大力发展物探方法的同时，对于一些地质条件复杂的仍需要进行钻孔探测。由于钻探的地点经常变化，因此需要研制自移动技术，开发计算机控制自移动架钻、稳钻平台。钻探过程中可能穿越不同的岩层，为了精确地控制转轮速度、钻头重量和竖管压力等，开发伺服钻探系统。要实现智能化钻探和随钻

自动监测,需要给钻头装上"眼睛",而这个"眼睛"可以包括摄像钻头、小型物探仪器、瓦斯探测等仪器,实现煤矿井下"三场"及相关地质条件的随钻自动监测。自移动伺服智能钻探及随钻自动监测技术将实现工作人员身着干净的工衣、坐在整洁的工作间、面带自信的微笑、眼看仪表屏幕、手点电动按钮进行智能钻探,并随着钻探过程自动监测"三场"及相关地质条件变化等信息。

2)井下煤炭流态转化(制气、制油、发电)远程智能化控制技术

井下煤炭流态转化(制气、制油、发电)需精确、严格控制反应条件、设备参数,实现连续、稳定、高效的大规模转化生产。颠覆现有煤炭地下气化技术(图 4-15),大幅提升能源密度,在井下有限空间实现能源的高效、密集转化,形成流态化开采的深地原位物理开采、化学开采、生物开采、液化、气化、电化转化的全过程智能控制技术,如图 4-16,达到长期、连续、稳定、大规模生产水平。

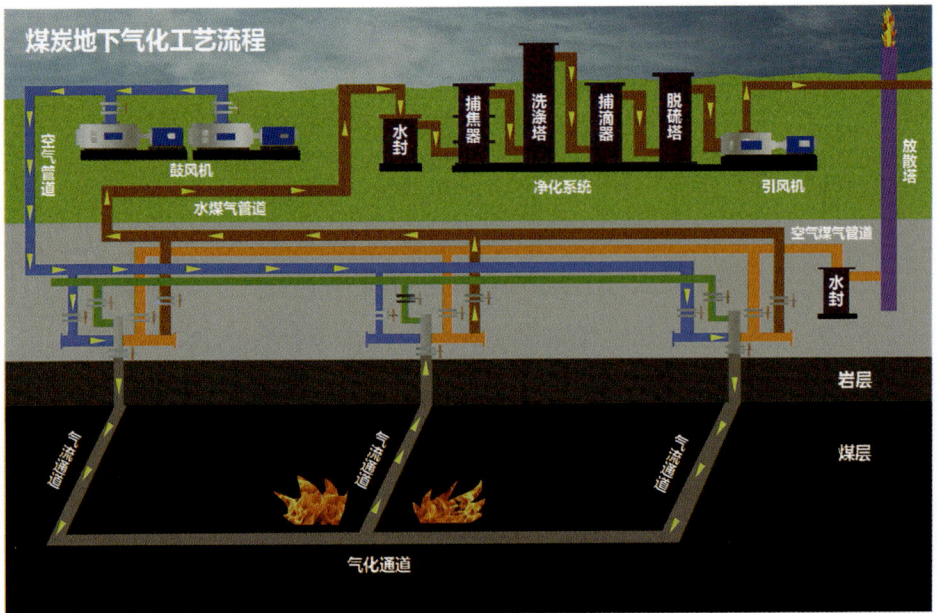

图 4-15　煤炭地下气化常规流程

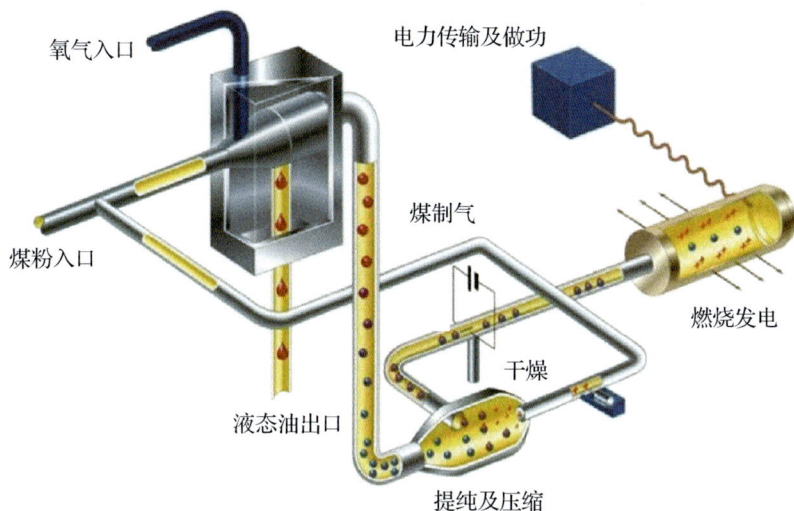

图 4-16　流态集成转化精准控制工艺流程

3）大型煤矿无人化建井及煤炭开发技术

突破大型煤矿无人化建井技术，研制具备信息感知、智能监测、远程控制和自动执行功能的、能够实现煤矿自动化、无人化建井、生产的高可靠性全矿井智能化系统，加快煤炭开采方式转变，实现煤炭生产与经济、社会发展的协调统一，深地原位一体化装备集成技术见图 4-17。

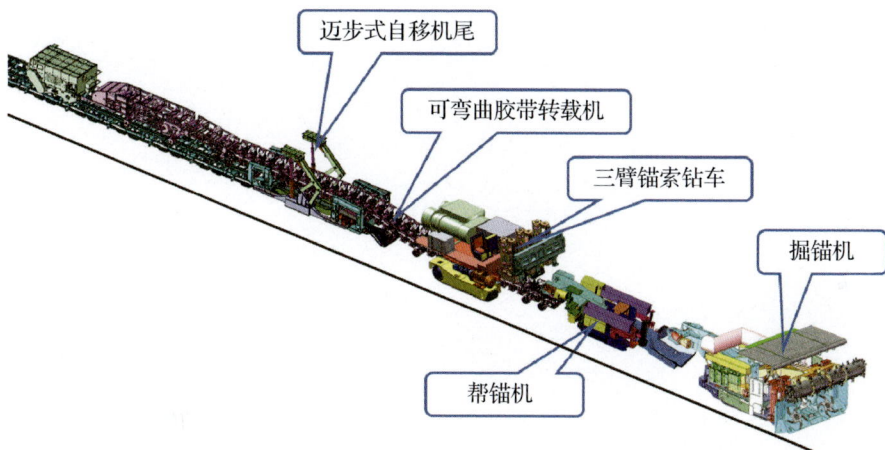

图 4-17　深地原位一体化装备集成技术

在生产过程无人化基础上实现流态化开采。颠覆现有采掘装备自动控制的原理，以人工智能、分布式控制技术为基础，打造一个具备自决策、自控制、自修复功能的深部资源开采装备系统(谢和平等，2017a)。以综采工作面为研究对象，以"透明矿井"为后台，根据工作面实际生产运行情况，将综采设备视为机器人阵列，在此基础上研究一个具备协调、指挥、大数据处理的无人化开采控制系统。

4) 零生态损害的绿色开采新理论与技术

研究零生态损害绿色开采的原理与理论，开发零生态损害绿色开采的技术与装备。开发煤与瓦斯共采技术、煤与水共采技术、煤与地热共采技术、煤炭资源化学开采及生物开采技术。

煤炭开采可能引起地表塌陷、矿山灾害，煤炭燃烧可能引发温室效应、城市雾霾。因此提出煤矿井下"采、选、充、电、气"一体化开发技术，如图 4-18 所示，未来的生态矿山主要体现在电力传输与能源储运(谢和平等，2017a)。

图 4-18　煤矿井下"采、选、充、电、气"一体化开发技术

此外，煤炭 5.0 阶段的关键技术还包括以下内容。

(1)煤矿"风、光、电、热、气"多元一体化开发技术。

(2)地上地下能量转换、爆燃发电及电力存储技术。

(3)深地微生物学与生命能量溯源技术。

(4)地下多元清洁能源生成、调蓄和循环技术。

(5)深地致密储层(油、气、地热)无水超大体破裂改造与开发技术。

(6)盾构式"采、选、充、气、电"一体化开采技术。

(7)深地生态圈光、气、水等生态环境重构技术。

这些技术将在第 5 章进行详细阐述。

2035～2050 年阶段，煤炭行业将进行颠覆性、革命性、创新性的科学与技术探索，全面实现科学开采，煤炭科学化水平达到世界领先地位。

4.1.3　近零生态损害的发展路线图

近零生态损害开采技术是绿色生产技术基础上的拓展与变革，是实现行业可持续发展的重要保障，是科学开采的重要理念。近零生态损害开采技术以"采前有规划、采中能控制、采后可修复"的煤炭绿色开采技术体系为基础，有机融合智能传感器感知网络和信息处理技术与开采技术装备，实现由"单一煤炭生产"向"煤炭提质及综合利用方向"的转变，加快构建绿色、高效、安全的现代煤炭开发技术体系，从"勘探—生产—加工"全过程产业链系统控制生态破坏，提高煤炭绿色安全开采、清洁煤开发与资源可持续保障水平。

近零生态损害科学开采的发展路线图如图 4-19 所示。

基于上述技术蓝图，提出"2025 技术升级与换代、2035 技术拓展与变革、2050 技术引领与深地空间利用"的战略实施路线(如图 4-19)。即：

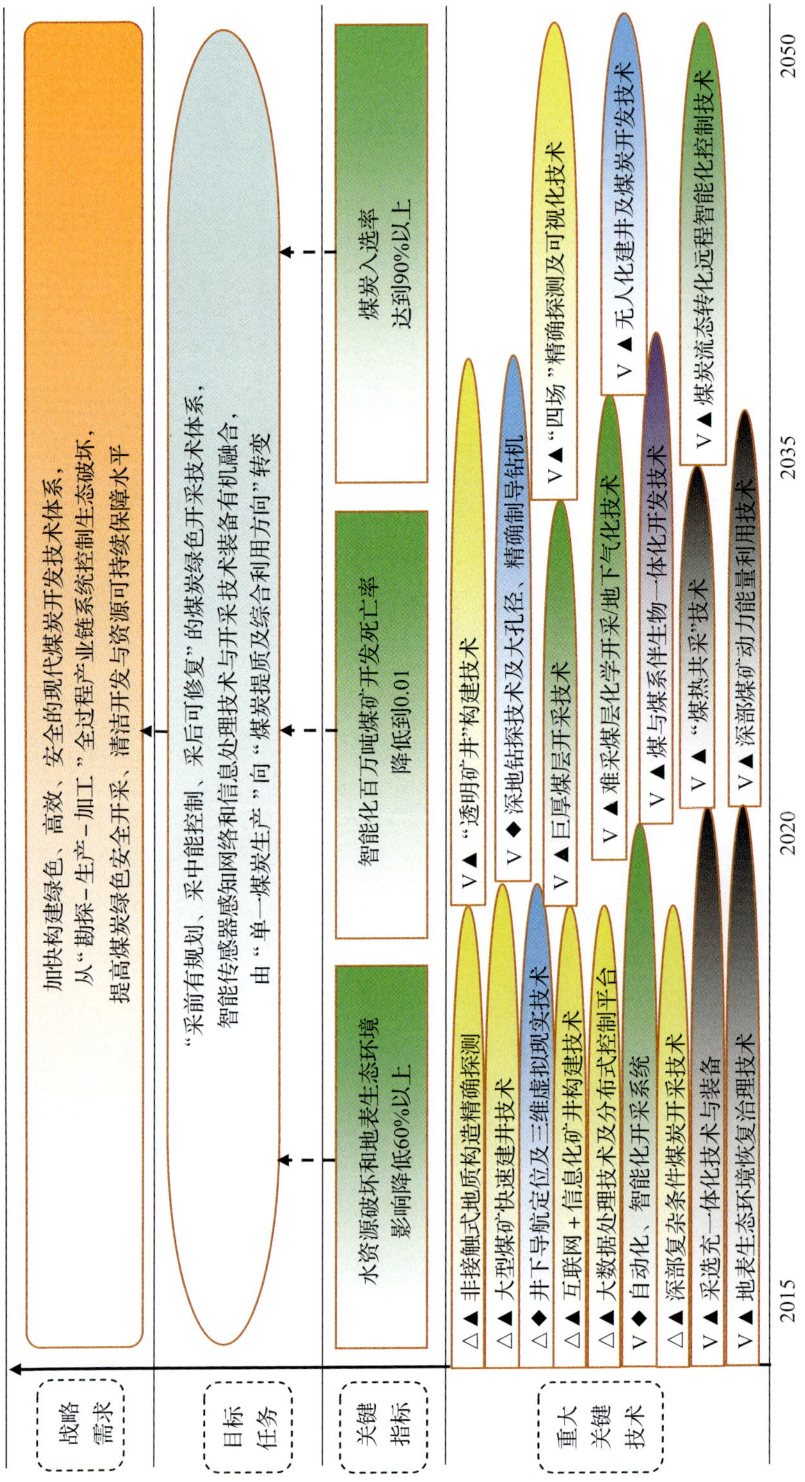

图 4-19　近零生态损害的发展路线图

| 战略需求 | 加快构建绿色、高效、安全的现代化煤炭开发技术体系，从"勘探-生产-加工"全过程产业链控制生态破坏，提高煤炭绿色安全开采、清洁开发与资源可持续保障水平 |

| 目标任务 | "采前有规划、采中能控制、采后可修复"的煤炭绿色开采技术体系，智能传感器感知网络和信息处理技术与开采技术装备有机融合，由"单一煤炭生产"向"煤炭提质及综合利用方向"转变 |

关键指标：
- 水资源破坏和地表生态环境影响降低60%以上
- 智能化百万吨煤矿开采死亡率降低到0.01
- 煤炭入选率达到90%以上

重大关键技术：
- △▲ 非接触式地质构造精确探测
- △▲ 大型煤矿快速建井技术
- △◆ 井下导航定位及三维虚拟现实技术
- △▲ 互联网+信息化矿井构建技术
- △▲ 大数据处理技术及分布式控制平台
- ▽◆ 自动化、智能化开采系统
- △▲ 深部复杂条件一体化煤炭开采技术
- ▽▲ 采选充一体化技术与装备
- ▽▲ 地表生态环境恢复治理利用技术
- ▽▲ "透明矿井"构建技术
- ▽◆ 深地钻探技术及大孔径、精确制导钻机
- ▽▲ 巨厚煤层开采技术
- ▽▲ 难采煤层化学开采/地下气化技术
- ▽▲ 煤与煤系伴生物一体化开发技术
- ▽▲ "煤热共采"技术
- ▽▲ 深部煤矿"动力能量利用技术
- ▽▲ "四场"精确探测及可视化技术
- ▽▲ 无人化建井及煤炭开发技术
- ▽▲ 煤炭流态转化远程智能化控制技术

时间轴：2015　2020　2035　2050

研发基础：好（□）较好（△）中（▽）较差（◇）差（○）
研发方式：自主开发（▲）联合开发（▲）引进吸收消化再创新（◆）

1. 2025 年前超低生态损害的信息化、自动化开采

该阶段主要在绿色生产理念基础上进行技术和方法上的创新,通过高精度非接触式地质构造精确探测技术、复杂地形绝对空间导航定位及三维虚拟现实、互联网、信息化、自动化等技术的实现,完成煤炭开采技术的升级与换代,实现超低生态损害的信息化、自动化开采。

2. 2025~2035 年近零生态损害的智能化、无人化开采

该阶段在信息化、自动化基础上,进一步进行开采理念上的变革与创新,通过"透明矿井"地质全信息可视化、深地钻探与精确制导、伴生物共采一体化开发、地热利用、地下气化开采等技术的实现,完成煤炭开采技术的拓展与变革,实现近零生态损害的智能化、无人化开采。

3. 2035~2050 年智慧能源系统

该阶段主要进行智能化、无人化开采技术的集成及应用,通过深部开采的应力场、裂隙场、渗流场的精确探测及可视化、井下煤炭流态转化(制气、制油、发电)远程智能化控制,完成大型煤矿智能化、无人化建设,形成煤基多元协同与原位采用一体化和深地空间利用的智慧能源系统,实现零生态损害的绿色开采目标。

4.2　近零污染物排放的清洁低碳利用变革性理论与技术

煤炭近零排放利用是在 20 世纪 80 年代提出的洁净煤技术基础上逐步发展起来的一项变革性理论。20 世纪 80 年代,由于当时发达国家煤炭无节制的使用引起了严重的环境污染,煤炭利用的可持续性面临威胁。为了解决煤炭利用中产生的污染问题,满足不断严格的环境法规,各国开始研究和推广应用洁净煤技术,从节能、提高燃煤效率、控制污染物等方面采取措施控制煤炭燃烧、转化的污染物排放。进入 21 世纪,发达国家加强对洁净煤技术的研发示范投入,煤炭的清洁高效利用水平

不断提高，SO_2、NO_x、烟尘等传统污染物的排放问题基本得到解决。为了继续利用煤炭等化石能源，国际上开始研究整体煤气化联合循环发电(integrated gasification combined cycle, IGCC)、多联产技术及 CO_2 捕集和储存技术(carbon capture and storage, CCS)，包括 CO_2 在内的"近零排放"成为重要研究课题。

我国从 20 世纪 90 年代开始研究和推广应用洁净煤技术，但由于该时期能源需求快速增长，煤炭供不应求，对洁净煤技术的重视程度不够，技术发展较为缓慢。进入 21 世纪以来，随着我国对环境问题的更加重视，洁净煤技术被关注的程度与日俱增。特别是 2013 年以来，燃煤发电行业提出了"超低排放"概念，2014 年 9 月 12 日，国家发展和改革委员会、环境保护部、国家能源局联合发布《煤电节能减排升级与改造行动计划(2014—2020 年)》(发改能源[2014]2093 号)，推进燃煤发电的超低排放改造，煤炭近零排放利用成为我国煤炭利用发展的目标。近零排放不仅是进一步降低 NO_x、SO_2、SO_3、$PM_{2.5}$、气溶胶、石膏雨、汞等的排放浓度，还需要降低 CO_2 等温室气体排放。

4.2.1　近零污染物排放的清洁低碳利用变革性理论

1. 煤炭高效燃烧新理论

研究大容量、高参数先进超超临界发电机组高温材料的理化性能、长时蠕变和持久性能、高温蒸汽环境下的氧化性能，在高温长期服役过程中的组织结构、力学性能、物理性能等的变化规律，失效机理。研究先进超超临界锅炉的炉内燃烧以及锅内的水动力特性、传热特性等，研究超临界循环流化床锅炉流态优化和重构理论。研究煤气化高温燃料电池发电基础理论，熔融碳酸盐燃料电池的相转变及稳定性、温度与气体分布的流场分布理论，固体氧化物燃料电池的透氧膜供氧催化氧化机理。

2. 煤炭清洁转化理论

研究煤直接液化的反应机理及其动力学，煤在直接液化条件下的热断键、催化断键，溶剂供氢、氢气在催化剂作用下转化为活性氢供氢的作用机理，中间产物(沥青烯、前沥青烯)再加氢的催化反应机理。研究煤基大比例喷气燃料、煤基低凝点多功能军用柴油、煤基高闪点喷气燃料等多种军用及航空特种燃料的主要成分及其性质，以及成分变化对性质的影响规律。研究低阶煤分级转化反应动力学，热解过程中初次热解、二次热解的机理，氢重新分配机理，不同热解条件对煤焦油产率、组成的影响规律；不同加热方式对热解的影响规律，挥发物析出过程传质及二次热解的规律，传热方式及传质过程对热解产物组成与产率的影响规律；不同热解条件半焦结构及气化反应活性的变化规律，不同气化条件下的反应动力学行为。

3. 常规污染物深度脱除理论

研究多种污染物一体化脱除理论，干法工艺中活性焦对 SO_2、SO_3、NO_x、HCl、HF、Hg、粉尘等污染物的物理吸附和化学吸附机理，饱和活性焦中污染物的解析机理；湿法工艺中同时脱除多种污染物的机理。研究 $PM_{2.5}$、汞等污染物检测、过程控制与深度脱除机理，特别是燃煤烟气中 $PM_{2.5}$ 的深度脱除机理、燃煤烟气中不同价态 Hg 的脱除机理。

4. CO_2 捕集利用理论

研究 CO_2 化学吸收反应基础理论，CO_2 化学吸收反应的机理及路径，反应条件对于相平衡参数、反应速率的影响，建立相应的预测或模拟方法。研究 CO_2 吸收剂分子构型与吸收性能对应关系，吸收剂分子结构中主要官能团的位置、数量及电子特性对于吸收剂反应性能的影响。研究捕集设备设计及系统集成基础理论，物料投放、反应塔器结构、填料结构对于吸收过程传质与反应的影响，吸收反应过程中潜在的热回收位点。研究 CO_2 有效利用生产碳材料的基础理论。研究盐水层和废弃的油气井等地质的封存潜能与适用性，探讨储层物性和注入速度对 CO_2 存储量和注入能力的影响。

4.2.2　近零污染物排放的清洁低碳利用变革性技术

1. 升级与换代技术(2020 年前)

1)低阶煤分级分质利用技术

在深度洗选的基础上，加快研究低阶煤热解、半焦综合利用、煤气深加工等技术，梯级利用煤中固定碳、油气等各种有效组分，充分利用即为少排放。

A. 大型粉煤热解技术

基于已建成的中试装置、工业试验装置和工业示范装置，在高温气固分离、干法熄焦等技术领域对粉煤热解技术进行优化。发展过程装备与过程工艺的设计放大技术，建立可稳定运行的煤热解定向制备煤焦油等产品的成套技术与装备，形成百万吨级煤热解制油示范工程，同时开展煤热解增油基础研究(加氢热解、催化热解、含氢物质和煤共热解等)。

B. 半焦综合利用技术

低阶煤热解产生的半焦具有灰分较高、挥发分较低、可磨性较差等特点，主要用于电石、高炉喷吹等行业，用于发电、气化等还存在技术上的难题，导致半焦利用范围较小。半焦制浆气化和制粉气化都存在碳转化率较低等问题，截至 2017 年，我国还没有经过大规模工业化实践检验的半焦气化技术。开发适宜半焦的燃烧、气化等综合利用技术，解决半焦的出路问题，促进低阶煤大规模清洁高效利用。

C. 煤焦油加氢成套技术

为实现中低温煤焦油的精细加工，进一步提高产品附加值和轻质油收率，开发高沥青质煤焦油加工、煤焦油中原生态高附加值化学品的提取和分离以及提取物深加工技术，形成具有我国自主知识产权的煤焦油清洁高效利用成套技术。

D. 煤热解及联产关键技术

开发热解产物调控、热解产物分离与收集、联产系统能量梯级利用、集成系统优化与调控等关键技术，完成单系列百万吨级煤炭热解工业示范。

2) 煤液化制取清洁及特种油品新技术

开发煤直接液化新工艺及催化剂技术，开发高效、高选择性钴基/铁基费托合成新工艺及催化剂，开发液化油制取特种燃料、专用油品、含氧清洁燃料及化学品工艺技术，研究液化残渣制高端碳材料、沥青等综合利用技术，研究直接液化-费托合成一体化煤液化耦合技术。

3) 燃煤污染物超低排放和多种污染物联合脱除技术

开发更高效、更低成本的燃煤烟气深度净化技术和烟气污染物资源化回收技术；研究温度、空气、燃料等因素对炉内燃烧和 NO_x 生成的影响规律，形成燃烧优化和 NO_x 深度还原的关键技术和工艺参数；研发配套的关键部件和装备，开发相适应的控制技术。实现多种重金属污染物（汞、砷、铅、镉、铬、硒等）的全过程高效控制，实现对燃煤烟气硫的深度脱除及资源化回收。开发先进的高效低成本烟气多污染物（烟尘、SO_x、NO_x）协同脱除技术，提高系统经济性。开发火电厂低能耗、低成本废水处理技术。

4) 煤转化过程污染控制技术

针对煤热解、固定床气化、直接液化等工艺产生的高盐、高浓度有机物废水难以处理的问题，突破多环芳烃、酚等有机物脱除技术，提高废水可生化性；开发高盐废水中化学需氧量(chemical oxygen demand, COD)脱除技术、杂盐分质结晶及资源化利用技术，开发废水污染物资源化回收-强化处理-分质回用的集成技术，建成千吨/小时级废水处理及回收利用试验装置，实现经济可行的煤转化废水近零排放。

煤转化过程粉尘、挥发性有机物(volatile organic compounds, VOCs)等气体污染物处理技术：针对煤热解、焦化生产过程中污染源分散、种类多样、难处理等特点，重点开发和示范推广 VOCs 及颗粒物捕集净化技术、低氮燃烧技术、烟气脱硫、脱硝、除尘一体化技术，实现污染物的源头消减、过程消纳、末端资源化、零外排。

2. 拓展与变革技术(2020～2035 年)

1)700℃及以上超超临界发电技术

提出 700℃超超临界燃煤电站锅炉机组紧凑布置方案，完成 700℃超临界锅炉设计关键参数的选取；进行 600MW 等级 700℃超超临界汽轮机的详细设计；确定 700℃机组高效、经济的设计参数，完成系统的设计和设备制造，进行 600MW 等级 700℃超超临界二次再热蒸汽发电机组的工程示范。

2)高灵活性燃煤发电技术

研究降低燃煤发电机组最小出力关键技术，包括：锅炉低负荷稳燃技术、宽负荷 NO_x 控制保障技术、低负荷辅机和控制系统适应性等；研究大型工业锅炉灵活特性及关键技术，包括全负荷能效保障技术、多能量形式转化系统集成技术、系统智能化监测和互动仿真平台等；研究供热机组热电解耦技术，包括：储热技术、蒸汽流程优化技术、多方式供热技术等；研究提升负荷响应速度技术，包括：基于汽水流程优化的负荷提升技术、协调控制技术等；进行机组灵活运行安全性研究。

3)煤与可再生能源耦合发电技术

开展不同耦合方式的系统集成运行规律和可再生能源消纳极限研究；开发不同温区的高效、低成本储热关键技术；研究储热系统对煤与可再生能源耦合发电系统运行特性的影响，开发光热太阳能、储热、燃煤机组容量匹配与系统集成技术；研究与光热太阳能直接耦合的锅炉系统布局优化技术，以及回热器、换热器、基于烟气余热的热光伏转换等关键设备设计技术；开展基于耦合发电的生物质高效气化技术、煤-生物质低污染燃烧技术、燃煤锅炉碱金属抑制、混烧过程污染物排放特性及含碱灰渣利用等研究；开发高精度煤和生物质混烧比例在线检测方法和技术；掌握变负荷条件下可再生能源与燃煤机组互补高效运行调控技术及深度调峰技术。

4) 新型煤炭催化气化和加氢气化技术

A. 煤催化气化技术

煤的催化气化是煤在固体状态下进行反应，催化剂与煤粉按照一定比例均匀混合，煤表面分布的催化剂通过侵蚀开槽作用，使煤与气化剂更好地接触并加快气化反应。与传统的煤气化相比，煤催化气化技术可明显降低反应温度，提高反应速率，改善煤气组成并提高煤气收率。催化气化生成的合成气用于甲烷合成工艺，可缩短工艺流程，提高工业生产的经济性。

B. 煤炭加氢气化技术

煤炭加氢气化技术是一定温度(800～1000℃)和压力(3～10MPa)条件下，依靠氢气对煤炭热解阶段释放自由基的稳定作用和气化阶段与半焦中活性的碳反应得到富含甲烷的煤气，同时富产高附加值的 BTX(苯、甲苯和二甲苯)和 PCX(苯酚、甲酚和二甲酚)，一般用于直接生产天然气。与传统的煤先气化再合成天然气的两步法生产天然气相比，煤炭加氢气化直接合成天然气流程短、投资成本低且热效率高近 20 个百分点。

5) 煤炭温和液化技术

开发温和条件下促使煤中芳烃加氢、C—C 键断裂和 C—O、C—N、C—S 键氢解的催化剂，研究温和液化技术；针对直接液化复杂的多相流动体系，开发直接液化反应器；研究开发煤油共炼技术。

开发具有较强的移热能力，避免催化剂失活，提高产物选择性的费托合成反应器；制备价格低廉、活性高、稳定性好的催化剂；重点加速对浆态床工程化技术和长周期运行技术以及高温流化床和固定床的产业化关键技术研究。

6) 煤转化与可再生能源耦合制氢技术

为了最大限度发挥可再生能源利用和煤转化各自的技术和产品

优势，研究可再生能源制氢直接加入现有煤转化主要工艺路线煤制气、煤制油、煤制甲醇等的工艺耦合、最大接收量、现有设备运行调整以及能质匹配等问题，突破可再生能源制氢系统与煤化工生产系统耦合过程中系统集成、安全、稳定、长周期、弹性运行策略问题；开发煤化工捕集二氧化碳与可再生能源制氢耦合转化生成甲烷、甲醇、汽油的高效催化剂及工艺技术；针对电解制氢能耗高的问题，开发低能耗电极材料，对电解制氢设备的结构进行优化设计以适应大规模制氢的需要。

7) 高效低成本多污染物联合脱除技术

研究煤粉多维燃烧 NO_x 深度还原关键技术和工艺参数；研究大尺度高效层燃 NO_x 深度还原耦合技术；研发炉内 NO_x 深度还原工艺的成套装备及运行优化控制技术；研发汞、砷、铅、镉、铬、硒等重金属污染全过程高效控制技术，包括经济高效的烟气多种重金属污染物联合脱除技术和固体/液体废物无害化处理技术；研发火电厂低能耗、低成本废水处理技术。

8) 低成本的 CCUS 技术

研究煤阶、煤质及地质条件对驱煤层气与封存性能影响规律，确定驱煤层气与封存场地的筛选标准；开发适合吸附态 CO_2 的监测和分离回收技术装备。研究 CO_2 高效矿化天然矿物和工业固废技术，实现 CO_2 矿化固定、矿物与固废高效综合利用与高值产品选择性分离的耦合工艺；突破 CO_2 高效定向转化和关键设备优化等重大技术瓶颈，实现 CO_2 的高值转化和利用；开发高效的光/电解水与 CO_2 还原耦合的光/电能和化学能循环利用方法和技术；研发高效低成本的固碳优良藻株的大规模培育及高效生物光反应器放大技术。

3. 引领与探索技术(2035～2050 年)

1) 化学链燃烧脱碳技术

化学链燃烧过程中由于燃料和空气没有进入到同一个反应器中，因

此产生的 CO_2 不会像在传统燃烧方式下那样被空气中的氮气所稀释，从燃料反应器中得到的烟气经过较简单的冷凝、纯化过程即可得到高纯度的 CO_2，便于利用或封存。

2) 新型 CO_2 捕集技术

研究高性能低能耗的吸附剂/膜材料制备技术，开发工艺过程强化、关键设备工程放大和系统能量梯级利用与集成优化技术，形成高效低能耗的吸附法/膜分离法 CO_2 捕集技术。研究超临界 CO_2 布雷顿循环、煤气化 H_2O/CO_2 混合工质发电、超临界 CO_2-蒸汽双循环等超临界二氧化碳利用技术。

4.2.3　近零污染物排放的清洁低碳利用发展路线图

近零排放利用技术是洁净煤技术基础上的拓展与升级，是新时代能源发展的基本要求，是保持和拓展煤炭生命力的基础。近零排放利用以煤炭各组分合理利用为基础，新型高效燃烧、精准转化、常规污染物深度脱除、碳减排四大技术体系为支撑，研发相关技术装备，实现包括 CO_2 在内的近零排放。

近零污染物排放利用的发展路线图见图 4-20。

基于上述技术蓝图，提出"2020 超低排放、2035 初步近零排放、2050 近零排放"的战略实施路线。

1. 2020 年前超低排放阶段

面向煤炭不同组分综合利用和常规污染物深度脱除，主要进行低阶煤分级分质利用、清洁转化制取高附加值化工品、常规污染物一体化脱除、煤化工过程污染物控制等技术的研发和应用，实现常规污染物现有水平上减排 70%、重金属等污染物减排 50%、碳减排百万吨级规模化示范，实现常规污染物的超低排放。

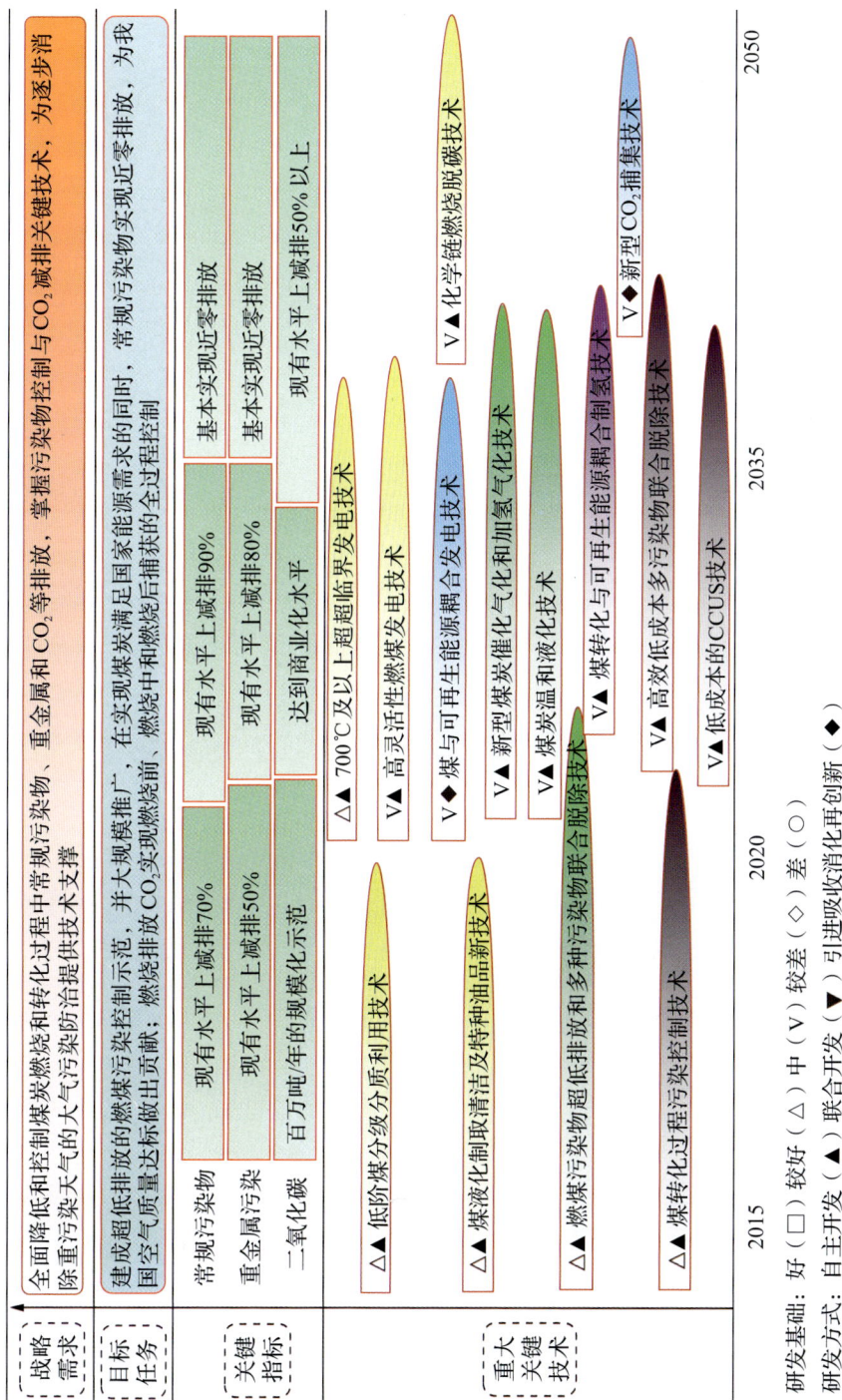

图 4-20 近零排放的清洁低碳利用发展路线图

战略需求：全面降低和控制煤炭燃烧和转化过程中常规污染物、重金属和 CO_2 等排放，掌握污染物控制与 CO_2 减排关键技术，为逐步消除重污染天气的大气污染防治提供技术支撑

目标任务：建成超低排放的燃煤污染控制示范，并大规模推广，在实现煤炭满足国家能源需求的同时，常规污染物实现近零排放，为我国空气质量达标做出贡献；燃烧中和燃烧后捕获的全过程控制，燃烧前 CO_2 实现近零排放

关键指标
- 常规污染物：现有水平上减排70% → 现有水平上减排90% → 基本实现近零排放
- 重金属污染：现有水平上减排50% → 现有水平上减排80% → 基本实现近零排放
- 二氧化碳：百万吨/年的规模化示范 → 达到商业化水平 → 现有水平上减排50%以上

重大关键技术
- △▲ 低阶煤分级分质利用技术
- △▲ 700℃及以上超超临界发电技术
- ∨▲ 高灵活性燃煤发电技术
- △▲ 煤液化制取清洁及特种油品新技术
- ∨◆ 煤与可再生能源耦合发电技术
- ∨▲ 新型煤炭催化气化和加氢化技术
- ∨▲ 煤炭温和液化技术
- △▲ 燃煤污染物超低排放和多种污染物联合脱除技术
- ∨▲ 煤转化与可再生能源耦合制氢技术
- ∨◆ 化学链燃烧脱碳技术
- ∨▲ 高效低成本多污染物联合脱除技术
- △▲ 煤转化过程污染控制技术
- ∨◆ 新型 CO_2 捕集技术
- ∨▲ 低成本的CCUS技术

时间轴：2015　2020　2035　2050

研发基础：好（□）较好（△）中（∨）较差（◇）差（○）

研发方式：自主开发（▲）联合开发（▲）引进吸收消化再创新（▼）

2. 2020~2035 年初步近零排放阶段

面向煤炭新型燃烧和转化以及与其他能源的耦合，主要进行高灵活性、700℃以上超超临界二次再热循环流化床等新型发电，催化气化和加氢气化、温和液化等转化，煤与可再生能源耦合发电、制氢，高效低成本多污染物联合脱除等常规污染物和碳控制等一系列技术的研发和应用，实现常规污染物现有水平上减排 90%、重金属等污染物减排 80%、碳减排达到行业化水平，实现常规污染物的近零排放和一定程度的碳减排。

3. 2035~2050 年近零排放阶段

面向碳减排，主要进行化学链燃烧脱碳、新型 CO_2 捕集等技术的研发和应用，实现煤炭利用 CO_2 近零排放。

4.3 矿井建设(设计)与地下空间一体化利用变革性理论与技术

我国进入了社会经济发展的新时代、新常态，传统产业转型升级去产能、去库存导致大量矿井关闭。按照传统模式退出后，地面大型工业广场和井下大量设备设施被闲置下来，占用大量的土地，且留有一些安全隐患，同时还有大量人员需安置，将直接造成数万亿元地面地下固定资产的废弃和浪费，间接地会造成宝贵的地质和矿业遗址的损坏。退出煤矿大多存在多元灾害风险，如瓦斯煤尘爆炸、煤层自燃、矿井突水、煤岩动力灾害等。大部分退出煤矿在长期开采过程中还对水资源、土壤资源、地貌地形以及植被等造成一定程度的影响，对生态环境构成一定的损害。

初步研究统计现有煤矿地下空间约 139 亿 m^3，预计到 2030 年可达 241 亿 m^3 之巨，如果折算成断面 5m×3m 的巷道长度约为 160 万 km 长（可绕赤道 40 圈）。如何破解目前矿区传统式、低水平、不可持续的关停并转升级难题，做到矿井地下空间的科学规划、整体建设(设计)和有

序利用，需要创新引领、高端起步。

谢和平院士 2012 年 7 月发表的《煤炭开采新理念——科学开采与科学产能》一文中就提出煤炭的科学开采，对部分煤矿实施关停并转，以淘汰落后产能；2015 年提出了地下空间探索构想，特别是特殊地下空间的开发利用研究。2017 年 7 月谢和平院士发表了题为《关停矿井转型升级战略构想与关键技术》的科技论文，系统阐述了关停矿井资源化转型升级所涉及的关键技术，有望为未来关停矿井的资源化利用、立体式开发和全面转型升级提供解决思路。经过 5 年的系统研究，谢和平院士提出了矿井建设（设计）与地下空间一体化利用的变革性理论与技术，即：结合矿井地下空间的特点，从矿井设计开始进行规划，在矿井建设过程中，构建地下与地面联通的立体网络，充分利用矿井的地下空间和能源供应优势，建设地下生态城市，构建地下生态圈系统，最大限度地发挥地下空间的价值。

4.3.1　煤矿地下空间估算

1. 2014～2016 年全国已关停煤矿井巷可利用地下空间量分析

全国行政区 31 个省（自治区、直辖市）（不含香港、澳门、台湾）中，除上海外，30 个省（自治区、直辖市）均有煤炭赋存，天津、浙江、广东、海南、西藏 5 个省（自治区、直辖市）煤炭资源赋存量很小，且无正常生产煤矿，因此未纳入本次统计范围。根据国家能源局在官方网站发布的 2014～2017 年历次产能公告数据，本书编写组按省（自治区、直辖市）汇总出截至 2016 年年底全国已关停煤矿的分布情况，截至 2016 年年底，全国关停煤矿数量共计 2858 个，规模合计 35 686 万 t/a。关停煤矿规模均在 500 万 t/a 以下，且集中在 30 万 t/a 规模以下。30 万 t/a 规模以下关停煤矿共计 2684 个，规模合计 19 717 万 t/a，占全国关停煤矿规模总量的 55.25%；30 万～120 万 t/a 规模的关停煤矿规模合计 7284 万 t/a，占全国规模总量的 20.41%；90 万～500 万 t/a 规模的关停煤矿规模合计 8685 万 t/a，占全国规模总量的 24.34%。

利用来自相关设计院、科研院所、生产煤矿处调研、搜集到的 31 个省(自治区、直辖市)典型煤矿规模与井巷可利用地下空间量(主要包括井筒、井底车场、大巷、主要硐室等)的数据，估算出煤矿规模与其井巷可利用地下空间量的比例系数(简称煤矿规模与利用系数)，详见表 4-2。利用煤矿规模与利用系数，测算出全国截至 2016 年年底关停煤矿可利用井巷地下空间量总计 0.75 亿 m^3，其分布详见图 4-21。占前三位的分别是云南 933 万 m^3，贵州 813 万 m^3，湖南 674 万 m^3，分别占全国关停煤矿总井巷地下空间量的 12.40%、10.80% 和 8.96%。由于这部分煤矿已经闭井，通风和排水工作全部停止。绝大部分煤矿井下瓦斯再次积聚，矿井涌水造成水位上升或淹井，地下空间的利用难度加大，利用成本增加，因此，当前开展煤矿地下空间的利用研究意义重大。

2. 全国生产煤矿可利用井巷地下空间量统计

根据国家能源局 2017 年 3 月发布的 2016 年 7~12 月全国煤矿生产能力情况相关数据，汇总出截至 2016 年年底全国生产煤矿现状，全国生产煤矿数量共计 4562 个，规模共计 345 863 万 t/a。其中 60.83% 的生产煤矿数量集中在 30 万 t/a 以下规模，数量合计 2775 个，规模合计 36 103 万 t/a，占全国规模总量的 10.44%。30 万~120 万 t/a 规模的生产煤矿数量合计 951 个，规模合计 64 036 万 t/a，占全国规模总量的 18.51%。120 万~150 万 t/a 规模的生产煤矿数量合计 768 个，规模合计 162 465 万 t/a，占全国规模总量的 46.97%。500 万~1000 万 t/a 规模的生产煤矿数量合计 60 个，规模合计 70 429 万 t/a，占全国规模总量的 20.36%。1000 万 t/a 以上规模的生产煤矿数量合计 8 个，规模合计 12 830 万 t/a，占全国规模总量的 3.71%。

利用前述方法，测算出各省份现有生产煤矿井巷可利用地下空间量总计约 5.84 亿 m^3，其分布详见图 4-22。占前三位的分别是山西 13 442 万 m^3，内蒙古 11 988 万 m^3，陕西 6359 万 m^3，分别占全国生产煤矿总地下空间量的 23.01%、20.52% 和 10.88%。

表 4-2　全 31 个省(自治区、直辖市)煤矿规模与其井巷可利用的
地下空间量的比例系数

省(自治区、直辖市)	类别(万 t/a)				
	(0, 30]	(30, 120]	[120, 500]	(500, 1000]	(1000, 2000)
北京	—	0.2	0.16	—	—
天津	—	—	—	—	—
河北	0.18	0.16	0.15	—	—
山西	0.19	0.16	0.14	0.13	0.12
内蒙古	0.2	0.17	0.15	0.15	0.12
辽宁	0.16	0.14	0.1	—	—
吉林	0.17	0.13	0.11	—	—
黑龙江	0.17	0.14	0.13	—	—
上海	—	—	—	—	—
江苏	0.21	0.17	0.15	—	—
浙江	—	—	—	—	—
安徽	0.22	0.2	0.18	—	—
福建	0.24	0.21	—	—	—
江西	0.26	0.24	—	—	—
山东	0.21	0.19	0.17	0.15	—
河南	0.28	0.26	0.25	—	—
湖北	0.26	—	—	—	—
湖南	0.22	0.12	—	—	—
广东	—	—	0.26	—	—
广西	0.26	0.25	0.25	—	—
海南	—	—	—	—	—
重庆	0.25	0.3	0.27	—	—
四川	0.26	0.3	0.26	—	—
贵州	0.29	0.3	0.26	—	—
云南	0.32	0.31	0.28	0	—
西藏	—	—	—	—	—
陕西	0.21	0.19	0.18	0.15	0.15
甘肃	0.2	0.21	0.17	0.2	—
青海	0.13	0.08	0.06	—	—
宁夏	0.19	0.15	0.14	0.11	—
新疆	0.17	0.14	0.21	0.15	—

注:"—"表示所在省区无相应类型矿井,无数据

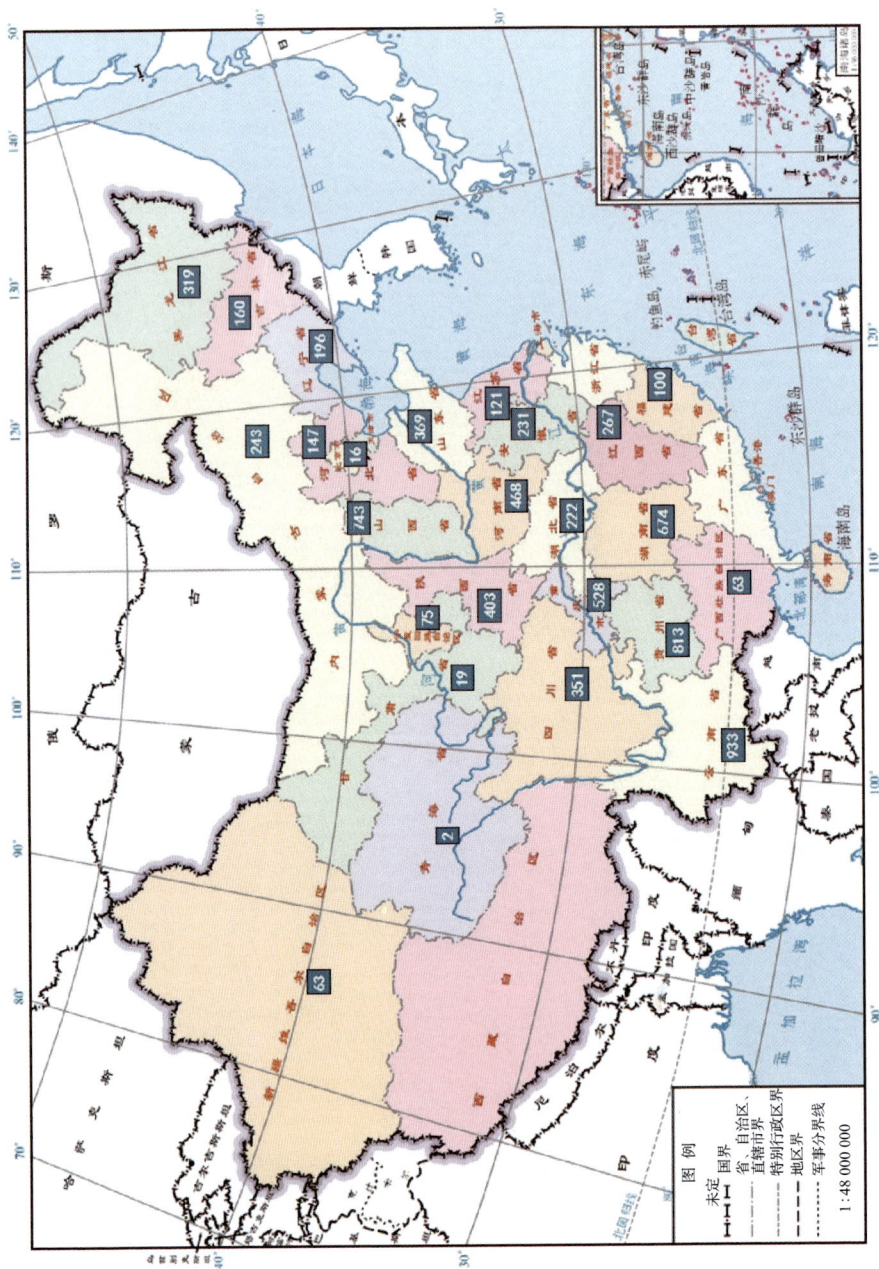

图 4-21　2014～2016 年年底全国已关停煤矿矿井巷可利用地下空间分布图(单位：万m³)

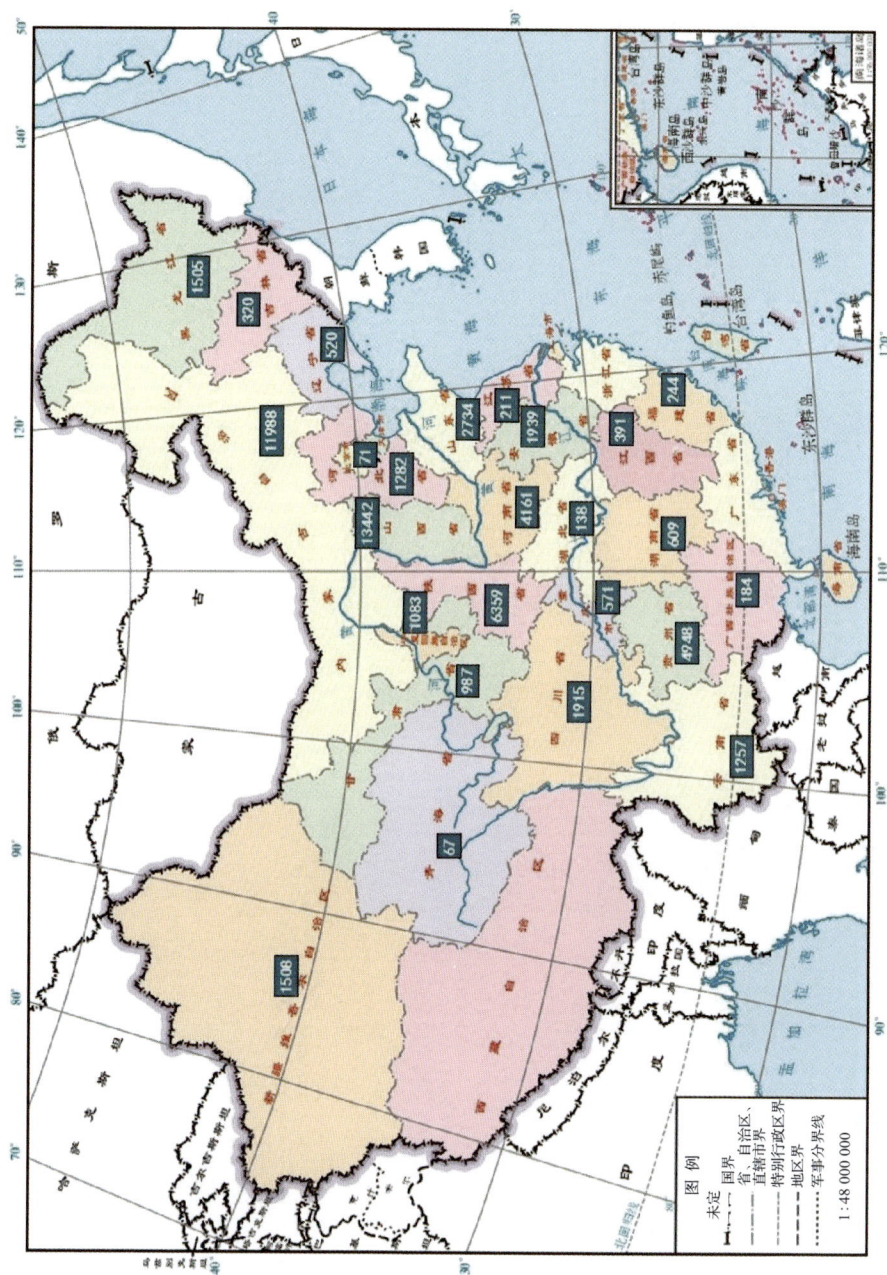

图4-22　截至2016年年底全国生产煤矿井下可利用地下空间分布图(单位：万m³)

3. 煤矿采空区地下空间计算

井工煤矿 98% 以上都采用垮落法管理顶板，煤炭采出后，从煤层直接顶板开始，由下向上依次垮落、断裂、离层、弯曲，经过若干时间后终止移动，在地表一定范围内形成下沉盆地。煤层上覆岩层按破坏程度不同，可划分为垮落带、断裂带和弯曲带(图 4-23)，煤矿采空区地下空间主要存在于垮落带内。

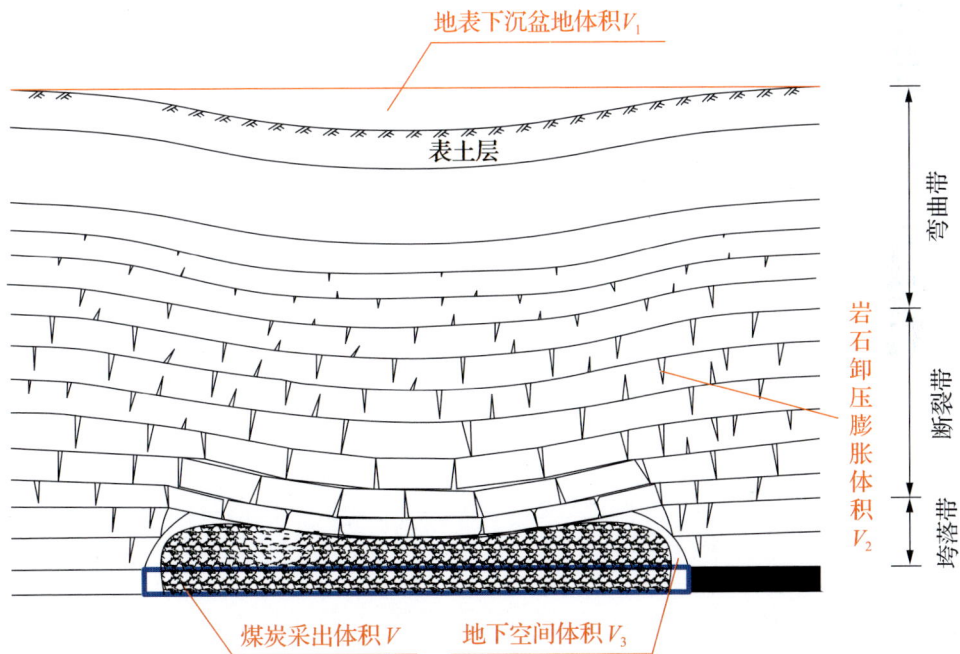

图 4-23　"上三带"划分

1) 工作面采空区地下空间计算方法

煤炭采出体积 V、地表下沉盆地体积 V_1、岩石卸压膨胀体积 V_2 及工作面采空区地下空间 V_3 存在如下关系：

$$V = V_1 + V_2 + V_3$$

煤矿工作面采空区地下空间 $V_3 = V - V_1 - V_2$

煤炭采出体积 V 根据每年煤炭产量除以平均密度计算；地表下沉盆

地体积 V_1 可根据下沉系数 η 计算，岩石卸压膨胀体积(未破坏) V_2 可按照地下空间总量与膨胀系数 K 计算。

2) 1949～2016 年煤炭采出体积

从 1949～2016 年 68 年间，累计生产原煤 745.01 亿 t(王广德，2011)，见表 4-3。按照煤炭容重为 1.35t/m³，计算采出煤炭体积，据此得出 1949～2016 年采出煤炭体积(井工开采量占 92%计算)为 507.70m³。

表 4-3　国内煤炭 1949～2016 年历年产量　(单位：亿 t)

年份	产量	年份	产量	年份	产量	年份	产量
1949	0.32	1966	2.51	1983	7.15	2000	12.99
1950	0.43	1967	2.06	1984	7.89	2001	13.06
1951	0.53	1968	2.20	1985	8.72	2002	13.93
1952	0.66	1969	2.66	1986	8.94	2003	16.08
1953	0.70	1970	3.54	1987	9.28	2004	19.74
1954	0.84	1971	3.92	1988	9.80	2005	21.13
1955	0.98	1972	4.10	1989	10.54	2006	22.96
1956	1.10	1973	4.17	1990	10.79	2007	24.94
1957	1.31	1974	4.13	1991	10.84	2008	26.80
1958	2.70	1975	4.82	1992	11.15	2009	30.50
1959	3.69	1976	4.83	1993	11.51	2010	34.13
1960	3.97	1977	5.51	1994	13.40	2011	35.20
1961	2.78	1978	6.18	1995	12.92	2012	36.50
1962	2.20	1979	6.36	1996	13.74	2013	39.69
1963	2.17	1980	6.20	1997	13.25	2014	38.70
1964	2.15	1981	6.22	1998	12.33	2015	36.95
1965	2.32	1982	6.66	1999	10.44	2016	34.10
合计年份		1949～2016		合计产量		745.01	

3) 地表沉陷体积 V_1

地表沉陷体积与地表下沉系数相关，可近似认为 $V_1 = V\eta$ (η 为下沉系数)各大矿区地表下沉系数统计如表 4-4 所示。

表 4-4 各主要矿区地表下沉系数统计

产煤区	矿区及长壁垮落法开采地表下沉系数观测值	采用值
晋陕蒙宁甘	平庄 0.57～0.60, 潞安 0.72, 西山 0.72～0.85, 铜川 0.65～0.86, 阳泉 0.65～0.9, 石嘴山 0.6～0.86, 华亭 0.68, 澄合 0.6～0.9, 包头 0.72	0.70
华东	峰峰 0.78～0.94, 淮南 0.58～0.84, 枣庄 0.75, 开滦 0.74, 新汶 0.6～0.68, 焦作 0.67～0.89, 徐州 0.78～0.92, 义马 0.65, 龙口 0.93	0.74
东北	阜新 0.66～0.80, 鸡西 0.78～0.80, 双鸭山 0.50～0.72, 辽源 0.67～0.97, 蛟河 0.6～0.8, 鹤岗 0.6～0.8, 北票 0.57～0.64, 沈阳及本溪 0.62～0.72	0.73
华南	萍乡 0.48～0.64, 英岗岭 0.63, 涟邵 0.63, 南桐 0.6, 田坝 0.64～0.66	0.63
新青	参考晋陕蒙宁甘区	0.70

4) 岩体卸载膨胀变形

根据"三带"理论,岩体的膨胀主要集中在垮落带、断裂带及弯曲带的底部,岩体膨胀(未破坏)体积按如下估计 $V_2=V_3K$,K 取 0.1。

5) 工作面采空区地下空间计算结果

根据上述计算,工作面地下空间体积为

$V_3=V-V\eta-KV_3$,即 $V_3=V(1-\eta)/(1+K)$

计算可得,1949～2016 年井工煤矿工作面开采形成地下空间为 138.36 亿 m^3。

从 2017～2030 年按照每年煤炭产量平均 34 亿 t 预计,则 14 年合计采煤 476 亿 t,按照煤炭容重为 1.35t/m^3,计算采出煤炭体积 352.59 亿 m^3,预计还要形成采空区地下空间约 96.16 亿 m^3。则合计到 2030 年我国将形成煤矿采空区地下空间约 234.52 亿 m^3。

将煤矿井巷和采空区空间合计,初步研究统计现有可利用煤矿地下空间约 139 亿 m^3,预计到 2030 年可达 241 亿 m^3 之巨,如果折算成断面 5m×3m 的巷道长度约为 160 万 km 长(可绕赤道 40 圈)。

4.3.2 矿井建设(设计)与地下空间一体化利用变革性理论

1. 地下空间煤岩应力场-裂隙场-渗流场耦合长时效特征与规律研究

矿井建设(设计)与地下空间一体化利用要求井筒、硐室等地下建筑服务时间远远大于单纯的煤矿开采，地下工程和围岩还同时受到地下水、煤层气流动的影响，是固-气-液耦合的全生命周期工程，应研究多相多场长时效蠕变岩体结构力学行为模型，探索复杂环境下特种结构的劣化过程，形成一套考虑围岩时效渐进破坏特征的极端环境下特种结构的长时效力学响应机制。矿井建设(设计)与地下空间一体化利用过程中还长期受到煤矿开采的扰动，煤岩的采动力学行为与常规的煤岩材料力学行为有本质不同，地下空间不同开采方式扰动下、地下水和煤层气的抽采条件下，煤岩应力场、裂隙场和渗流场行为有显著差异，亟须开展地下空间煤岩应力场-裂隙场-渗流场耦合理论研究，探索不同开采方式下、地下水和煤层气流场影响下煤岩真实采动应力场-裂隙场-渗流场的长时效特征与规律。

2. 地下空间岩石特性分析与适建性分析

地下空间的综合利用必须考虑围岩岩性的影响，其适建性与岩性密切相关。国内外不同围岩种类的废弃矿井再利用及其适建性分析见表4-5。地下空间功能不同，对岩性的需求也有所不同，矿井建设(设计)与地下空间一体化利用理论中必须研究地下空间岩石特性与适建性。

表 4-5　国内外不同围岩种类的废弃矿井再利用及其适建性分析

岩石类型	围岩名称	岩性描述	适建性分析	功能
岩浆岩	花岗岩	岩浆在地壳深处逐渐冷却凝结成的结晶岩体，由长石、云母和石英构成，质地严密坚硬，难被酸碱或风化作用侵蚀	部分地区的花岗岩溢出氡气，氡气存在利害两面性，要求围岩释放出的氡气在医疗允许的标准之内	地下医学与康复
			围岩致密、低孔隙率、低渗透率	工业废料填埋
	石英二长岩	化学成分介于花岗岩和花岗闪长岩之间的一种岩石，矿物成分以斜长石、碱性长石和石英为主，质地坚硬	围岩长期稳定	能源储库
	辉石岩和橄榄岩	辉石岩主要由辉石组成，含少量橄榄石，粒状结构，质地坚硬；橄榄岩主要由橄榄石和辉石组成，粒状结构，质地坚硬	围岩长期稳定、地热资源丰富	地下养殖

续表

岩石类型	围岩名称	岩性描述	适建性分析	功能
变质岩	片麻岩	主要由长石、石英组成，中粗粒变晶结构和片麻状或条带状构造的变质岩，颗粒较粗，结构致密坚固	围岩长期稳定	物资储备
	大理岩	由碳酸盐岩经区域变质作用或接触变质作用形成，主要由方解石和白云石组成，硬度系数 $f=8$	围岩长期稳定	地下旅游
	石英岩	由石英砂岩或其他硅质岩石经过区域变质重新结晶而成，硬度系数 $f=10$	围岩长期稳定	地下旅游
	千枚岩和片岩	千枚岩具有千枚状构造的低级变质岩石；片岩具有片理构造的区域变质岩，变质程度高于千枚岩	超千米深层岩石覆盖，低辐射深地环境	深地实验室
	变粒岩	由粉砂岩、硬砂岩、凝灰岩等经区域变质而成，含铁镁矿物	超千米深层岩石覆盖，低辐射深地环境	深地实验室
沉积岩	岩盐	由石盐组成，主要成分是氯化钠，盐岩的蠕变与重结晶的特性使其在变形过程中微裂隙总体趋于闭合状态，从而导致其渗透率一直处于较低水平	围岩长期稳定、含盐浓度较高	地下医疗康复
			围岩长期稳定、含盐浓度较高	地下旅游及医疗康复
			围岩长期稳定	物资储备
			围岩致密、低孔隙率、低渗透率	能源储库
			围岩致密、低孔隙率、低渗透率	工业废料填埋
	变层凝灰岩	由火山灰沉积而成，有大理岩、白云岩和细粒石英夹层，呈层状产出，外貌致密	围岩长期稳定	地下旅游
	石灰岩	以方解石为主要成分的碳酸盐岩，有碎屑结构和晶粒结构两种，属中硬岩石	围岩长期稳定	物资储备
	煤层	黑色含炭有机岩，层状结构，硬度系数 $f=1\sim2$	围岩稳定、恒温恒湿	地下养殖
	砂岩与泥岩互层	砂岩由石英颗粒胶结而成，结构相对稳定，硬度系数 $f=5\sim6$；泥岩由泥巴及黏土固化而成，成分与构造和页岩相似但不易碎	围岩长期稳定	地下博物馆
	砂岩	由石英颗粒胶结而成，结构相对稳定，硬度系数 $f=5\sim6$	围岩长期稳定	能源储库
	页岩	由黏土物质硬化形成，具页状或薄片状层理，硬度系数 $f=2\sim3$	围岩长期稳定	能源储库

3. 矿井建设(设计)与地下空间一体化基础地质、开采、运行大数据

根据对矿井勘探、建设(设计)、煤矿开采与地下空间利用全过程、全空间的监测,掌握地下空间围岩的基本性质,结合矿井生产实际中揭露的地质特征,采用先进的隐蔽致灾因素探测技术及装备,对地下空间的围岩地质构造、地应力、水、瓦斯、潜在火区等基础地质分布特性进行精细化探测,对可能的致灾因素进行全面排查与归纳(权树恩等,2017),建立地下空间基础地质、开采、运行大数据。当然,基础地质大数据不是仅仅将各个地质特征简单的通过技术堆砌起来,而是在考虑各种技术细节的基础上,将各个地质数据功能进行最优化配置,以便达到技术集成的目的。

4. 地下空间能量交换基础理论研究

通过地下空间建设地下蓄能系统,对太阳能产生的热量、风力所发电力、转化的热能进行蓄存。利用液体蓄能介质,将特殊地下空间充满,利用这些可再生能源产生的热量,蓄积到特殊地下空间的蓄能介质中,达到一定的能量蓄积后,再进行发电,实现太阳能—风能—热能—电能的能量转化,使间断的能源变为连续,保证电力系统的平稳实施和电网的稳定运行,同时达到调峰填谷的作用。因此亟须研究地下空间能量交换理论,为地下空间储能利用提供理论支持。

5. 新型热交换介质

地热资源利用时,水是最经济和最优质的能量交换介质。但是在特殊地下空间中,水作为交换介质存在许多问题:第一,大部分地下空间不含水,甚至其地面环境同样处于缺水状态;第二,地下空间的结构破坏,在岩体中产生裂隙和新的构造,这些新生的表面和空间,虽有利于增加岩体和热介质的能量交换,但会造成交换介质的漏失;第三,一些岩石在水的作用下会出现崩解泥化现象,使地下空间的体积逐渐减少,还有一些岩石中的可溶性有害物质,会逐渐释放出来,造成交换介质的污染,带来新的环境问题。

针对水作为交换介质存在的问题,借鉴深井石油钻井泥浆作为洗井介质的经验,研究新型交换介质。针对地下空间围岩条件,以不同的基础材料提高单位体积、单位温差的能量转化能力,同时达到保护地下空间环境、减少围岩水化作用、降低和围岩的物质交换的目的。

新型热交换介质必须满足的条件:①交换介质必须满足一定的流体特性,在满足一定的空间条件后可以流过;②交换介质不溶于水,不蒸发,不漏失,且交换介质的性能长时间不变;③交换介质无毒,无害,符合绿色开发利用的要求;④单位体积内温差转化能力符合要求。

4.3.3　矿井建设(设计)与地下空间一体化利用变革性技术

1. 建造与运行管理关键技术

针对地下空间不同利用途径和相应围岩-支护系统-特种结构复合体系,应探明建造过程对复合体系受力变形的影响规律,提出对应的特种结构群建造技术,重点攻关建筑模块设计与预制构件划分流固一体化建造模式,预制结构节点形式与防水和抗震性能,预制构件的划分、运送、吊装与现场装配技术,明确深部地下环境中混凝土的水化机理。构建特种建筑结构现浇流固一体化施工技术体系和质量验收标准包括流固一体化建造工艺、地下环境条件下现浇混凝土材料特性要求与配比设计、混凝土长距离泵送技术和地下环境条件下现浇混凝土养护技术等。同时,地下空间环境复杂,利用过程中需要进行特殊的运行管理,包括地下空间供电、通风、运输、排水、通信和环保等管理系统,需要研发针对地下空间复杂特征进行长期运行和维护的相关技术。

2. 安全保障关键技术

通过建立地下空间基础大数据,对致灾因素进行全面排查与归纳;通过设立灾变动态及稳定性监测预警平台,实施监测围岩各种灾变因素长期动态演化规律;针对地下空间运行过程中的封闭性和特殊性,通过建立地下空间安全风险分析及应急预警管理机制,准确地昭示突发灾害事故的风

险先兆，并及时提供警示的预警系统。地震释放大规模能量，以地震波的
形式在岩体中传播，并作用于地下构筑物，处于高频发地震带区域的特殊
地下空间，震时会遭受地震破坏，必须研究特殊的减震措施并在震时采取
有效的应急处理措施。同时必须设计完善的监测监控系统、人员定位系统
和紧急避险系统，建设安全屋，以保证地下空间内人员安全。

3. 水资源综合利用技术

由于开采活动对地层产生较大的扰动，地层中的水渗入井下采掘空
间，形成矿井水。矿井水的排放是矿山工业具有行业特点的污染源之一，
量大面广。目前矿井总体规划和排水规划以地面建设污水管网和污水处
理厂为主，具有征地严重，投资较大，运行成本高等特点，而且处理后
的水以排放为主，造成了水资源的浪费。因此，应在矿井建设（设计）
初期，即对地下水资源进行调查并提出综合利用规划，研究矿井水地下
处理技术，利用地下空间进行提纯和净化，除作为矿山和地下空间利用
的生产用水外，还应统筹考虑区域水资源的供水条件，尽可能供给邻近
工矿企业或作为农业灌溉用水，达到绿色矿山和生态可持续发展的要
求，这也是解决地下水污染与供水严重短缺这一矛盾的最佳出路。

4. 地热资源利用技术

相较于地面以上大气环境的昼夜温差和季节温差，特殊地下空间围
岩（土）体是具有大规模跨时域、跨季节性长期储存能力的天然蓄能体，
为地下蓄能应用提供了有效途径和媒介，也为巨大的余热资源（发电、
石化、冶炼等）、太阳能等可再生能源和自然冷源的跨时域再利用开辟
了发展空间（齐子姝，2012）。事实上，地源热泵在运行供冷或供热工况
的同时，也伴随着热量或冷量交替的地下存储，间接地完成着热量和冷
量的跨季节性地下存储，实现能源的循环再利用，使地下岩土不仅作为
能量源，更成为热量或冷量的存储库（江彦等，2009）。从而，复杂的地
下换热结构体热扩散和热传输的有序控制将决定能量利用的有效性和
合理性，解决目前面对大型地能利用系统高效利用束手无策的问题，发

挥出能量存储—传输—控制的巨大潜力和优势。

5. 农业利用技术

利用地下空间从事农业生产已有比较成功的尝试。苏联乌克兰农业研究所利用关停矿井试种蔬菜，一年可多播多收，单位面积年产量达到地面产量的 10 倍以上，蔬菜维生素 C 的含量提高了 2~3 倍。俄罗斯园艺学家在距地表 300~500m 深的矿井下种植黄瓜、西红柿及大白菜等蔬菜试验也获得了成功，并推广向全国各地矿区。总的来看，目前世界上地下空间的农业利用主要有以下特点：①基本上只是把植物工厂搬到了地下，利用 LED 灯为植物光合作用提供能源，人工调节光照时长、温度、湿度及二氧化碳浓度等；②根据公开报道资料，地下农场的规模均较小，处于零星分散状态，最大的也不过 $1hm^2$(伦敦地下农场)；③种植的作物很有限，主要是蔬菜，以植株较小的叶菜为主，小麦、玉米等大宗农作物均未涉及；④试验均为浅部区域，距地表 500m 以深的地下空间还未有用于植物种植的报道；⑤目前的试验离整个农业系统深入地下还相去甚远，农业生产中重要部分——养殖业还未有成功的尝试，农业稳定持续发展赖以存在的地下生态系统还未有概念。针对利用地下空间从事农业生产，可在矿井建设(设计)之初，按照地下农业发展要求进行设计和建设，促进地下空间更好地加以利用。

4.3.4　矿井建设(设计)与地下空间一体化利用探索构想

1. 地下矿产资源利用探索构想

目前，地下矿产资源开采主要以井工开采为主，且多数矿井以一种或几种矿物为主采资源。主要可采资源的安全和经济开采结束后，矿井达到闭坑状态。但是，这些矿井还有一些在现有技术条件下不能实现安全或经济开采的资源，包括遗留主采资源(如煤炭薄煤层、煤柱等)、不可采资源或者伴生的稀缺微量资源等。通过新技术的研发可以实现这些遗留资源的有效开发，如利用煤炭流态化开采技术(谢和平等，2017a)

高效安全地开采薄煤层。因此,利用特殊地下空间,利用煤炭流态化开采,实现遗留资源、伴生的稀缺微量资源等的再开采和再利用。

2. 再生能源蓄积探索构想

特殊地下空间容积大,可以利用其进行能量蓄积。水能、风能、海洋能、太阳能以及地热能等能源属于受到环境制约的非连续能源。但是,在自然界的特定条件下,这些能源能够持续再生或保持,是人类可以重复利用的能源。不间断再生的资源,如可再生能源,主要受自然增长规律的制约。为了更好地提高可再生能源的利用率,须能以一定的方式将其蓄积。因此,特殊地下空间为可再生能源蓄积提供了可靠的续存空间。

3. 地下医学科学实验探索构想

深地环境低宇宙辐射、增重、恒温、幽闭、岩石、不同深度气压变化等环境因素必然对人体生理及心理产生相应的影响。然而目前有关深地这些特殊因素对人和其他生命体的影响及其程度了解甚少,更谈不上相关学科。随着地下空间的开发和利用的规模逐渐扩大,更多的人将花更多的时间在地下空间进行活动,所及的深度也将不断刷新人类的记录。针对地下环境、特别是深地极端环境对人体及其疾病的影响必将越来越引起人们的重视。因此有必要从整体上系统研究地下环境对人类的影响及其程度,并在此基础上找出有利因素加以利用、对有害因素做出预防处理。

4. 大科学试验系统探索构想

深部资源开采所形成的地下空间结构,具有更"接近于地心"、受到外界干扰少等优势,利用条件较好的闭坑矿井的地下结构空间进行科学探索与深部地球观测,为地球、空间、暗物质及中微子等分子结构科学研究提供场所。还可以利用这类特殊的地下空间,向更深处迈进。地球深部充斥着不同状态的岩石,处于高温高压极端复杂环境,人类对地球深部的认知还非常肤浅,远没有达到对太空和深海的认识程度。因此,利用好特殊地下空间进行科学实验,创新深地科学理论、发展深地探测技术，解释地球深部奥秘，是解决人类面临的能源资源和生存空间基本问题的必由之路。

5. 地下生态城市探索构想

世界人口增长、浅部资源逐渐枯竭、自然灾害频发、全球变暖、环境恶化、城市综合症等问题日益突出，给人类可持续发展带来前所未有的挑战(谢和平等，2017d)。19 世纪出现了 100 万人口的大型城市，20 世纪出现了 1000 万人口的特大城市，21 世纪则以发展中国家为主出现了巨型城市(朱作荣和束昱，1992)。现代城市正以超高层和摊大饼式发展，容易造成环境污染、资源短缺、交通拥堵、房价高昂等城市综合性症，严重制约城市化健康发展(谢和平等，2017c, d)。我国矿产资源长期开发形成巨大的可利用特殊地下空间环境，利用关停矿井得天独厚的地下空间优势，在矿区地下打造新型地下房地产业，特别是地下经济适用房、地下图书馆、地下博物馆、地下会议展览中心、地下音乐厅、地下养老院等，以及深地地热转换与空气循环系统、地下清洁能源(矿井)抽水储能及水电系统、地下水库、立体地下空间的交通网络和通信网络系统等，形成地下新型经济业态(谢和平等，2017b)。这样，既可以避免煤矿采空区被充填造成的极大地下空间浪费，也可以缓解地面城市发展面临的人口增加、土地紧缺、住房紧张等突出问题。

因此，当前亟须探索科学利用矿区地下空间、地热、地下水资源与生态资源、构建深地自循环生态系统的废弃矿井地下空间利用的科学理论与技术体系，建设全新的矿区地下生态宜居城市。通过矿区地面、地下一体化开发，可以将矿区建成地上高新经济、地下舒适居住和生活的新型城市功能区，实现矿区的高端转型升级之路。

4.3.5　矿井建设(设计)与地下空间一体化利用的发展路线图

1. 发展目标

地下空间是关停矿井的不安全因素，也是重要资源，地下空间综合利用是盘活关停矿井资产、优化资源配置、保护矿区安全的必然需求。根据我国地下空间利用现状、未来可能的技术进步，提出矿井建设(设计)与地下空间一体化利用的总体目标和阶段目标。

1) 总体目标

结合地下空间的特点，应用矿井建设(设计)与地下空间一体化利用技术，构建地下与地面联通的立体网络，建设地下生态城市，构建地下生态圈系统，最大限度地发挥地下空间的价值。

2) 阶段目标

(1) 2020 年目标：探索矿井建设(设计)与地下空间一体化利用颠覆性理论与技术，建成地下生态圈试验场和深地科学规律探索场，形成地下空间开发利用总体构架，建成 1～3 个地下空间利用示范工程。

(2) 2035 年目标：建成地下生态圈实验系统，形成矿井建设(设计)与地下空间一体化利用技术体系，地下空间开发利用关键技术达到国际先进水平，启动地下空间 300m 以浅的开发利用，实施地下空间利用的数量应当不低于关停矿井的 10%。

(3) 2050 年目标：建成完善的地下-地面联合生态圈实验系统，地下空间开发利用技术获得重大突破，技术总体达到国际领先水平，全面启动地下空间 500m 以浅的开发利用，实施地下空间利用的数量应当不低于关停矿井的 30%。

2. 技术路线图

以最大限度地发挥地下空间的价值，盘活关停矿井资产，促进关停矿井集中区经济转型升级基本需求，应用矿井建设(设计)与地下空间一体化利用技术，通过建成地下-地面联合生态圈研究平台，形成地下空间开发利用总体构架和技术体系，实现煤炭地下空间最大限度地使用，具体见图 4-24。

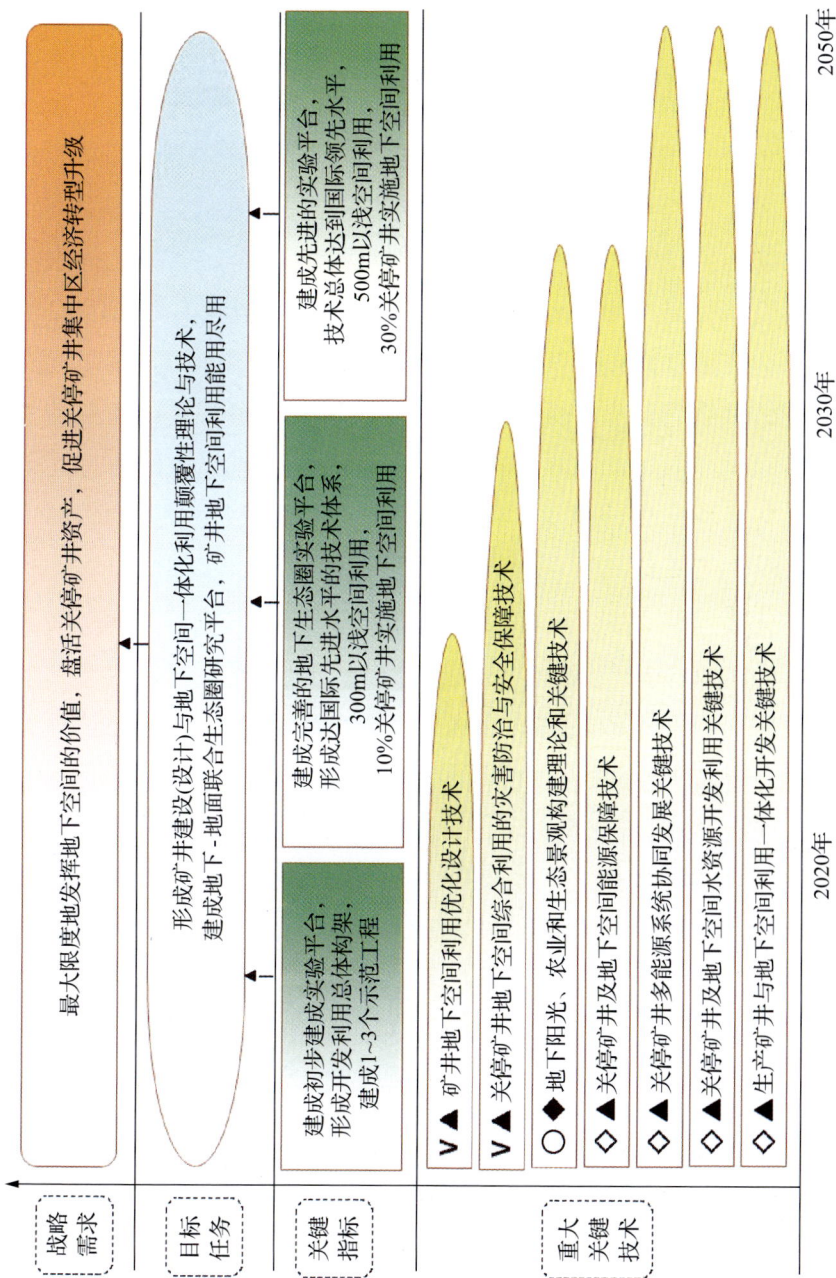

图 4-24　矿井建设(设计)与地下空间一体化利用的路线图

研发基础: 好(□)较好(△)中(∨)较差(◇)差(○)

研发方式: 自主开发(▲)联合开发(▲)引进吸收消化再创新(◆)

战略需求	最大限度地发挥地下空间的价值, 盘活关停矿井资产, 促进关停矿井集中区经济转型升级
目标任务	形成矿井建设(设计)与地下空间一体化利用颠覆性理论与技术, 建成地下-地面联合生态圈研究平台, 矿井地下空间利用能用尽用

关键指标

建成初步建成实验平台, 形成开发利用总体构架, 建成1~3个示范工程	建成完善的地下生态圈实验平台, 形成达到国际先进水平的技术体系, 300m以浅空间利用, 10%关停矿井实施地下空间利用	建成先进的实验平台, 技术总体达到到国际领先水平, 500m以浅空间利用, 30%关停矿井实施地下空间利用

重大关键技术

∨ ▲ 矿井地下空间利用优化设计技术

∨ ▲ 关停矿井地下空间综合利用的灾害防治与安全保障技术

○ ◆ 地下阳光、农业和生态景观构建理论和关键技术

◇ ▲ 关停矿井及地下空间能源保障技术

◇ ▲ 关停矿井多能源系统协同发展关键技术

◇ ▲ 关停矿井及地下空间水资源开发利用关键技术

◇ ▲ 生产矿井与地下空间利用一体化开发关键技术

2020年　　　2030年　　　2050年

第 5 章　煤炭革命颠覆性理论与技术

向地球深部进军已成为我国现在和未来面临的重大战略科技问题，国家正在启动的面向 2030 国家重大科技项目"地球深部探测"提出深地科学钻探深度将突破 13000m，深部资源开采目标为油气 10000m、地热 6000m、固态资源 3000m。特别是高效开采 2000m 以深的固体资源，必须突破现有的开采方法、开采理论和开采技术，迫切需要构建颠覆性深部资源开采理论与技术。本章系统提出了煤炭资源深部原位流态化开采的构想、定义及相应理论体系，即：深部原位流态化开采采动岩体力学理论、深部原位流态化开采的原位三场可视化理论、深部原位流态化开采的原位转化多物理场耦合理论、深部流态化开采的原位开采、转化与输运理论等四大深部原位流态化开采新理论，以及深部原位流态化开采地质保障技术、深部原位流态化开采的精准导航技术、深部原位流态化开采的智能开拓布局技术、深部原位智能化洗选技术、深部原位采-选-充-电-气-热一体化开采技术、深部原位无人化智能输送与提升技术、深部原位能量诱导物理破碎流态化开采技术、深部原位化学转化流态化开采技术、深部原位生物降解流态化开采技术、深部原位煤粉爆燃发电关键技术等 10 项深部原位流态化开采新技术，并进一步论述了煤炭资源深部原位流态化开采的战略路线。

5.1　深部原位流态化开采的颠覆性理念与构想

能源与资源的开发利用支撑了人类文明进程，可以毫不夸张地说，人类文明史实际就是能源与资源开发利用的历史。人类对能源与资源的开采，导致地球浅部煤炭资源已逐渐趋向枯竭，煤炭资源开发不断走向地球深部，千米级深部开采已是常态。2016 年 5 月 30 日，习近平主席

在全国科技创新大会、两院院士大会、中国科协第九次全国代表大会上指出："当前，国家对战略科技支撑的需求比以往任何时期都更加迫切……从理论上讲，地球内部可利用的成矿空间分布在从地表到地下1 万米，目前世界先进水平勘探开采深度已达 2500 米至 4000 米，而我国大多小于 500 米，向地球深部进军是我们必须解决的战略科技问题。"向地球深部要资源已上升为国家战略需求(谢和平等，2017a)。

2004 年我国的千米深井仅有 8 处，2015 年全国千米深井已达 80 余处，并且还以每年 10～25m 的速度向下延伸。如图 5-1 所示，根据有关统计数据，我国主要固态资源近 70%分布在 2000m 以深(数据源自《中国矿产资源报告(2015)》)。

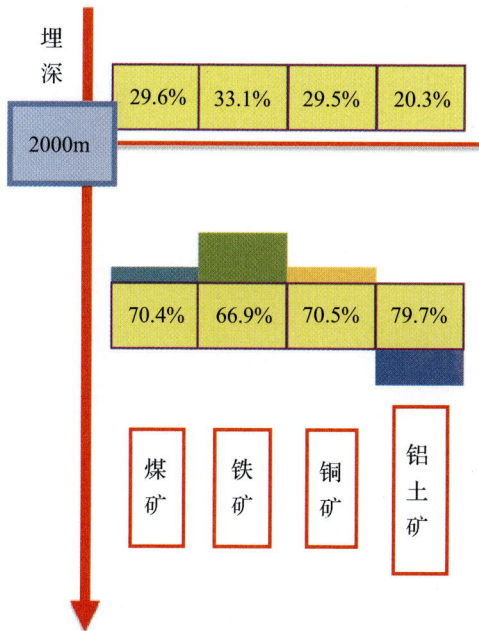

图 5-1　我国主要固体资源埋深情况

从我国能源发展战略、煤炭资源赋存特点、矿井开采深度以及开采延伸速度等方面看，加强深部煤炭资源开发是保障我国能源安全的必然战略选择，深部煤炭资源开采势在必行。

　　然而，深部固体资源的开采将导致突发性工程灾害和重大恶性事故增加、作业环境恶化，按照现有开采方式、开采技术发展水平、矿井灾害认知与防治水平，固体矿物的开采深度不可能无限向深部延伸，传统的开采方式与目前的技术水平已经不足以支撑深部固体资源开采，而是存在一个极限开采深度。谢和平等从采煤工作面环境温度、巷道变形控制以及采动岩体能量聚集灾变等几个方面，提出了极限开采深度确定方法，明确指出目前技术水平条件下煤炭井工开采的极限深度为1500m(谢和平等，2012f)。

　　此外，根据全世界 30 余个国家的地应力实测结果，结合岩石力学实验与力学理论分析，6000m 以深的岩体基本处于三向等压状态，深部岩体进入全范围塑性流变状态。当深度超过 6000m 时，目前所有的矿物资源开采方式将失效，岩层运动、围岩支护、灾害预警与防治将难以控制，6000m 以深的固体矿物资源开发已成为现有采矿技术可望不可及的奢望。国家重大科技项目"地球深部探测"提出深地科学钻探将突破13000m，深部资源开采目标为油气 10000m、地热 6000m、固态资源3000m。特别是深部 2000m 以深的固体资源如何开采，迫切需要构想颠覆性理念、理论与技术。

　　基于此，谢和平首次提出"深地煤炭资源流态化开采的颠覆性理论与技术构想"(谢和平等，2017a、b)，其核心是由传统的"井下挖煤出地面"转变为"井下挖煤不出地面"，由传统的"井下只挖煤"转变为"井下深部原位实现挖煤、电、热、气一体化综合开发利用"，实现对深地煤炭资源的采、选、冶、充、电、气的原位、实时和一体化开发，实现深地煤炭资源开发的"地上无煤、井下无人"的绿色环保开采目标。未来的深部煤矿将不会再有人下井、煤出井、矸石成山和尘土飞扬的场景，而是清洁、安全、智能、环境协调、生态友好的电力传输和能源调蓄基地。

5.1.1　深部原位流态化开采构想形成过程

围绕向深地进军、向深地要资源的国家战略目标，谢和平院士课题组自 2012 年开始进行煤炭资源开发颠覆性理论与技术的思考和研究，提出了一系列颠覆性的理论与技术构想。

2012 年 2 月，谢和平院士课题组探讨了目前我国煤炭开采的极限条件，首次提出了极限开采深度，并由此提出煤炭开发未来实现煤不出地面、井下无人、井下选矿、燃烧发电与地下气化于一体的生态矿山开采技术思想。

2014 年 6 月，在中国工程院国际工程科技大会上，谢和平院士首次提出煤炭资源流态化开采的学术构想，初步形成了煤炭技术革命的路径。

2015 年 3 月，在煤炭工业"十三五"科技发展规划编制会议上，谢和平院士提出了煤炭资源开采固液转化的技术构想，其中近零生态损害的智能化无人开采技术、近零污染物排放的清洁高效利用技术已列入煤炭工业"十三五"科技发展规划。

2015 年 12 月 20 日，在中国煤炭工业协会的"煤炭工业科技发展研讨会"上，谢和平院士在"煤炭技术革命方向"学术报告中，首次提出了煤炭 3.0 阶段、4.0 阶段、5.0 阶段的学术构想，形成"地上无煤、井下无人"的"煤炭梦"论述。

2016 年 4 月 7 日，在"深地颠覆性技术"研讨会上，谢和平院士进一步阐述了深地固体资源流态化开采的理论与技术构想，提出了未来深地固体资源开发的科学路径。

2016 年 8 月 19 日、8 月 26 日和 9 月 13 日，国家重大科技专项"地球深部探测计划"编写专家组，将深地固体资源流态化开采的技术构想列为国家重大科技专项建议稿的重点研发内容。

2016 年 10 月，在"煤炭绿色开发利用与煤基多元协同清洁能源技术革命研究"研讨会上，谢和平院士提出了深部固态矿产资源流态化开采的定义，界定了流态化开采的科学内涵。

2016 年 11 月 29 日，在"深部固体矿产资源流态化开采"会议上，谢和平院士提出在已有煤炭资源开发研究的基础上，将未来深部固态矿产资源流态开采划分为 3.0、4.0、5.0 共三个阶段，并论述了各阶段的目标、任务和基础理论与技术。

2016 年 12 月 6 日，在"深部固体矿产资源流态化开采关键技术"研讨会上，谢和平院士进一步明确了深部固态矿产资源流态化开采的科学定义(图 5-2)，流态化开采科学论述由煤炭领域扩展到金属非金属领域。阐述了深部固态矿产资源流态化开采的目标，即实现对深地固态资源采、选、冶、充、电、气的原位、实时和一体化开发，颠覆传统的固态资源开发的开采模式、运输模式和利用模式。

图 5-2 煤炭深部原位流态化开采与多元智能型清洁能源基地示意图

2017 年 2 月 19 日，在北京的"煤炭资源流态化开采与煤炭技术革命"研讨会上，谢和平院士系统地提出了煤炭流态化开采的科学思想，基本形成了煤炭资源深部原位流态化开采的颠覆性理论和技术构想。

2017 年 8 月 14 日，在中国地质科学院召开了"面向 2030-地球深部探测"重大项目实施方案分组论证会议，着重论证了"深层固体资源智能化流态开采"实施方案，标志着深部原位流态化开发理论与技术研究进入了国家科技计划重大项目建议方案,流态化的科学构想逐步成为科学技术研究指南。

5.1.2　深部原位流态化开采的定义

流态化开采的定义是指将深地固体矿产资源原位转化为气态、液态或气固液混态物质,在井下实现无人智能化采、选、充及热、电、气转化的流态化开采技术体系。

根据深部资源的赋存特征和开采条件,深部资源根本不可能按照常规的井筒到煤层、井巷开拓布置、机械化采掘和人员下井作业以及原材料和废弃物上排等煤炭开采方法进行开采,为此需要创新和发展新的开发方式,深部原位流态化开采的科学思路由此产生。深部原位流态化开采颠覆性构想是在深地原位实现固体资源的就地流态化,形成液化、气化、电化、生物化以及混合化等流态化资源,并以流态化形式高效智能传输至地表。与传统的煤炭开发理论与技术相比,由传统的“井下挖煤”颠覆性地转变为“井下煤炭就地流态化,油、气、电、热等流态化资源升井”的模式;由传统的“井下单一采煤”颠覆性地转变为“井下深地原位实现挖煤、电、热、气一体化综合开发利用”,深地原位流态化开采颠覆性理论与技术构想突破了传统的煤炭固体矿产资源极限开采深度的限制,从根本上颠覆了固体资源的开采模式。因此,深部资源开采的核心关键词是深部原位、流态化、颠覆性,为了实现煤炭深部原位流态化开采,需要构建多项颠覆性的理论与技术体系。

深部原位流态化开采构想包括以下主要技术流程:①深部原位无人采掘。以深部原位无人智能盾构作业(TBM)破割煤岩体,通过传送设施将矿物块粒传送至分选模块;②深部原位智能分选。通过重力分选,将煤炭与矸石进行分离,并将矸石回填至采空区;③深部原位转化。在深部原位实现煤炭资源的液化、气化、电化、生物化等系统流态化;④深部原位充填调控。在深部原位转化后的矿渣进行混合加工,形成充填材料回填采空区,用以控制岩层运动与地表沉陷,实现安全、绿色开采;⑤高效传输与智能调蓄。深部煤炭资源通过原位转化,以流态化形式高效智能传输至地表，并结合深地热能利用，使传统概念的煤炭企业成为电力传输和清洁能源的调蓄基地。

实现深部煤炭原位流态开发的根本转变，关键在于探索一套井下采、选、冶、充、气、电、输的一体化无人作业智能采掘与转化系统，通过深部原位无人作业、深部原位智能采掘、深部原位利用和深部原位高效传输，将深地固体资源原位气化、液化、电气化和流态化，极大地提高深地资源的开发效率、运输效率和利用转换效率，颠覆传统固体资源的开采模式和运输模式，开辟新的采矿工业模式，引领矿产资源开采技术革命，完成深地矿产资源清洁高效-生态友好开发，实现"地上无煤、井下无人"的绿色环保开采目标，开拓经济增长新空间。实现固体矿产资源开采深度上的突破，为我国矿产资源总量翻一番提供技术支撑。

5.2　深部原位流态化开采的颠覆性理论体系

深部原位流态化开采的开采方法、开采工艺和开采模式与现有传统的开采方法、工艺和模式完全不同，是在深部原位环境条件下，通过深部原位无人作业、深部原位智能采掘、深部原位利用和深部原位高效传输，将深地固体资源原位气化、液化、电气化和流态化，实现深部原位煤炭的无人化、智能化开采与流态化资源高效传输的大背景下，现有传统的煤炭开采理论、岩石力学理论、支护理论和输运理论都与此不相适应。因此，需要创新性地考虑深部原位流态化开采环境下的岩体应力场、温度场、裂隙场等条件来构建深部原位流态化开采的颠覆性理论体系。

5.2.1　深部原位流态化开采采动岩体力学理论

作为深部资源颠覆常规方式的流态化开采方法，地下岩体在智能化无人盾构机的作用下发生破碎，建立矿产资源开采、就地转换和运输的通道，首先在岩体破碎方式和方法上与常规采矿方式具有本质差异。此外，深部原位流态化开采中固体资源还需要进行就地气化、液化、电气化和流态化，流态化转换过程所产生的一系列扰动都会影响原位岩体的损伤、变形和破坏规律，如图 5-3 所示。由此可见，在深部原位流态化开采条件下，深部岩体将会出现一系列不同于常规开采方式的力学行为，传统的岩体力学及采动岩体力学理论或许难以适用甚至被颠覆，亟须突破现有的采动岩体力学框架，构建基于流态化开采扰动的深部原位岩体力学理论。

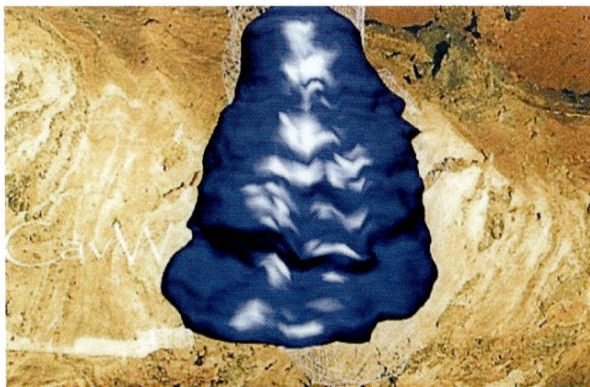

图 5-3　煤炭原位液化与围岩相互作用

深部原位流态化开采的采动岩体力学理论的主要内容包括以下几方面。

（1）发展流态化开采的原位采动力学理论，核心是要探索不同深度下的岩体物理力学行为的差异与变化规律，关键是要突破深部原位高保真取心与测试的理论与技术，系统研究保真（保压、保温、保湿、保光、保质）取心的原理与方法，发展原位、移位、原位恢复保真取心核心技术与装备和保真岩体力学测试的新标准体系，如图 5-4 所示。

（2）发展深部原位岩体力学实验理论与测试技术，实现深部环境、采动应力状态下原位岩石力学行为的研究，解决深部岩体非线性力学行为的瓶颈问题，提出深部岩体原位非线性力学的新理论、新方法，具体有：①深部资源原位开采下岩体扰动响应的非线性力学机制；②基于深部开采工程扰动应力路径下的岩石力学新理论、新方法；③基于开采响应应力路径的采动岩体力学实验新方法、新标准；④深部岩体逆弹塑性行为的非常规本构关系和力学描述新方法。

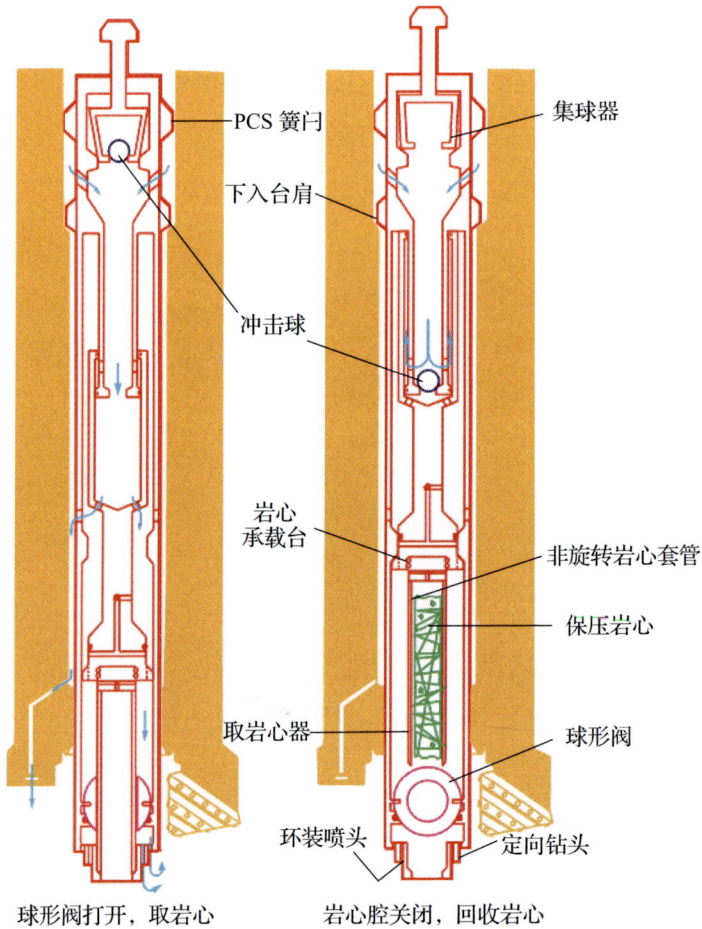

PCS 簧闩
集球器
下入台肩
冲击球
岩心承载台
非旋转岩心套管
保压岩心
取岩心器
球形阀
环装喷头
定向钻头

球形阀打开，取岩心　　　　岩心腔关闭，回收岩心

图 5-4　深部原位保真取心装置构想

（3）探索深部岩体在原位状态和流态化开采全过程下的应力重分布特征及演化规律，提炼基于流态化开采的工程扰动应力路径的加卸载试验原理，在实验尺度下还原流态化开采全过程的原位岩体的破坏规律，弹塑性状态转换条件，以及岩体非线性力学行为的响应机制。

（4）从能量角度分析深部原位流态开采扰动作用下岩体稳定与破裂扩展演化的关联性，揭示流态开采中原位岩体本构行为的力学本质特征，构建不同流态化开采方式下原位岩体力学灾变准则，从而建立流态化开采扰动作用下岩体动力灾害致灾判据。

（5）考虑深部原位化学与生物液化、气化、电化等诱导的围岩增压效应和大规模流态开采下的围岩卸压效应，建立大范围岩层和库穴的结构运动与失稳力学理论与支护方法，提出岩层稳定性的控制理论与方法（图 5-5）。

图 5-5　煤炭深部原位流态化开采的地表沉降模拟

（6）探索深部原位条件下煤炭流态化开采过程中（包含盾构式煤炭流态转化开采过程以及煤炭原位液化与抽采过程），煤岩体非线性力学行为及能量转移、转化及分配规律，揭示非线性变形能作用下采场煤岩体的失稳准则及失稳行为。主要内容包括：①深部煤炭流态化开采扰动下的煤岩体有限变形场-应力场的演化特征进而对煤岩体的有限变形能准确描述；②深部原位流态化开采扰动下的煤岩体能量转化及分配规律；③盾构式采、选、充、气化、发电一体化装备与深部煤层的能量互馈机制；④深部煤炭原位液化层溶空区增大过程中的能量演化与失稳机制；⑤基于能量原理的深部煤炭流态化采场煤岩体破断(裂)准则及失稳行为。

（7）探索深部原位条件下，盾构式煤炭流态转化开采过程以及煤炭原位液化与抽采过程中岩层应力释放与转移特征，进而基于能量理论建立岩层失稳判据，从而确定失稳岩体及岩层的运动烈度，最终建立能量调控为基础的岩层控制技术体系：①明确深部原位流态化开采条件下围岩中应力释放与转移特征，结合有限变形场论量化围岩中的能量积聚与耗散过程；②研究深部煤炭流态化开采扰动下的岩层运移模式与规律；③明确破碎围岩在能量释放过程中的运动行为、运动烈度；④深部煤炭流态化开采条件下围岩大规模失稳破坏的能量判据；⑤形成能量调控为基础的围岩控制技术体系。

5.2.2 深部原位流态化开采的"三场"可视化理论

深部原位流态化开采是一项多种技术共同作用的动态过程,在多种开采扰动的共同作用下,深部煤炭围岩内部结构和原位应力场不断演化,形成新的连续演化的采动应力场、裂隙场和渗流场(即三场)(谢和平等,2017a)。

针对深部原位流态化开采扰动下深部岩体破裂结构、原位应力以及开采扰动下的岩体应力场-裂隙场-渗流场演化的特征,借助分形重构、3D 打印、应力冻结等物理实验方法和技术,研究探索深部原位流态化开采下岩体"三场"的透明及可视化表征方法,包括以下内容。

(1)建立深部岩体非连续结构的分形重构算法。

(2)研制与深部岩层基本力学性能相一致的三维应力可视化材料,借助 3D 打印技术,构建高清透明并具有良好光折射能力的深部岩体的三维物理模型,直观地显示天然岩体内部复杂的裂隙结构与空间形态,建立深部岩层非连续结构可视化物理模型。

(3)发展三维应力冻结技术与提取方法,建立深部原位流态化开采扰动下的应力场、裂隙场和渗流场的定量表征方法与可视化理论,直观地再现深部煤炭开采过程中的非连续结构演化、应力场重分布、应力场和渗流场相互作用机制以及岩体灾变全过程等各种物理现象的发生机理、时空演化规律(图 5-6)。

利用所建立的适用于深部原位流态化开采的岩体应力场-裂隙场-渗流场的可视化理论,预先对深部煤炭流态化开采进行"透明推演",直观、定量地显示整个开采过程中矿体破碎、应力与能量转移、灾害发生的形式、位置、时间和量级,从而达到预判、预警和预解的目标,改变目前矿山开采随采随治的作业模式和被动局面。在"透明推演"的基础上,实现深部原位流态化的高效、智能化与无人化开采,为最终实现消除或避免深地煤炭资源开采灾害以及有效防治这一理想目标提供基础理论与技术支撑体系。

(a) 巷道掘进33m时的围岩应力分布

(b) 巷道掘进66m时的围岩应力分布

(c) 巷道掘进83m时的围岩应力分布

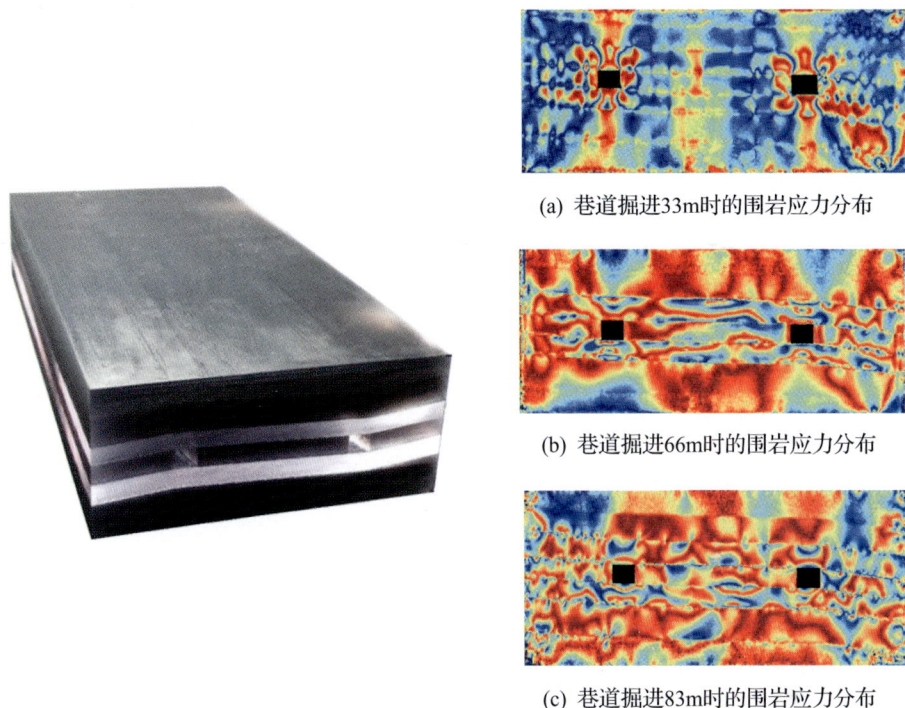

图 5-6　深部原位透明开采模型和采动应力演化的物理可视化

5.2.3　深部原位流态化开采的原位转化多物理场耦合理论

深部原位流态化开采的核心是要实现原位转化，它是一个多相介质（固、液、气）共存，多物理场（温度场、渗流场、应力场、损伤场、裂隙场）相互交叉耦合作用的过程。深部原位流态化开采作为一项颠覆性技术，其独特优势在于可在地下借助一系列的力学、化学和微生物手段将固态的矿产资源进行原位气化、液化及电化，这与常规的采矿方式具有本质的不同。深部岩体除了受到应力-温度-渗透的耦合作用外，还需要进一步考虑固态资源相变转换的化学反应以及微生物转化反应等因素的影响。深部原位流态化开采的多物理场理论体系和影响因素更为复杂，基于传统采矿条件下的多物理场耦合方法及原理已经无法满足流态化开采的需求。

深部原位流态化开采的原位转化的物理场耦合理论主要内容包括。

（1）需要在充分考虑深部原位流态化开采扰动下的固、液、气、电多相并存的开采环境，揭示固相资源流态转换过程的化学及微生物作用对深部岩体微观结构和原位应力的影响机制，建立包含微-细-宏观跨尺度的裂隙结构，固、液、气、电等并存的多相环境，以及应力-温度-渗流-化学-微生物多种作用机制的多物理场耦合模型，揭示不同流态化开采方式下的岩体本构行为、渗流机制、变形破坏规律，最终形成深部原位流态化开采扰动下的多物理场耦合理论。

例如，深部煤炭原位液化、气化具有相变和膨胀效应，需要建立多场条件下煤炭原位液化、气化的非线性渗流与扩散理论，揭示其边界演化过程以及环境损害效应，如图 5-7 与图 5-8 所示。

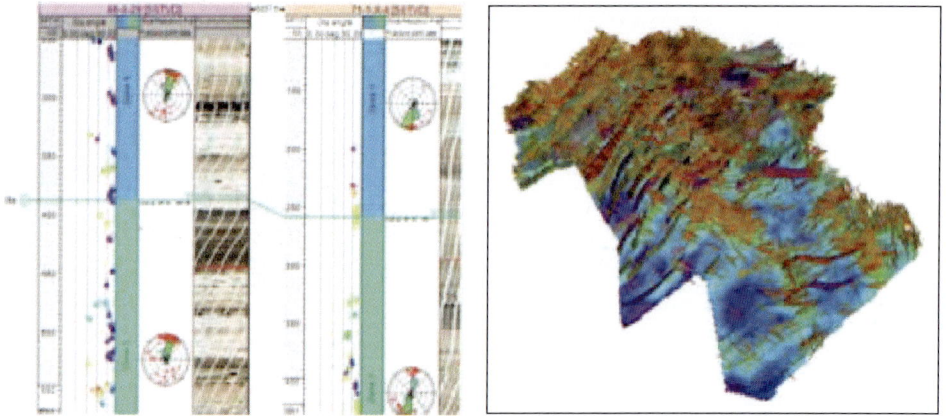

图 5-7　深部原位裂隙介质中的气液渗流模拟

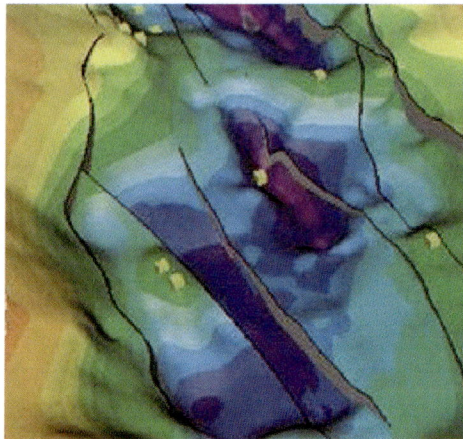

图 5-8　深部原位煤炭液化区渗流演化

（2）提出利用能量理论、非线性数学等方法，探索深部原位多物理场耦合岩体力学行为及规律、能量演化特征和机理（图 5-9），建立深部原位开采致灾的能量准则，提出深部原位灾害防控的能量调控技术，实现深部原位岩体多物理场耦合力学行为和能量特征的原位研究。主要包括：①深部原位高地温、高应力、强扰动、强流变等多物理场耦合下岩体变形破裂的力学行为；②深部原位开采诱导的能量积聚、耗散和释放的时空演化规律和突变机理；③深部原位开采致灾的能量机制与力学准则；④深部原位岩体稳定与破坏以及深部原位灾害防控的能量调控技术。

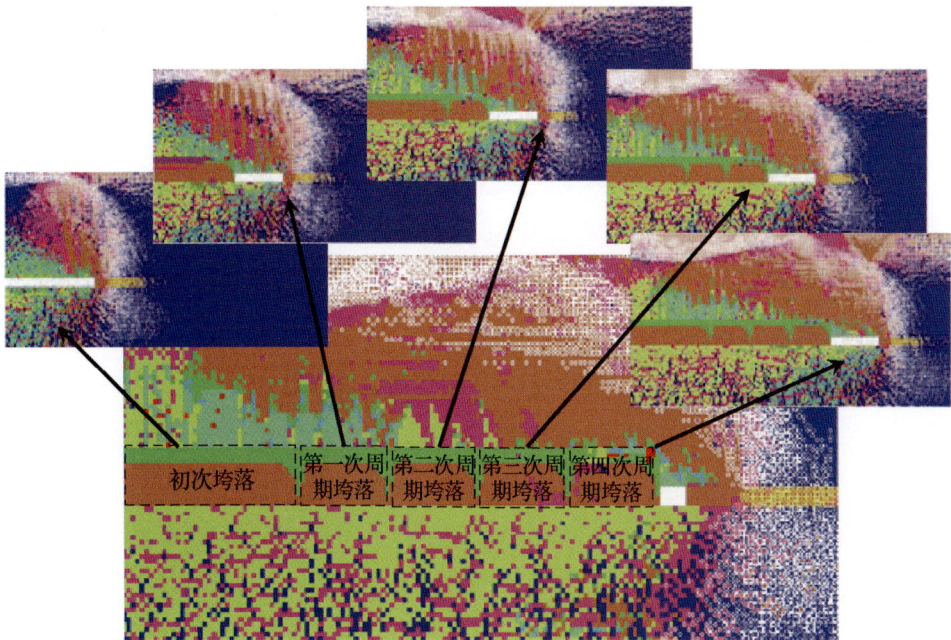

图 5-9　深部原位煤炭资源开采过程中的能量演化

5.2.4　深部原位流态化开采的原位开采、转化与输运理论

1. 深部原位开采设计理论

针对深部原位流态化开采的技术特点，提出深部原位液化、气化和

电化的矿井开拓与布局理论，建立深部原位流态化开采的建井、开拓、输运的一体化全新理论与技术、充填支护理论以及开采设计理论，如图 5-10 所示。

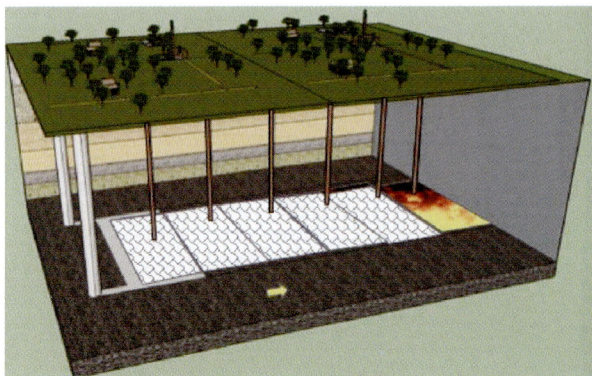

图 5-10 深部原位条带式气化开采及分布式充填示意图

2. 深部原位转化与输运理论

固体资源的深部原位流态化转换是实现深部矿产资源流态化开采的关键，直接关系到流态化开采技术能否成功实施和工业化应用。深部原位流态化开采的两个关键点在于：①矿产资源是否具有足够高的液化、气化效率，从而满足工业化开采的需求；②矿产资源中的有用组分是否能够最大限度地转换或者萃取出来，从而大幅度提高深部矿产资源的开采效率，达到经济化、高效化的开采目标。因此，需要进一步发展和建立固态资源深部原位流态化转换理论，揭示固态资源流态转换的化学及生物机制。主要包括以下内容。

(1)研究高温高压环境下矿产资源深部原位快速液化机理以及催化剂的催化机制，揭示温度、压力及反应时间对固态资源液化速率的影响机理，建立深部矿产资源快速液化的调控方法。

(2)研究矿物的化学组分在新型超临界萃取溶剂中的溶解和扩展机理，分析溶解后的矿物组分在超临界溶剂中的运移规律，探索利用深部原位高温干热岩调控超临界萃取溶剂的溶解矿产资源的化学机制。

(3)探索深部原位外源高效菌种的培养和激活技术，揭示菌群与矿产资源相互作用机制，研究菌液和菌气转换原理及其控制机理，形成矿产资源微生物深部原位开采的理论与技术体系。

(4)探索固体资源深部原位的流态化转换过程，掌握深部原位流态化转换机理与控制方法，构建矿产资源深部原位流态化开采的流态化转换理论体系，从而为实现深部矿产资源原位流态化开采提供理论指导。

(5)揭示深部原位条件下煤炭化学与生物液化、气化的反应原理，建立深部原位流态化开采的液化、气化原位转化的动力学方程，建立原位黏稠煤浆、精细化煤粉远程管路输送的多相流体动力学理论。如图 5-11 与图 5-12 所示。

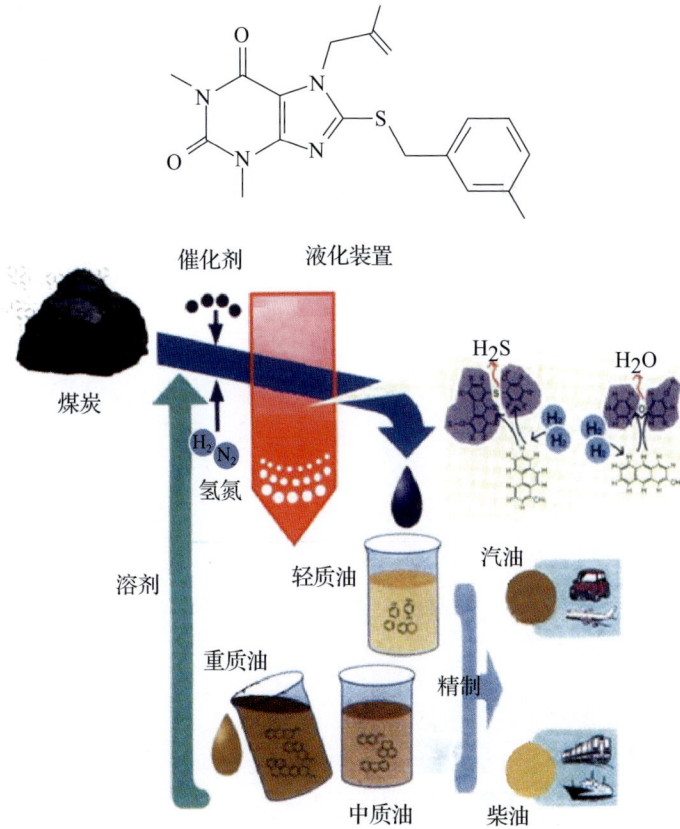

煤炭直接液化示意图

图 5-11　深部原位煤炭气化、液化反应动力学示意图

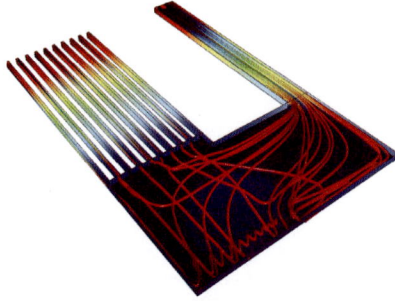

图 5-12　深部原位煤炭流态化远程管路输运示意图

5.3　深部原位流态化开采的关键技术体系

5.3.1　深部原位流态化开采的智能化技术体系

1. 深部原位流态化开采的地质保障技术

(1)深部原位流态化开采的"透明矿井"构建技术。结合互联网、云计算、大数据、虚拟现实(VR)、工业控制、三维地理信息系统(3D-GIS)以及煤矿开采等技术,利用透明采矿技术研究采场应力、裂隙、渗流动态变化及显示的基础上,完成煤矿三维虚拟地理信息系统平台的设计与开发,构建包括高精度地质模型在内的矿井三维动态模型,形成深部原位岩体的"透明矿井",如图 5-13 所示。

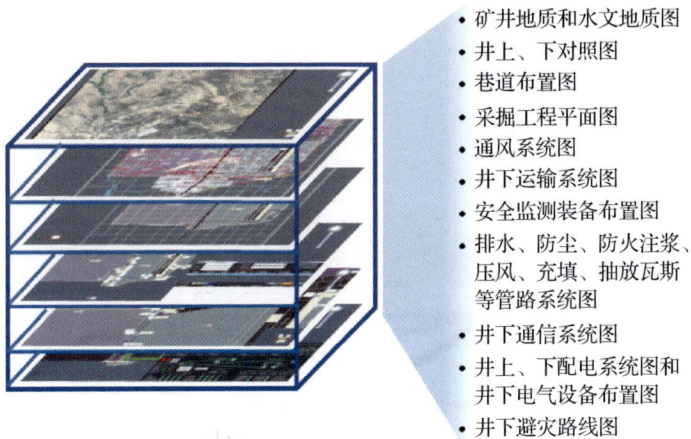

- 矿井地质和水文地质图
- 井上、下对照图
- 巷道布置图
- 采掘工程平面图
- 通风系统图
- 井下运输系统图
- 安全监测装备布置图
- 排水、防尘、防火注浆、压风、充填、抽放瓦斯等管路系统图
- 井下通信系统图
- 井上、下配电系统图和井下电气设备布置图
- 井下避灾路线图

图 5-13　深部原位透明矿井全息模型示意图

(2)深部原位流态化开采的信息系统平台。利用深部原位多场地质构造精准探测技术与装备,将地理全信息(构造、水、资源分布等)一体化动态显示在原位采掘舱的监测平台上;建立矿井全息模型,构建"透明矿井",实现矿井高精度三维动态地质模型、设备模型的构建,使矿井地质条件、地质力学参数、开采环境和设备布置透明化和可视化;利用基于多元信息综合决策的地质灾害自主避险系统,实现采掘舱的实时控制,如图 5-14 与图 5-15 所示。

图 5-14　深部原位采掘舱精确探测及地质保障技术示意图

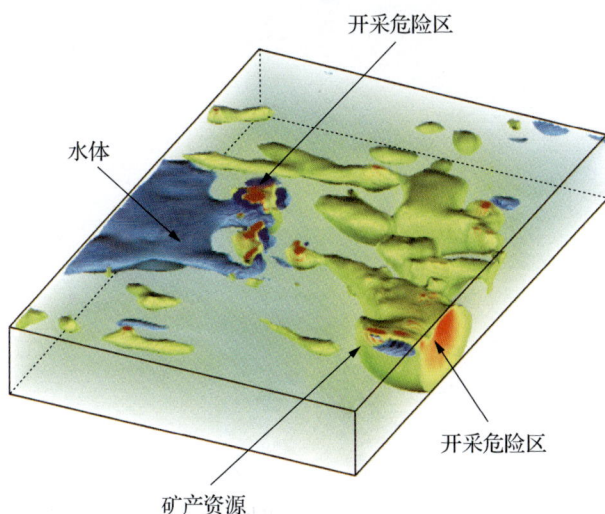

图 5-15　深部原位地质全信息示意图(透明矿井)

2. 深部原位流态化开采的精准导航技术

研究深部原位流态化开采的矿井高精度导航与定位技术，构建深部导航北斗定位系统、无线远程微波能量输送技术，实现深部原位复杂空间的精准定位导航及能量输运技术。如图 5-16 所示。

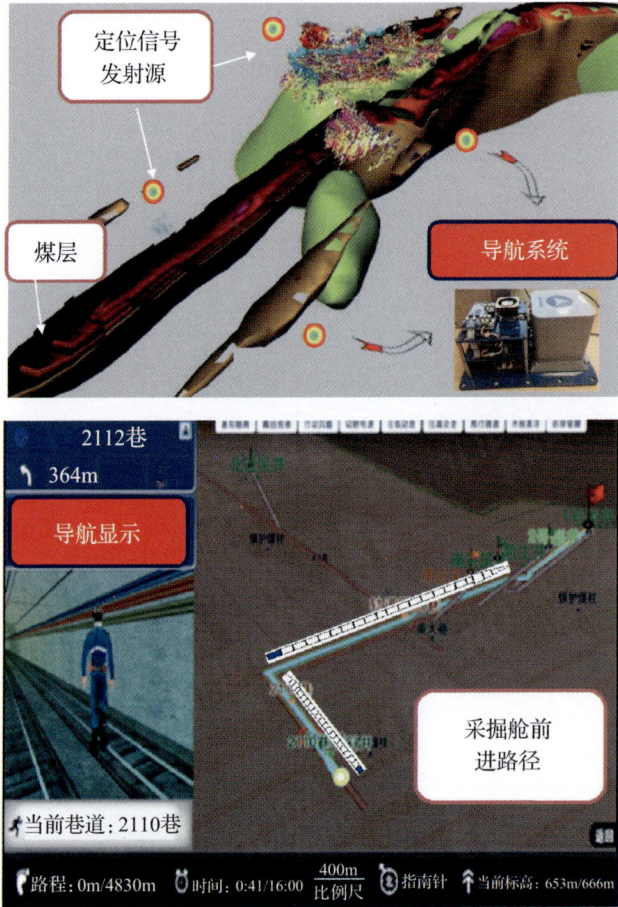

图 5-16　深部原位多维、多尺度深地空间分布式导航系统示意图

3. 深部原位流态化开采的智能开拓布局技术

深部资源原位流态化开采完全不能采用常规的采矿方法和开拓布置方式，创新研究建立形成适用于深部原位流态化开采的全新的建井、

采区布局、开拓建设、实时控制等颠覆性技术,实现对深部原位流态化开采的智能感知与实时控制,如图 5-17 与图 5-18 所示。

图 5-17　深部原位流态化开采井田　　　图 5-18　深部原位流态化开采
　　　　智能开拓与管网布局　　　　　　　　　　装置示意图

4. 深部原位智能化洗选技术

针对我国采选工业智能化水平低、生产效率低等问题,结合我国煤炭行业产业升级、深部煤炭安全高效开发和清洁低碳利用需求,开展深部原位煤炭智能化洗选技术装备研究,为实现深部原位流态化转化利用提供条件,实现深部井下的采、选、充一体,废弃物就地处置,同时为后续的热、电、气化提供适配和洁配的煤炭原料。通过原煤密度等物理特性在线检测方法、自适应煤质变化的选煤过程智能控制策略、多变量耦合系统自适应控制技术、智能传感仪器仪表与远程监控技术的研究开发,突破深部原位煤炭洗选智能化技术瓶颈,形成深部原位模块化智能洗选装备及智能化控制系统,实现选煤生产流程自动化、工艺参数智能化,解决深部煤炭安全开发清洁利用技术难题。基本原理如图 5-19 所示。深部原位煤炭智能化洗选技术研究主要内容包括:①深部原位原煤密度等物理特性在线检测预测方法;②深部原位自适应原煤变化的重介质选煤工艺系统智能控制策略;③深部原位跳汰分层机理与分选工艺参数智能控制技术;④深部原位浮选工艺自动控制方法;⑤深部原位加压过滤参数优化匹配与脱水系统智能控制技术;⑥基于深部原位的等边界灰分分选的生产工艺优化决策系统;⑦深部原位灰水热实时监测与生产自动调节技术。

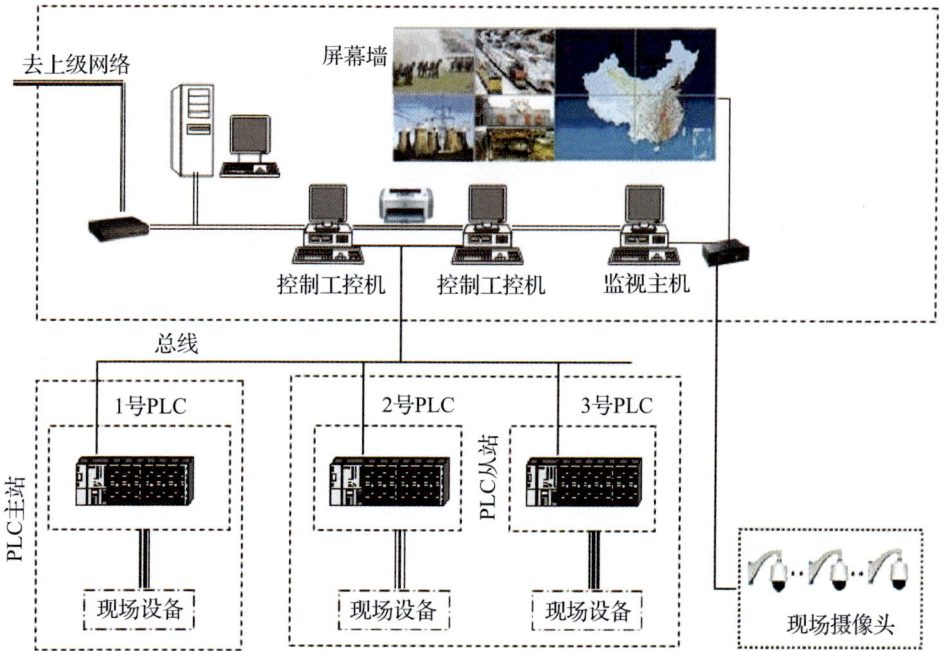

图 5-19　深部原位煤炭洗选集中控制原理示意图

5.3.2　深部原位流态化开采的无人化技术体系

1. 深部原位采-选-充-电-气-热一体化的流态化开采技术

(1)深部原位采-选-充-电-气-热一体流态化开采技术。该技术由盾构式采掘舱、破碎选煤舱和流态转化反应舱三个主体部分构成，如图 5-20 所示，将固体资源转变为液态、气态和电能进行开发，实现煤炭深部原位无人智能开采和就地能量转化，主要综合了盾构掘进、煤矸分选、煤粉爆燃发电等创新性技术，是一种颠覆式开采技术集成，国内外尚未开展相关研究。深部原位盾构式采掘舱负责无人智能掘进与传送，利用采掘舱前置大深度多场源精准探测装置，将地理全信息(构造、水、资源分布等)一体化动态显示在虚拟监测平台上，启动基于多元信息综合决策的地质灾害自主避险系统，完成采掘舱实时控制。利用多维、多尺度深地空间分布式导航原型系统，建立空间独立的深部原位高精度定位体系，实现采掘舱的资源精准开采。破碎选煤舱在井下破碎分选出精煤粉，而流态转化反应舱进行等离子引爆，构成模块发电机组，同时也可利用深部原位(地热、水力)小型发电厂将煤炭进行地下燃烧和气化，获得电力资源和可利用气体资源，并高效智能传输至地表，实现固态资源的流态转换，使传统开采的输煤变为输电、输热、输气。转化后的矿渣进行混合加工，形成充填材料回填采空区，用以控制岩层运动与地表沉陷，实现安全、绿色开采。

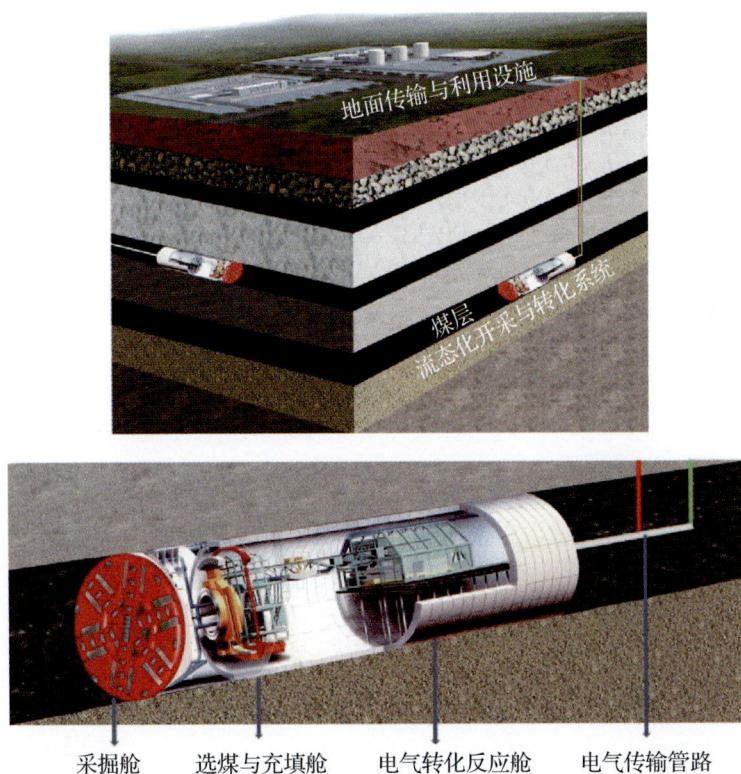

图 5-20　深部原位盾构式采-选-充-电-气-热一体流态化开采系统示意图

(2) 深部原位智能盾构掘采设备特殊设计技术。为了应对煤矿深层巷道的高压力、地应力释放、特殊应急情况等极端问题，必须创新深部原位智能盾构掘采设备特殊设计，形成适合深部原位流态化开采的开发与转化条件。基于井下无人智能化的要求，主机的实时监控、自动导向、自动测量、智能化电控系统设计需安全可靠，实现完全智能化。主要研究内容有以下几方面。

第一，深部原位全断面盾构(TBM)方式巷道掘采工艺的研发。研制一套全新高效、安全、可靠、智能化的全断面盾构(TBM)方式巷道掘采工艺，实现盾构机采掘设备与智能移动选煤舱、煤炭快速液化舱、减沉协同自适应充填系统的统一，实现煤炭采、充与转化的实时、协同运转。为了应对煤矿深层巷道的高压力、地应力释放、高温等特殊应急情况等极端问题，必须将智能盾构掘采设备进行特殊设计，以应对极端恶劣工况。

第二，集挖掘煤岩、输送渣土、支护巷道、导向纠偏等自动操作功能于一体的深部原位新型支护推进方式的智能盾构(TBM)整机方案的研发。研制一台新型支护推进方式的深部原位智能化盾构(TBM)掘采机，有效实现挖掘煤岩、输送渣土、支护巷道、导向纠偏、一次断面成型以及采、掘、运、支护一体化等多功能一体化的掘进设备，实现多种功能的高效集成。

第三，深部原位盾构(TBM)掘采设备与智能移动选煤舱、煤炭快速液化舱、减沉协同自适应充填系统集成的研究。深部原位智能化盾构(TBM)掘采设备需要完成智能移动选煤、煤炭快速液化、减沉协同自适应充填等多种功能一体化集成设计。实现结构紧凑、功能完善，实现采、掘、运、支护一体化。为了应对地下恶劣的含水、含砂、含岩石等多种变换地层的工况，需对每种工况在整机上设置相关结构与功能，应对深部原位复杂地层工况。

2. 深部原位无人化智能输送与提升技术

1)深部原位智能无人化带式输送技术

研究高可靠的配套电气设备、高可靠的机械传动设备；设备模块化设计；带式输送机控制系统、保护系统、视频监视、维护系统一体化设计；开发深部原位无人化的智能控制系统，无人化智能传感、检测、保护系统，基于 VR 的远程检修维护系统，如图 5-21 所示。

图 5-21　深部原位矿用探测抢险机器人

2) 深部原位智能化辅助运输技术

为提高深部矿井设备和材料的运输效率，解决复杂地质条件下的运输技术问题，形成系统的深部原位矿井辅助运输体系，研发针对不同地质条件、不同开发深度的煤矿辅助运输技术。包括：煤矿辅助运输车辆无人驾驶技术；煤矿辅助运输车辆双动力牵引技术。

3) 深部原位煤炭流体垂直输送工艺

研究固体矿物深部原位流态垂直连续输送技术，以双井筒为基础，压风为动力，U 形平衡流态循环、泵送输料的超深煤炭资源流态垂直输送的运行模式，解决深部原位超深煤炭的立井连续高效提升，完成实验室模拟试验，形成直径不小于 1.0m 的双井筒输送示范系统，如图 5-22 所示。

4) 深部原位开采高效安全运输技术

融合了传统轮轨交通和管道运输的长处，研究开发井下深部原位的磁悬浮管道运输技术，具有运量大、速度快、无环境污染、高安全性、占地面积小等优点，如图 5-23 所示。开发直线电机驱动运输技术，同时产生车辆的推力和悬浮力，改变传统的黏着驱动，牵引力不受摩擦限制、爬坡能力强、节省巷道工程投资，如图 5-24 所示。

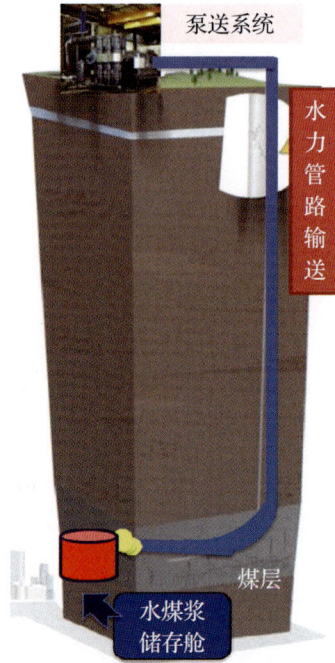

图 5-22　深部原位流态化开发管道输送系统示意图

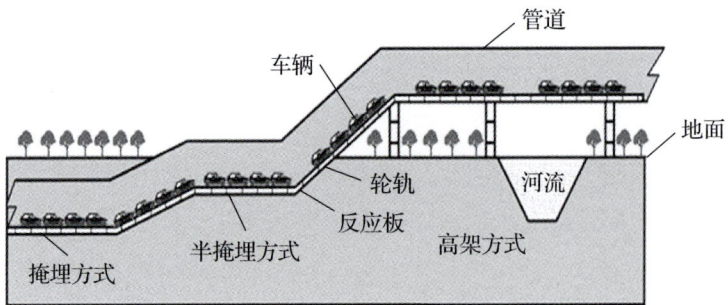

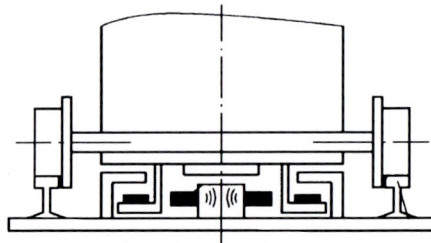

图 5-23　深部原位磁悬浮管道运输系统示意图

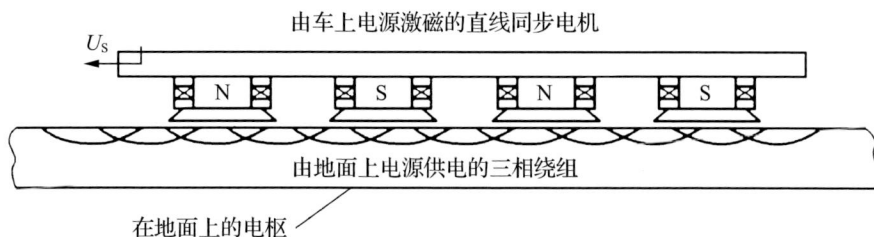

图 5-24　深部原位直线电机推进原理示意图

5.3.3　深部原位流态化开采的流态化技术体系

1. 深部原位能量诱导物理破碎流态化开采技术

地下煤体在地应力、瓦斯压力的共同作用下，会在极短时间内破碎成较小尺度的碎块，这种破裂是在动力扰动下的灾变能瞬态释放，同时也是一个高能量岩体的自破裂，只要找到适当的诱导破裂方法和途径，就可以将深部煤岩体的这种灾害性破坏诱变为煤体有效破碎，实现深部煤炭的安全高效开采。

深部原位物理破碎流态化开采技术是指利用深部高应力，通过钻掘及水射流破岩，诱发深部煤体突出，形成颗粒流、气、液等混合流态物质，达到符合管路传送的颗粒尺度，达到管道负压流态化输送至地表的目的，从而进行地面抽采。主要包括：深部原位煤与瓦斯突出地面诱导抽采技术、深部煤炭地面井压裂造穴流态抽采技术，前者主要利用爆破等手段对煤体进行扰动，诱导其发生煤与瓦斯突出等动力灾害，利用其自身能量产生高度破碎；而后者主要利用人为技术手段对地下煤体进行破碎作业，为此提出了无水超大体破裂改造与开发技术，创新集成高能气动脆裂技术、CO_2 基压裂技术、高分子支撑剂技术和深地微生物改性提质技术，探索深部原位煤层大尺度、大体量、高强度致裂破碎技术。

例如，研究埋深超过 2000m 煤层高应力突然释放诱导破煤机理；通过实验室模拟试验、计算机仿真，分析煤层埋深、煤层强度、瓦斯压力、钻孔直径对煤层破坏范围、破坏程度的影响；研究深部原位高应力诱导的流态化开采适用条件，对于松软煤层，利用深部原位的高应力、高瓦斯压力的优势，通过煤层钻孔，或者水力喷射，诱导煤粉与瓦斯突出，实现地面抽采瓦斯、煤粉或煤浆，如图 5-25 所示。

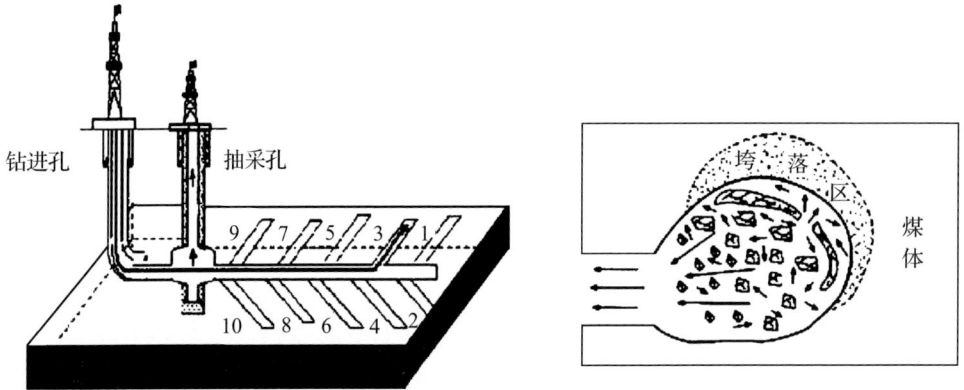

图 5-25　深部原位诱发煤与瓦斯突出示意图

2. 深部原位化学转化流态化开采技术

1) 深部原位化学气化技术

深部原位化学转化流态化开采技术包括煤炭地下气化和地下液化两种，主要利用化学反应将煤炭直接原位转化为液体或气体，关键是提出创新性、颠覆性技术，把现有地下气化和液化技术在深部原位实现小型化、精准化及稳定可控。

现有的煤炭地下气化技术是一种适用于深地资源流态化开采的绿色开采技术，通过定向钻井、可控气化、岩层控制及生态恢复等一系列技术手段，实现煤炭资源的安全高效绿色开采。然而，在深地环境下，现有技术存在不可控、灾害风险大、时效难把握等困难，1000m 以深煤层赋存地下环境以及煤气就地利用地下空间的物性规律并不清楚。图 5-26 为煤炭地下气化技术示意图，就是将处于地下的煤炭进行有控制的燃烧，通过煤的热及化学作用产生可燃气体的过程。该过程主要是在地下气化炉的气化通道中实现的，由进气孔鼓入气化剂(有效成分是 O_2 和水蒸气)，并在进气侧点燃煤层，气化剂中的 O_2 遇煤燃烧产生 CO_2，并释放大量的反应热，使还原区煤层处于炽热状态，当气流中 O_2 浓度接近于零时，氧化区结束。在还原区 CO_2 与炽热的 C 还原成 CO，$H_2O(g)$ 与炽热的 C 还原成 CO、H_2 等，由于还原反应是吸热反应，使煤层和气流温度逐渐降低，当温度降低到不能再进行还原反应时，还原区结束。但此时气流温度仍然很高，对下流（干馏干燥区）煤层进行加热，释放出热解煤气。经过这三个反应区以后，生成了含可燃组分（主要是 H_2、CO 和 CH_4）的煤气，气化反应区逐渐向出气口移动，因而保持了气化反应过程的不断进行。地下气化的物质基础是地下气化炉，采用新型自动纠偏导向定向钻机，结合多传感器实时监测，可解决深地钻井及气化炉构建问题；采用多点温压耦合传感探测技术，可实现对深地煤层化学反应工作面及高温腔体的分布范围、移动扩展速度的探测。

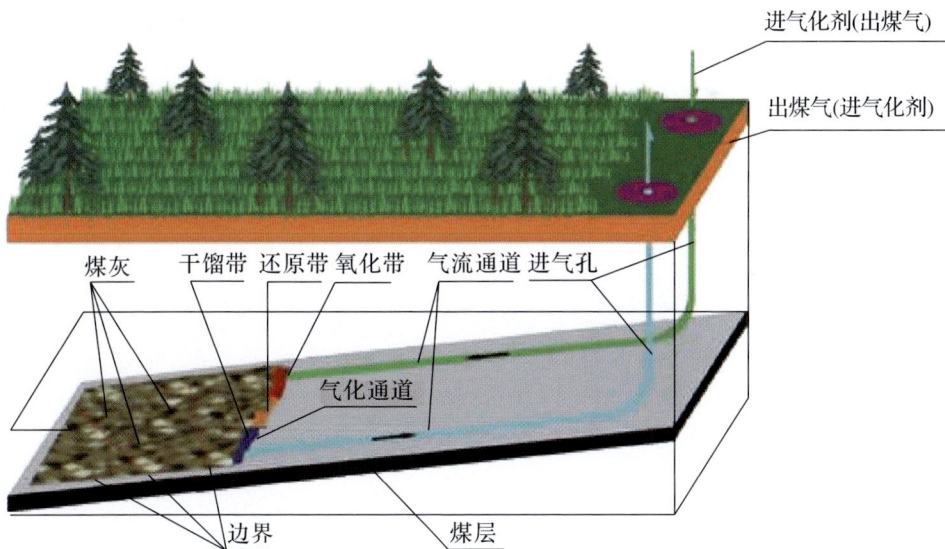

图 5-26　深部原位煤炭地下气化技术示意图

2）深部原位化学液化–容器式（流态转化舱）快速液化技术

深部原位流态化地下液化则是结合目前已有的地下气化和地上液化知识产生的技术设想，这个设想的实质就是将高温溶剂经孔道高压注入地下煤层与煤作用，产出的液态产物、细颗粒和未作用的溶剂一起由另一孔道输出地面，再进一步分离和精制，目前煤的地下液化仍处于基础研究阶段，图 5-27 是容器式深地煤炭快速液化技术示意图，流态转化舱中反应本质为通过加氢方式提高煤中的 H/C 原子比(0.2～1.0)以达到油的 H/C 原子比(1.6～2.0)水平，其关键核心技术在于实现深部原位煤炭的快速液化反应条件(温度、压力、反应时间)的过程调控、高效供氢催化剂的研制与回收。

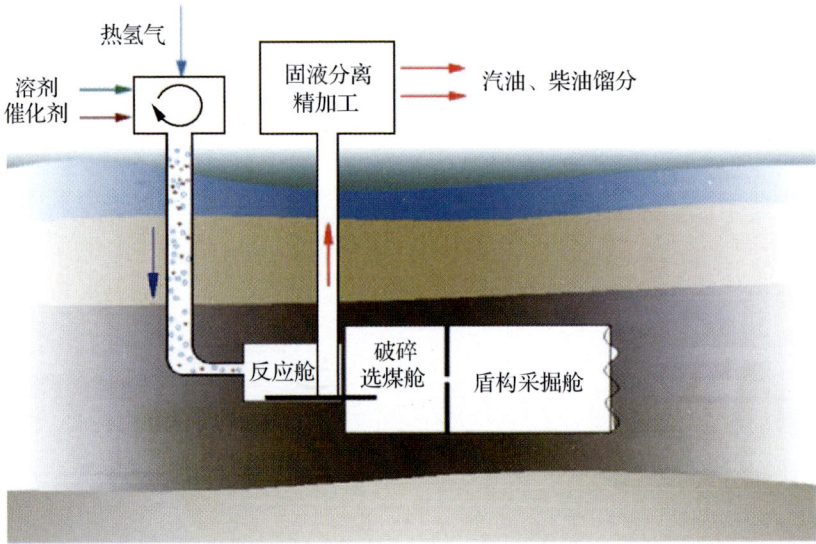

图 5-27　深部原位煤炭原位容器式快速液化技术示意图

3) 深部原位化学液化-直接温和液化技术

在深部原位将供氢溶剂与催化剂注入井道煤层中，在低压(氢压)，低温(依靠地热以及辅助井道加热)及低煤浆浓度(低变质程度的煤)的条件下进行温和直接液化反应，从而制得液化产物(石脑油和柴油馏分)，如图 5-28 所示。

4) 深部原位化学液化-煤氧化制化学品技术

在深部原位将氧化剂(过氧化氢、硝酸或氧气等)注入井道中，并与煤层充分接触，在一定温度(当氧气为氧化剂时需要一定的初压，当反应介质不用碱液时需有催化剂的催化作用)条件下，经充分反应(充分的氧化时间)，然后对氧化后产物进行分离得到化学品(脂肪酸或芳香羧酸)，如图 5-29 所示。

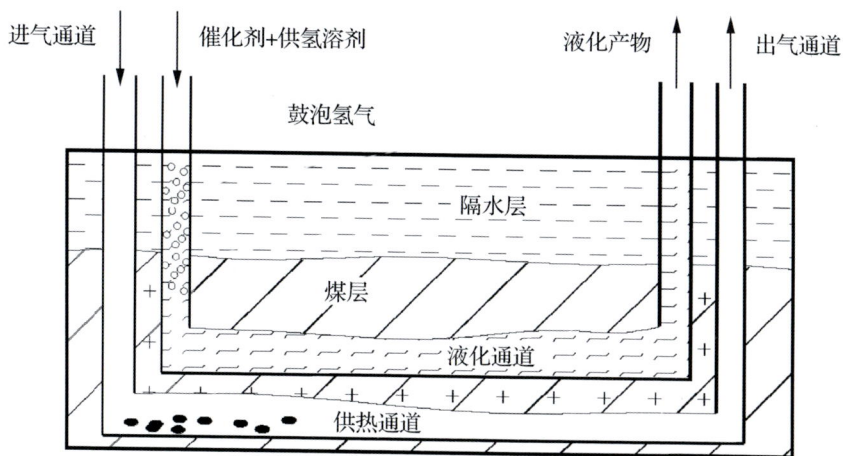

图 5-28　深部原位直接温和液化技术工艺流程示意图

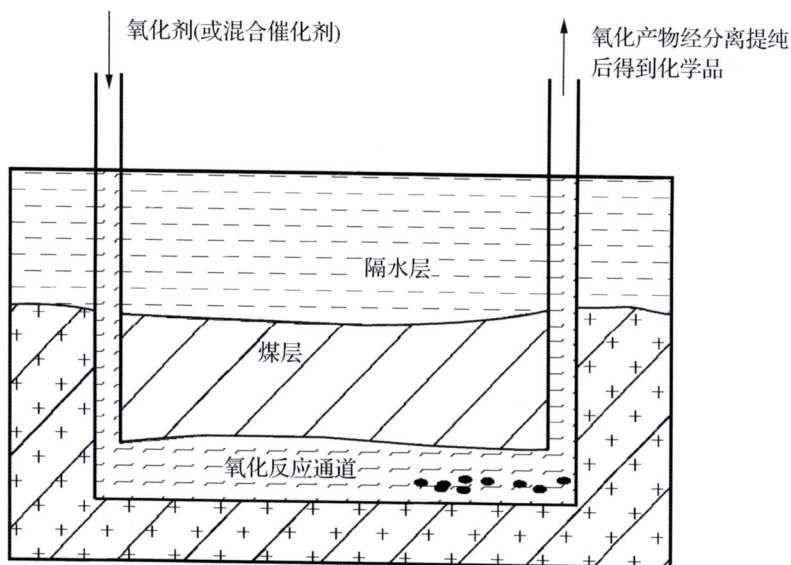

图 5-29　深部原位煤氧化制化学品技术工艺流程示意图

5)深部原位化学液化-溶解煤+煤制油技术

在深部原位将有机溶剂(石油醚、甲醇、二硫化碳等)注入井道,用流体冲力使煤层分散并两者充分接触,依托地下高温条件进行热溶,形成的煤浆或悬浮液用泵抽出,经预处理后在地面就地直接液化生产燃料油或化学品, 如图 5-30 所示。

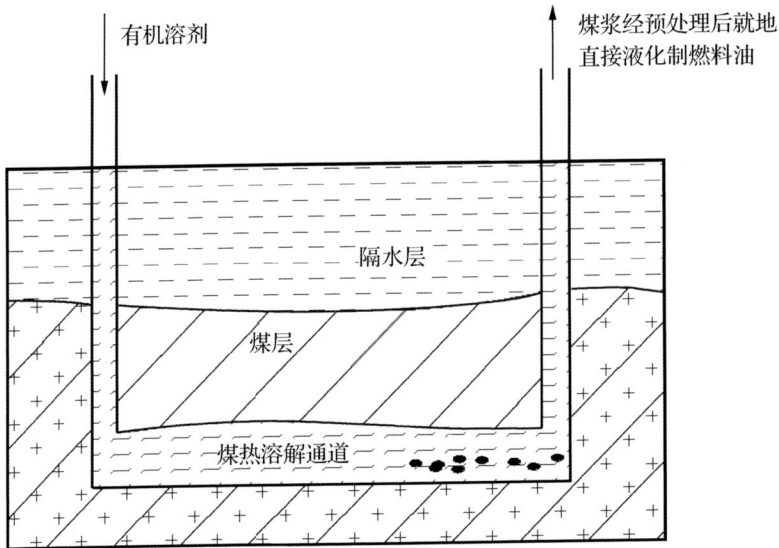

图 5-30　深部原位溶解煤+煤制油技术工艺流程示意图

3. 深部原位生物降解流态化开采技术

微生物可以对煤炭基质和煤层气进行降解, 深部原位生物降解流态化开采技术是指在深部原位利用微生物将煤炭在井下转化为气体、液体燃料和原料的一种流态化开采技术, 分为深部原位生物液化和深部原位生物气化两种。如图 5-31 所示, 首先将营养液和微生物培养液带压注入煤层, 并扩散循环, 煤炭将与这些微生物持续反应, 通过水解发酵菌、产酸细菌、产氢产乙酸细菌和产甲烷菌联合作用, 生成 CH_4 和 CO_2, 如图 5-32 所示, 最后由抽采钻井传输。其关键技术在于深部原位外源高效菌种的培育及土著菌种的激活技术、菌液煤层多分支注入与压裂扩散技术、菌液转化反应控制技术、转化气液产物抽采技术、地下环境污染与控制技术。

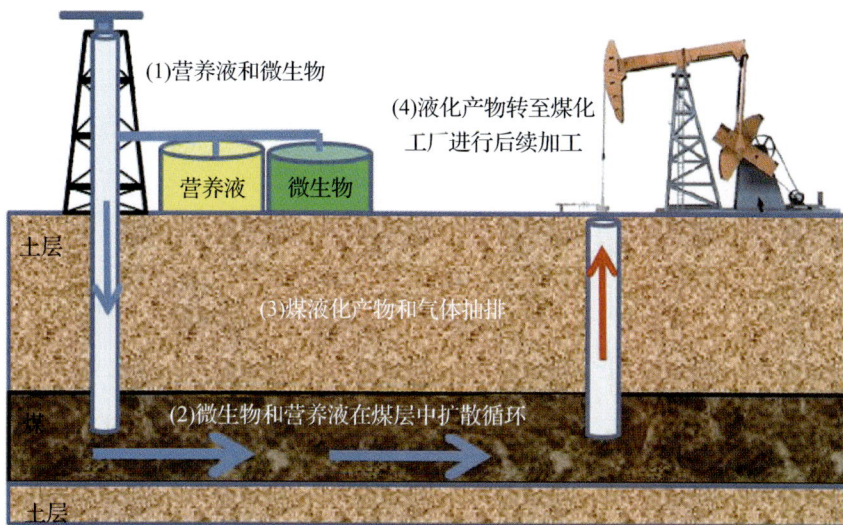

图 5-31　煤炭深部原位生物液化和气化技术构想示意图

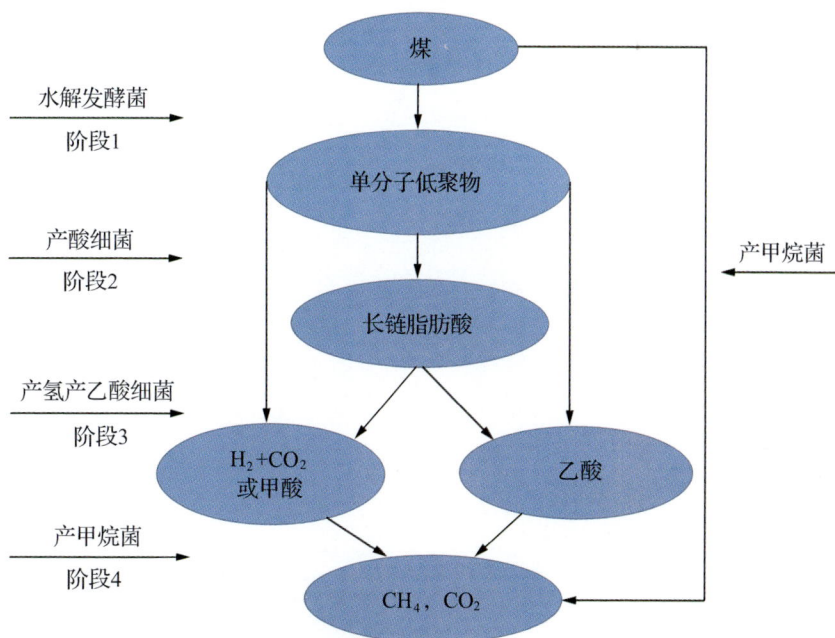

图 5-32　深部原位煤生物液化和气化反应机理图

4. 深部原位煤粉爆燃发电关键技术

深部原位煤粉爆燃发电实质上是运用脉冲爆震发动机的概念，采将超细煤粉直接喷射，并输入一定浓度比的瓦斯与空气混合物，采用等离子点火技术，实现深部原位煤粉爆燃发电，以代替传统的燃油/燃气发电机技术，如图 5-33 至图 5-35 所示。

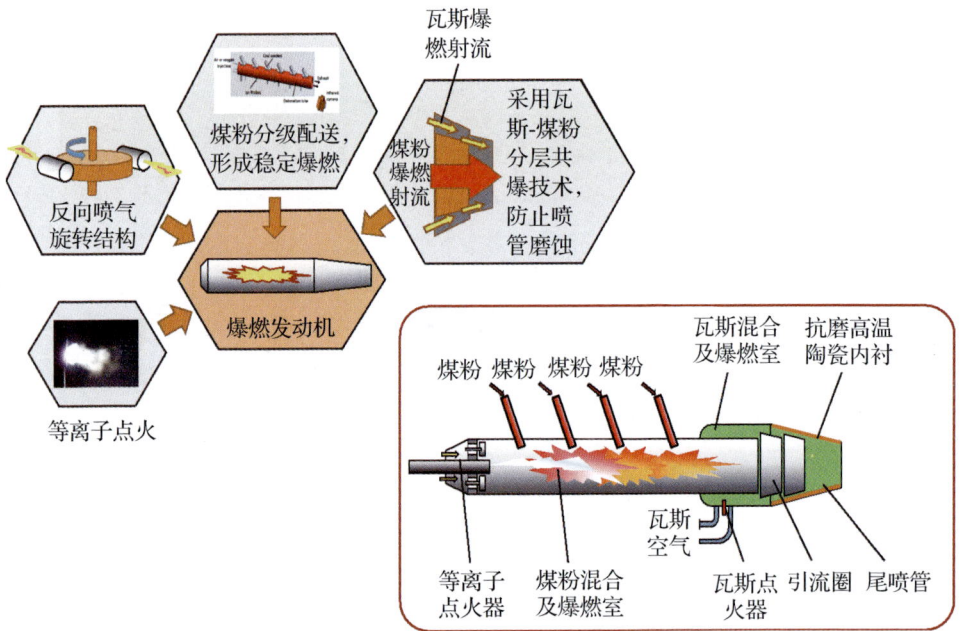

图 5-33　深部原位煤粉爆燃发电工艺流程示意图

图 5-34　深部原位爆燃发电机组示意图

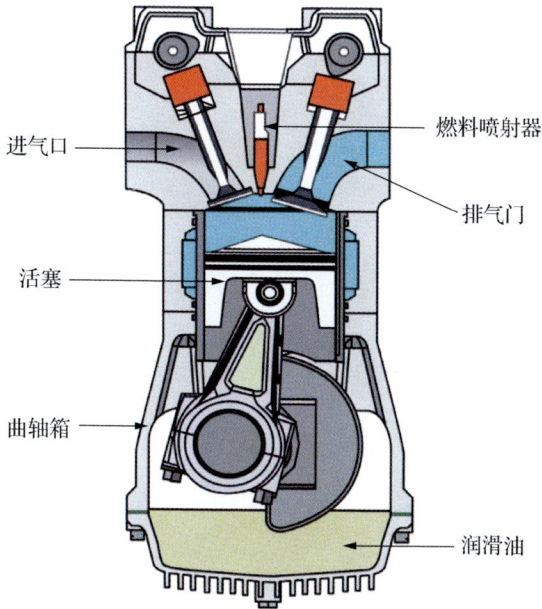

图 5-35　深部原位煤粉爆燃气缸示意图

1) 深部原位煤粉爆燃能量的稳定释放机理

探索深部原位煤粉爆燃化学热力学、化学动力学和传热传质机理，构建深部原位煤粉爆燃能量释放的物理化学模型，揭示深部原位煤粉爆燃能量稳定释放的控制机制。主要研究内容包括：深部原位煤粉爆燃焓及其影响因素；深部原位煤粉爆燃速率及其影响因素；深部原位煤粉爆燃传质传热物理模型；深部原位煤粉爆燃多场耦合机理；深部原位煤粉爆燃火焰及其影响因素；深部原位煤粉与瓦斯爆燃的协同效应。

2) 深部原位煤粉爆燃能量的高效转化机理

分析深部原位煤粉爆燃能量的构成，揭示深部原位煤粉爆燃能量的传递和高效转化机理，构建高效的深部原位能量转化机构。主要研究内容包括：深部原位煤粉爆燃能量的构成；深部原位煤粉爆燃动力循环机制；深部原位爆燃焓向射流动能转化机理；深部原位射流动能向机械能转化机构。

3) 深部原位模块化煤粉爆燃发动机

在对煤粉爆燃能量稳定释放和高效转化研究的基础上，构建深部原位模块化煤粉爆燃发动机。主要研究内容包括：深部原位煤粉爆燃着火机理及等离子点火技术；深部原位煤粉与瓦斯分层共爆防磨技术；深部原位煤粉爆燃结焦机理及控制技术；深部原位煤粉爆燃污染物生成及控制机理；深部原位模块化煤粉爆燃发动机样机。

5.4　煤炭深部原位流态化开采的战略路线

深部原位流态化开采颠覆了传统煤炭开采理念和技术体系，是新的资源及能源开采方式革命。煤炭资源流态化开采以流态化开采理论体系为基础，以智能化、无人化、流态化三大技术体系为支撑，研发相关技术装备，为实现井下无人作业、煤炭资源安全高效回采提供基础。

基于上述技术蓝图，提出"2025 基础研究、2035 技术攻关、2050 集成示范"的战略实施路线(图 5-36)。即：

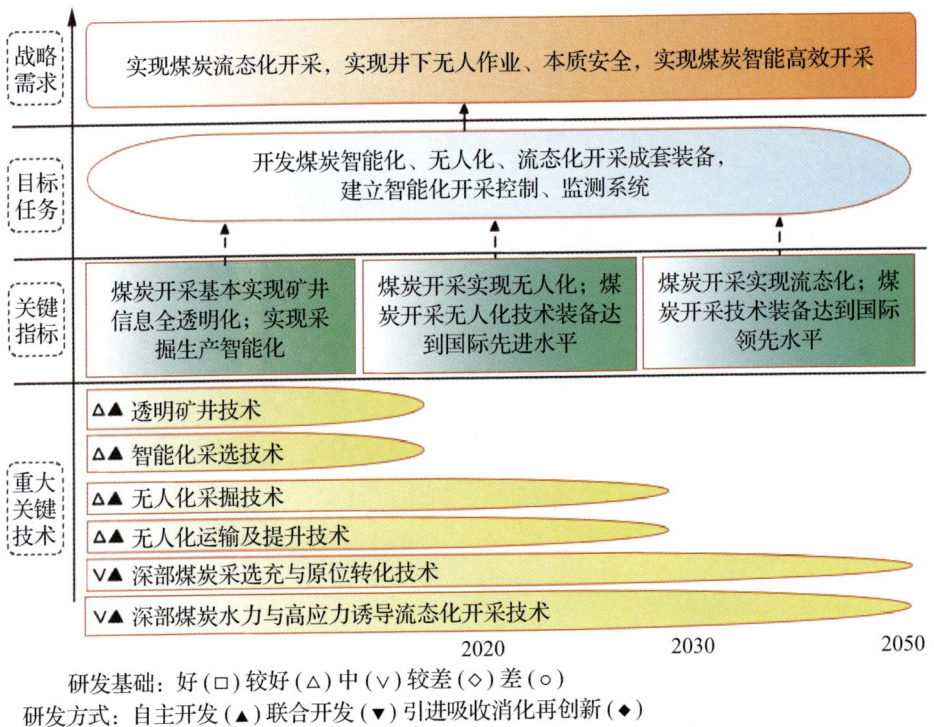

图 5-36　深部原位煤炭流态化开采发展路线图

1. 2025 年前深部原位流态化开采的基础理论、技术预研阶段

该阶段面向 2000m 以浅煤炭资源的开采，主要进行流态化开采前瞻性、基础性工作，通过地质保障、过程控制、井下发电、煤炭液化等技术的实现，完成超低生态损害的信息化、自动化开采，实现少人开采且达到天然气排放水平的目标。

2. 2025～2035 年深部原位流态化开采的技术突破、装备研发阶段

该阶段面向 3000m 以浅煤炭资源的流态化开采，致力于实现深部原位流态化开采，通过无人采掘、采-选-充一体化、燃爆发电、导控气化等技术的实现，完成近零生态损害的智能化、无人化开采，实现接近无人开采且接近清洁能源排放水平的目标。

3. 2035～2050 年流态化开采的技术集成及工业性示范阶段

该阶段面向 3000m 以深煤炭资源的开采，主要进行深部原位流态化开采技术的集成以及深部原位流态化采矿开拓与实施等工作，通过深部原位流态化开采技术集成、深部原位流态化采矿开拓布局、深部原位流态化全程控制等技术的实现，完成煤基多元协同与原位采用一体化能源系统及流态化开采，实现"地上无煤、井下无人"以及零排放、零损害纯清洁能源绿色环保开发的终极目标，实现深部煤炭资源开采的颠覆性变革。

煤炭深部原位流态化开采是深地科学研究的重要内容，是国家能源开发未来科技发展的战略储备技术。伴随着深地科学基本规律的探索和技术创新，必将把这一科学构想变为一个全新的、现实的开采技术体系，从而开辟新的采矿工业模式，实现深地矿产资源清洁高效、生态友好开发的目标。

第6章 煤炭革命国际化战略

清洁、安全、高效是世界各国煤炭产业发展的共同目标。面对日益严峻的生态环境、气候变化和水资源约束，以及清洁能源日益强劲的竞争压力，世界煤炭产业需要在新一轮能源革命中，通过自身的主动革命，才能有更长远的未来。我国煤炭革命的重心在国内，但需要通过国际化，充分利用"两个市场、两种资源"，更加有效地促进我国煤炭产业的转型升级；同时我国作为负责任的大国，也应该通过国际化，特别是通过"一带一路"建设发挥中国在世界煤炭产业中的引领带动作用，实现共赢发展。从我国煤炭产业市场竞争力看，部分优质动力煤在东北亚市场具备一定竞争优势；煤炭技术装备性价比高、产品线长、综合竞争力强；煤炭工程建设周期短、性价比高，专项服务能力突出；在技术装备、人才、管理、投融资等方面的全要素综合优势，有助于我国企业实施国际煤炭资源的开发利用。本章在上述分析基础上，结合对部分国家煤炭的相关需求预测，提出了我国煤炭革命国际化的战略目标，从煤炭贸易与物流、技术装备与工程服务、资源开发与转化、资本运营四个方面设计了煤炭革命国际化的战略路径，并提出相应的保障措施。可以说，我国作为在煤炭生产加工、转化利用、技术装备、资源综合利用等全产业领域均处于世界先进水平的最大的煤炭生产、消费国，我国煤炭的未来就是世界煤炭的未来。中国煤炭有能力参与国际竞争，也有责任通过煤炭革命为全球煤炭的未来做出更大的贡献。

6.1 煤炭革命国际化战略环境分析

6.1.1 国际煤炭发展环境

(1)国际能源供需格局总体呈现消费东移、生产西移态势，全球能源结构面临转型，煤炭需求增速急剧放缓。

　　世界能源需求重心持续向新兴经济体转移。虽然近两年来中国、印度等一批新兴经济体的经济增长速度有所减缓，但其人均国内生产总值的增长和中产阶层的形成对全球能源需求的东移形成刚性推动。据国际能源署《世界能源展望 2016》预测，至 2040 年时全球能源需求将增加 30%，其大部分增量来自非经合组织的亚洲国家，如印度、中国及东南亚国家。非常规油气勘探开发技术在北美取得突破；美国页岩油气、墨西哥湾深海油气、加拿大油砂、委内瑞拉重油；以及巴西的深海油气成为油气储量及产量新增长点；西半球的美洲国家正逐步成为全球油气勘探开发的新兴热点区域。世界油气生产"西移"势明显，已逐步形成中东、中亚、非洲、美洲多极供应格局。

　　另外，国际能源署、美国能源署、BP 公司等机构一致认为，未来数十年内，化石能源仍将是世界经济发展的主导能源，但全球能源体系将发生重大变化，其中可再生能源和天然气将成为满足能源需求的"主力军"，而对煤炭的需求急剧放缓，比重降低。如国际能源署《世界能源展望 2016》认为，虽然煤炭需求仍将继续增长，但未来的增长速度将大大放缓，预计将保持在每年 0.2%的增长平均值。《BP 世界能源展望 2017》也认为煤炭的增速将由过去 20 年间年均增幅 2.7%急剧放缓至年均增幅 0.2%，全球煤炭消费量将在 2025 年左右达到峰值。

　　(2)新一轮能源技术革命孕育兴起，新的能源科技成果不断涌现，正在并将持续改变世界能源格局，煤炭产业发展挑战与机遇并存。

　　种种迹象表明，当今世界正处于新一轮能源革命的起步期，能源技术创新高度活跃，新兴能源技术正以前所未有的速度加快发展，对世界能源格局和经济发展将产生重大而深远的影响；绿色低碳是能源技术创新的主要方向，集中在传统化石能源清洁高效利用、新能源大规模开发利用、核能安全利用、能源互联网和大规模储能技术以及先进能源装备及关键材料等重点领域；世界主要国家均把能源技术视为新一轮科技革命和产业革命的突破口，制定各种政策措施抢占发展制高点，增强国家竞争力和保持领先地位。

对我国煤炭产业发展而言，新一轮的能源技术革命既是一次促进产业发展的重大机遇，也给产业发展空间带来严峻挑战。一方面，传统化石能源清洁高效利用技术特别是新型煤化工技术的开发，如中国科学院大连化学物理研究所研制的新型煤制烯烃技术解决了传统技术高耗能和高耗水问题，进一步拓展了煤炭可持续发展之路；能源互联网和大规模储能技术的突破能够扩大二次能源的利用范围和利用总量，有利于发挥煤炭转化为电能的相对经济优势，在污染物和碳排放允许的情况下，可进一步扩大煤炭的利用空间。另一方面，可再生能源、非常规油气等技术开始规模化应用，分布式能源、第四代核电等技术进入市场导入期，新能源材料等技术有望取得重大突破，煤炭替代品的来源范围在扩大、供应能力在增强，煤炭的应用市场受到严峻挑战。

(3) 主要产煤国支持煤炭开采业发展，全球煤炭供应充足，预计供大于求局面仍将持续较长一段时间。

虽然全球煤炭整体需求迅速放缓，但主要煤炭生产国依旧支持煤炭开采业发展，如：澳大利亚政府鼓励煤炭产业发展，产能继续释放，出口可能持续增加；印度尼西亚同样产能充足，出口虽受本国出口政策影响，但仍有进一步增加的可能；俄罗斯、南非等国扶持煤炭开采业的发展，国内产量和出口量都可能进一步增加；印度鼓励煤炭产业发展，国内产量和进口量可能进一步增加。美国作为世界第二大产煤国，特朗普政府不再延续奥巴马政府的气候政策，推行美国能源独立，将重振煤炭行业。在此背景下，预测在今后较长一段时间内，全球煤炭供应充足、未来总产能呈上升趋势。主要产煤国煤炭产业政策见表 6-1。

表 6-1　主要产煤国煤炭产业政策

国别	当前主要煤炭产业政策及影响
澳大利亚	自世界煤炭市场进入低迷下行期，暂停碳税，并计划废止矿产资源租赁税，利于减轻企业负担，促进煤炭产业发展
印度尼西亚	鼓励煤炭产业发展，计划提高国内煤炭利用比重；在当前低迷市场环境下，延期提高资源税；虽计划减少煤炭出口，但暂时推迟执行出口许可证，减轻企业负担

续表

国别	当前主要煤炭产业政策及影响
俄罗斯	鼓励煤炭产业发展，《2030 年前俄罗斯能源战略》提出进行国内煤炭产业结构调整和技术升级，提出增加煤炭产量、需求量和出口量计划
印度	鼓励煤炭产业的发展，计划增加煤炭消费和煤炭产量
南非	鼓励煤炭产业发展，强调煤炭在本国能源消费中的重要地位；鼓励通过先进技术减少环境影响
美国	特朗普政府不再延续奥巴马政府时期的清洁电力计划政策，解除政府在能源领域不必要的监管措施，力图重振煤炭行业

来源：神华研究院根据相关政策整理

（4）主要煤炭出口国出口增加，煤炭成本和煤质优势明显，未来中国进口量仍将维持高位。

澳大利亚、印度尼西亚等主要煤炭出口国，在支持煤炭开采业发展的同时，扩大出口、增长迅速；在国内煤炭需求受挤压的情况下，美国煤炭出口也在进一步增加。主要煤炭出口国出口情况见表 6-2。

表 6-2　全球主要煤炭出口国出口情况

煤炭出口国	2005 年			2010 年			2014 年		
	生产量	出口量	出口占比/%	生产量	出口量	出口占比/%	生产量	出口量	出口占比/%
澳大利亚	201.6	150.34	74.57	246.6	190.14	77.10	285.4	242.71	85.04
印度尼西亚	98.2	75.05	76.43	186.3	155.85	83.66	272.3	246.92	90.68
南非	138.4	46.43	33.55	143.9	42.83	29.76	147.5	45.58	30.90
美国	565.3	8.78	1.55	531.8	36.80	6.92	485.0	50.83	10.48

来源：《中国能源统计年鉴 2016》，煤炭生产及出口单位为百万吨标准油

中国自 2009 年成为煤炭净进口国以来，每年的净进口量一直维持2 亿 t 左右的高位。印度尼西亚和澳大利亚是中国主要的煤炭进口国，两者进口总量占中国煤炭进口总量的 70%左右。与中国煤炭相比，澳大利亚煤炭质量较好(硫分和灰分低)，发热量高，印度尼西亚煤炭热值虽然不高，但多为低灰、低硫质煤。两国煤炭开采条件好，以露天开采为主(澳大利亚露天开采占 77%，印度尼西亚几乎都是露天开采)，再加上

印度尼西亚劳动力低廉，因此两国煤炭开采效率高、成本低。而且两国煤矿距离港口相对较近，加上当前海运费用低，具有明显的成本和煤质优势，竞争优势明显。目前，进口煤的竞争优势依然存在，预计中国煤炭进口量将在较长时期内徘徊在 2 亿 t 左右的高位。

6.1.2 "一带一路"国家煤炭市场环境及需求预测

1. 相关国家区域市场环境

1) 政治环境

国际煤炭产业合作很大程度上受制于政治环境。从整体而言，研究范围内相关国家多数保持相对稳定的政治环境，从而为外资进入及双边、多边贸易提供了良好的外部条件。其中，澳大利亚民主政治深入人心，联邦政府与地方政府权责明确，对外来投资者一直保持着较高的吸引力；俄罗斯、哈萨克斯坦、乌兹别克斯坦三国主要依靠政治精英对国家进行强力控制，虽然政权能够保持长期稳定，但存在因权力过渡而发生政治动荡的潜在风险；越南、印度尼西亚两国均处于政治深化转型时期，外来投资者易卷入不必要的政治纠纷中；印度在错综复杂的社会结构背景下，基本保证了政治制度的稳定与连续，该国于 2015 年 5 月发生政府更迭且被内、外界普遍看好，政治环境稳定性较好；蒙古则缺乏政治的连续性，存在不确定性。在研究目标国中，乌克兰的政治环境稳定性最差。该国政党政治发展水平低下，社会动荡，东部持续武装冲突，停火进程曲折，国际势力多有涉入，无法保证政治稳定，投资及贸易合作均存在较高风险。除稳定性外，低效问题也是应优先关注的政治问题，"一带一路"沿线大多数国家均不同程度地存在此问题。根据透明国际发布的《2014 年腐败感知指数报告》，相关国家中只有澳大利亚排名靠前(11 位)，其余排名都在 80 位之后。世界银行给出的 2014 年政府机构效率性指数排名中，9 个国家里除澳大利亚排名 18 位之外，其余皆在百名开外。特别是部分国家矿业行政管理混乱，政策法规多变，审批程序复杂，税费复杂繁多，权力寻租现象屡禁不止，给外资企业投资造成困扰。

　　2) 经济环境

　　"一带一路"沿线大部分国家经济发展水平偏低,具有较大的发展空间,有利于我国煤炭企业寻找商业机会,并带动当地经济发展。就经济体量而言,相关国家多为世界重要经济体。以 2014 年为例,印度(9)、俄罗斯(10)、澳大利亚(12)、印度尼西亚(16)均居于全球 GDP 前 20 名之内。2008 年金融危机之后,各国的经济发展虽有起伏,但多数国家增速正增长趋势保持不变。经济发展是以能源为基础的,经济发展空间大,势必带来能源需求增大。从各国基础设施发展规划来看,除澳大利亚外,在近 5~10 年中,均有大量发展交通等基础设施的计划,处于能源消耗高速增长阶段。这一阶段,对煤炭以及电力的需求将出现爆发式增长。而在研究目标国中,多数国家不仅以火力发电为主,更存在电力供不应求的情况,尤其以印度尼西亚、印度、蒙古较为突出。对于发展中国家,基础设施严重滞后、物流成本高是制约其发展的最大瓶颈之一。在研究目标国中,同样是印度尼西亚、印度、蒙古该问题都较为严重。另外,有限的金融环境也在制约煤炭产业协同发展,货币兑换障碍、汇率不稳、融资困难等不利条件,都是阻碍煤炭产业国际合作的重要经济障碍。

　　3) 社会环境

　　"一带一路"沿线多是新兴经济体和发展中国家,总人口约 44 亿,占世界人口的 60%以上,人口红利巨大。从世界银行 2014 年统计的人口数据来看,10 个研究目标国中,印度、印度尼西亚、俄罗斯人口均在 1 亿以上,越南人口接近 1 亿。除俄罗斯、乌克兰外,其余 7 个国家的人口增长率都超过 1%。其中:澳大利亚劳动力资源质量较好;印度、印度尼西亚劳动力丰富、用工成本低;乌兹别克斯坦、哈萨克斯坦劳动效率较低,劳动力素质有待提高;蒙古、哈萨克斯坦、越南最大的问题是缺乏专业技术岗位劳动力;俄罗斯和乌克兰人口增长较慢,劳动力后续问题堪忧。2008 年俄罗斯劳动力增长率仅为-0.04%,2014 年恢复至

0.21%（全球平均人口增长率为 1.2%）。由于国家动荡、经济环境不稳等影响，乌克兰的人口增长率近 10 年一直处于负增长状态，人口逐渐减少，但失业率较高，达 9.7%。

4）技术环境

在煤炭领域，我国的技术能力已基本达到世界领先水平，部分已占据技术优势地位，具备以技术合作为切入点，进行技术输出的能力。虽然研究目标国都有着较为丰富的煤炭资源，但其中大多数国家采矿业的技术方法、手段落后，综采综掘技术普及率低，矿井综合自动化程度较低，采矿技术亟待提升。很多国家因火力发电带来了空气污染问题，也十分关注煤炭转化利用发电方面的先进技术，特别是印度、印度尼西亚与越南在此方面的需求空间更大。

5）环境保护政策

由于煤炭行业面临来自国际社会的减排压力，随之而产生的环境保护法律法规较多，且力度不断加大。各研究目标国均有专门监督执行环境保护政策的国家级环境主管部门和有针对性的环境保护政策，并有大量针对煤炭产业的限制性政策。各国经济发展水平不同，环境制度设计也有所差异，利益诉求也呈现多元化态势，但针对煤炭开发所带来的环境问题，主要都集中在以下几方面：首先是矿地恢复问题，这是各国煤炭开发环境保护比较集中的一点。如澳大利亚政府即要求开矿前要考虑到采矿对周围动植物和人居的影响，还要求制定矿山开采后的治理计划，即废矿地的"恢复"计划，采矿主在开矿前必须缴纳废矿的成本；蒙古对开采过的矿区要求恢复原地貌，实行环保抵押金制度，要求相当于实施环保措施所需年度预算资金的 50%作为抵押金。其次是水资源污染问题。如印度尼西亚政府对道路河流污染以及采矿时的酸性矿井水做出规定，运煤船只允许在一日的规定时间内通过主要河流干道，开矿前必须确立酸性矿井水的处理方式并上报给环境主管部门，哈萨克斯坦、越南、澳大利亚等国也均有类似规定。最后是空气污染物排放问题，其中以澳大利亚对此要求最为严格。

2. 相关国家煤炭供需预测

重点研究的十个国家中，印度、澳大利亚、印度尼西亚未来一段时间产能有 2 亿 t/a 以上增长空间，潜力很大，属于快速增长型；越南、哈萨克斯坦、巴基斯坦有一定增长空间，属于缓慢增长型；俄罗斯、蒙古、乌克兰、乌兹别克斯坦现有产能基本满足未来需求，基本没有增长空间，以稳定发展为主，属于稳定发展型。

1) 快速增长型

A.印度

2015 年煤炭产量 6.9 亿 t；消费 9.1 亿 t，占全球的 10.5%，首次超过美国(10.3%)，成为继中国(50%)之后的世界第二大煤炭消费国，煤炭占一次能源消费的 56.5%，远高于原油(28.3%)和天然气(7.1%)；从澳大利亚进口焦煤、从南非和印度尼西亚进口动力煤共计 2.1 亿 t，创历史新高，超过中国(2.04 亿 t)、日本(1.9 亿 t)、韩国(1.4 亿 t)，成为全球最大煤炭进口国。

印度目前在建煤电项目 77GW，预计 2020 年将投入运营，新增煤炭需求 1.5 亿 t，与 IEA 的 *World Energy Outlook 2015* 预测 2020 年煤炭消费量 10.6 亿 t 基本一致(表 6-3)。

表 6-3　印度煤炭需求预测　　　　　　　　(单位：亿 t)

国家	2000 年	2015 年	2020 年	2025 年	2030 年
印度	3.3	9.1	10.6	12.6	15.3

注：2020～2030 年消费量来自 IEA 的 *World Energy Outlook 2015*，按 4500 大卡折算(1 大卡≈4.18kJ)

印度总理莫迪 2014 年 5 月就任后，一直努力推动煤电发展，希望 2020 年国内煤炭产量达到 15 亿 t。考虑印度相对落后的煤炭工业体系，剩下可供露天开采的资源不多，缺乏井工开采经验、技术装备和人才，五年产量倍增计划难以实现。印度煤炭和电力部长 Piyush Goyal 2016 年 4 月表示，可能需要 2～3 年时间，寻找新的煤炭储量以减少进口依赖。

B.澳大利亚

2015 年煤炭产量 5.5 亿 t；消费量 1.95 亿 t，85%用于发电，其次为钢铁工业，煤炭占一次能源的 35.6%，仅次于原油的 37%，高于天然气的 21.4%；出口煤炭 3.89 亿 t，其中动力煤 2.02 亿 t、炼焦煤 1.87 亿 t，澳大利亚炼焦煤出口占全世界炼焦煤出口总量的一半以上。

澳大利亚 70%的煤炭用于出口，国内煤炭需求基本饱和，产量新增空间在国外，短期看，印度、越南、日本、韩国等南亚和东亚市场有一定增长，但增幅不大，预计 2025 年产量在 6.5 亿 t 左右，比 2015 年增加 1 亿 t，但有一定不确定性。

C.印度尼西亚

2015 年煤炭产量 4.7 亿 t；消费量 9100 万 t，煤炭、石油、天然气、水能和其他可再生能源分别占一次能源消费的 34.8%、42.3%、19.7%、1.9%和 1.3%，发电用煤占煤炭消费量的一半；出口量 3.8 亿 t，占全球煤炭贸易量的比重超过 1/3，70%销往亚洲的中国、印度、韩国、日本。

印度尼西亚国内能源需求不断增加，政府计划增加煤炭消费比重，并重点发展燃煤发电，煤炭需求将快速增加，将取代石油成为印度尼西亚最重要的化石燃料。IEA2013 年发布的《东南亚能源展望》预测印度尼西亚 2035 年煤炭产量 5.8 亿 t，每年约有 550 万 t 增长。由于印度尼西亚煤炭储采比低，是否有足够的资源或按时完成勘查，将影响印度尼西亚煤炭产业发展。

2) 缓慢增长型

A.越南

2015 年煤炭产量 23.3Mtoe，消费量 22.2Mtoe，主要耗煤部门为电力、水泥、化肥、纸制品和其他，分别占比 34%、13%、2.4%、1.1%和49%；进口 696 万 t，出口 170 万 t。越南探明煤炭开采储量为 1.5 亿 t，资源短缺。

1986 年越南开始改革开放，经济快速发展带来煤炭需求增长，2015年已由煤炭净出口国转变为净进口国，见表 6-4。随着越南改革开放的深入和大批底端加工制造业从中国转移到越南，其煤炭消费量仍将快速增长，按 2005～2015 年 9.4%的年均增长率测算，2022 年消费量 6600 万 t。

表 6-4　越南近年煤炭生产消费表　　　（单位：Mtoe）

项目	2005 年	2010 年	2011 年	2012 年	2013 年	2014 年	2015 年
产量	19.1	25.1	26.1	23.6	23	23.4	23.3
消费量	9	14	16.5	15	15.8	19.3	22.2

据伍德麦肯兹预测，2022 年越南产量将达到 5000 万 t。由于煤炭资源有限、开采条件差导致越南煤炭竞争力不强，新增需求一部分靠自身提高产量，另一部分靠进口，预计 2022 年净进口 1600 万 t。

B.哈萨克斯坦

2015 年煤炭产量 1.1 亿 t，露天矿煤炭产量比重达 85%以上。消费量 7800 万 t，煤炭在一次能源中占比超过 60%，78%的电力和 100%的焦化生产和居民公共事业依靠煤炭，煤炭工业一直是哈萨克斯坦能源系统中的支柱产业，2015 年出口煤炭 2920 万 t，2015 年进口 311.6 万 t。

为了保证对硬质燃料的迫切需求，哈萨克斯坦政府编制了 2020 煤炭发展方案，预计 2020 年煤炭产量 14560 万 t，其中焦煤 2430 万 t，动力煤 12130 万 t。

C.巴基斯坦

2015 年煤炭产量 322 万 t；消费量 811 万 t，主要用在水泥、制砖、制糖、生产无烟煤饼和发电，燃油和燃气发电在电力结构中占 65%，煤电仅占 0.04%；进口量 400 万 t，主要来自印度尼西亚、澳大利亚、南非和俄罗斯。

巴基斯坦《商业记事报》2016 年 2 月 25 日报道，巴基斯坦国会航运委员会预测，未来四五年内巴进口煤炭需求将达 2000 万 t，较目前增长 4 倍，进口煤炭需求的增加主要来自于正在建设的燃煤电站，其中部分电站属于中巴经济走廊项目。目前巴燃煤发电仅占其发电量的 0.04%，远低于 41%的世界平均水平，谢里夫政府计划兴建至少 10 个燃煤电站，总装机容量达 600 万 kW，预计煤炭需求 3600 万 t 左右。

3) 稳定发展型

A. 俄罗斯

2000 年以来，俄罗斯煤炭产量进入缓慢增长期，年均增长率只有 3%。2015 年煤炭产量 3.7 亿 t，消费量 2.2 亿 t。俄罗斯能源以油气为主，煤炭占一次能源的 12.5%；出口 1.50 亿 t。主要销往欧洲的英国、德国、波兰、拉脱维亚、荷兰、乌克兰，在亚洲的韩国、日本、中国、土耳其也有较大市场。俄罗斯大部分矿区位于开发程度低的高寒地区，生产及运输成本高影响了向亚太地区出口。

根据 IEA 预测，2030 年前，俄罗斯煤炭消费量稳定在 2.1 亿～2.3 亿 t，基本没有增长空间 (表 6-5)。俄罗斯煤炭的欧洲市场受新能源挤压整体需求可能萎缩；受煤炭生产成本拖累和运力制约，亚太地区俄罗斯煤炭与澳大利亚、印度尼西亚竞争处于劣势，难以大幅度增加。考虑欧洲市场减量因素，预测俄罗斯煤炭出口增量有限。预测 2020～2030 年保持在 3.7 亿～4 亿 t。

表 6-5　俄罗斯煤炭需求预测　　　　　　　（单位：亿 t）

项目	2000 年	2015 年	2020 年	2025 年	2030 年
需求量	2.4	2.2	2.1	2.3	2.3

注：2020～2030 年数据来自 *World Energy Outlook 2015*，IEA

B. 蒙古

2015 年蒙古产量 2444 万 t；消费量 1000 万 t；出口 1447 万 t，其中 90%为炼焦煤，均流向中国。截至 2016 年 5 月底，蒙古火电装机 1174MW，基数很小。蒙古政府力推"戈壁地区可再生能源项目"，希望 2020 年可再生能源占 20%～25%。由此可见未来可再生能源是蒙古电力发展的重点，煤电增长空间很有限。2014 年，蒙古总统提出将进一步扩大煤炭开采和出口，计划在未来 20 年内向中国出口煤炭 10 亿 t，平均每年出口达 5000 万 t。但蒙古政策调整过于频繁，实现上述目标存在很大不确定性。

　　蒙古地处内陆深处，与蒙古毗邻的俄罗斯、哈萨克斯坦煤炭、油气资源丰富，都是煤炭净出口国，中国是蒙古煤炭的唯一出口国，特别是向中国出口炼焦煤。由于蒙古煤炭开采成本低，吨焦精煤成本仅 20 美元左右，正在开采和出口的煤矿均位于南戈壁，距离中国最近的仅 50km，略远的也只有 260km，竞争力强，预计蒙古煤炭出口量有一定增长空间，塔本陶勒盖煤矿通往内蒙古甘其毛都的铁路通车后，蒙古煤炭出口更加便捷。

　　C.乌克兰

　　2015 年煤炭产量 4115 万 t，由于武装冲突同比下降 36.7%，只有历史峰值 2012 年 9500 万 t 的 43.3%；消费量 5200 万 t，比 2014 年下降 2100 万 t，煤炭主要用于炼焦和发电，占一次能源的 33%；2015 年进口 3200 万 t，乌克兰是煤炭净进口国，进口煤主要来自美国、南非、俄罗斯和哈萨克斯坦等。

　　乌克兰煤层埋藏深、厚度薄(0.6～1.5m)，开采成本高，国有煤矿需要国家补贴才能生存，政府新的能源独立政策计划在 2015～2019 年关停 32 座亏损的国有煤矿，2020 年前计划完全停止煤炭开采的预算补贴，提高现有企业的效率和资产私有化程度。该国煤炭缺乏竞争力，国家停止补贴后煤炭行业更加艰难，预计煤炭产量呈下降趋势。

　　D.乌兹别克斯坦

　　2015 年煤炭产量 440 万 t；消费量 440 万 t，主要用于发电，一次能源以天然气为主，占 85.6%，石油和煤炭各占 5.9% 和 3.9%，水电占比 4.6%；乌兹别克斯坦限制煤炭出口，优先满足国内市场。

　　为解决因天然气出口增加而带来的国内天然气短缺问题，降低天然气在发电结构中的比例，乌政府制定规划提高煤炭使用量，但考虑该国资源十分有限，产量增长空间不大，且消费基数仅有 440 万 t，新增需求可通过进口解决。

3. 相关国家其他煤炭相关需求预测

煤炭增长空间大，就意味着有更多的投资、煤矿服务机会，煤炭对应上述三类增长类型，地质勘探、矿井建设、煤矿装备、运行维护、转化和资金等其他相关需求也可划分为相关需求增长空间大、需求增长空间较大和需求增长空间小三种类型。

1) 需求增长空间大的国家

A.印度

根据 IEA 预测，2025 年前印度煤炭产量需要增加 5.7 亿 t，按目前世界主要产煤国 82%的能源利用率，需新增产能 7 亿 t/a，加上衰老报废煤矿，新增产能还要上升，印度煤炭市场前景广阔，主要表现在以下方面：

(1)印度新建煤矿量巨大，是全球不可多得的机遇，目前正大力发展大型露天煤矿，我国电铲、卡车、皮带等存在一定市场空间。

(2)印度适合露天开采的资源减少，下一步重点是向矿井转移，在地质勘探、煤矿设计、矿井建设、煤矿装备、煤矿运行维护等方面有大量需求，印度矿井开发方面能力缺乏，而我国世界领先，大有可为。

(3)我国放顶煤技术世界领先，相关技术装备 2006 年就出口到俄罗斯，借助印度井工矿开发，我国可以实现放顶煤技术出口。

(4)印度存在"东煤西运"问题，运输距离 700km 左右，煤炭有洗选需求，因此我国成熟的煤炭洗选技术及装备有一定市场。

(5)印度正积极推动现代化，有巨大资金需求，协助贷款、带资等方式是加快我国煤矿技术装备扩大印度市场份额的重要手段。

B.澳大利亚

截止 2015 年年底，澳大利亚在建、处于前期阶段的煤矿项目近 80 个，全部位于昆士兰和新南威尔士州，总产能超过 5 亿 t/a。据绿色和平组织资料，部分在建煤矿将在 2020 年前投产，新增产能约 2 亿 t/a，有以下需求：

(1)澳大利亚是理想的煤炭投资国，尽管当前全球煤炭市场相对低迷，但仍可以考虑对澳大利亚优质煤炭资源进行战略性投资。

(2)澳大利亚 2 亿 t/a 建设规模，按现有煤矿平均能力估算在建煤矿约 40 处，相关技术装备需求量较大。

(3)出售煤矿，部分跨国大型煤炭企业集团不看好煤炭未来，近几年一直在加大退出力度。

C.印度尼西亚

印度尼西亚电力短缺，政府制定了 2020 年全国 90%家庭可以用上电的目标，鼓励减少使用价格较高的燃油，多使用丰富且便宜的煤炭发电。为了应对燃煤发电增长的需要，印度尼西亚将加大煤矿建设力度。据伍德麦肯兹 2014 年资料，印度尼西亚计划建设煤矿 32 座，正在规划 6 座，预计到 2020 年，产能达到 6 亿 t/a，比 2015 年增加 1.9 亿 t/a，增量较大(图 6-1)。预测有以下需求：

(1)印度尼西亚煤炭储采比低，后续资源不足，地质勘探需求较强。

(2)印度尼西亚是处于快速发展的新兴国家，建设资金短缺。

(3)降雨量充沛、雨季长、每层围岩松软等特征决定印度尼西亚煤矿以露天开采为主，我国露天煤矿设计、运维等有一定市场，卡车、皮带、中小型电铲等有一定出口空间。

(4)印度尼西亚电力短缺，我国企业开发煤矿的同时，应重点考虑加强煤炭的就地转化，大力发展煤电一体化项目，以降低项目投资风险。

图 6-1　印度尼西亚煤炭产能预测

2)需求增长空间较大的国家

A.越南

据伍德麦肯兹预测，越南计划建设 1 座、规划建设 13 座煤矿，预计 2022 年产能达到 5909 万 t/a，比 2015 年增加 2184 万 t/a，见图 6-2，有 3 个方面的需求：

(1)越南探明资源量少，新建煤矿 14 座，在勘探、设计、装备等方面有一定需求，可通过工程承包，重点输出技术和装备。

(2)越南煤炭开采以露天开采为主，井工煤矿生产规模较小，现有煤矿技术装备落后，大多数煤矿采用炮采和普采，为增加煤炭产量，有技术改造需求。

(3)2015 年我国向越南出口煤炭 105 万 t，95.2%是无烟煤，可利用我国无烟煤资源优势和与越南接壤的便捷地理优势，加大与越南的煤炭贸易合作，提高煤炭出口量。

图 6-2　越南煤炭产能预测

B.哈萨克斯坦

哈萨克斯坦作为"丝绸之路经济带"的核心区域，也是中国通往中亚的"第一站"，发展双边贸易和经济技术合作有很大潜力。按照哈萨克斯坦政府制定的煤炭发展方案，2020 年煤炭产量 14560 万 t，比 2015

年增加 3600 万 t，大部分通过现有煤矿扩能改造即可实现增产，新增产能空间不大，有以下需求：

(1)哈萨克斯坦煤矿普遍存在着设备严重老化问题，需要进行彻底的更新改造，对露天矿装备有一定需求。

(2)中哈两国地质构造和成矿条件极为相似，煤炭资源互补性很强，可以在风险勘探、煤炭开发、煤炭深加工、设备和产能输出等方面开展广泛合作。

(3)2014 年年底国务院总理李克强访问哈萨克斯坦期间，中国国家电网有限公司与哈萨克斯坦 SK 基金公司签署了战略合作协议，同意共同推进中哈电网互联互通，积极研究在哈萨克斯坦建设大型煤电和可再生能源基地的可能性，利用中国国家电网公司在特高压输电等方面的先进技术，实现从哈萨克斯坦向中国和其他国家输送电能。

(4)若全球能源互联网能够如期推进，哈萨克斯坦在煤矿、燃煤电厂、特高压输电线路的建设等方面也有需求。

C.巴基斯坦

巴基斯坦贫油少气，却大比例依靠油气来发电，电力结构严重不合理，电力供应严重短缺。巴基斯坦政府一直在推进塔尔煤田的开发，从中国金融机构成功融资后，项目建设正在进行中。塔尔煤田划分为 13 个区块，一区块由天地科技股份有限公司和上海电气集团股份有限公司共同开发，露天矿 780 万 t，配套建设 2×66 万 kW 电厂；二区块由中国机械进出口(集团)有限公司和巴基斯坦安格鲁集团合作开发，露天矿 380 万 t，配套建设 2×30 万 kW 电厂，2014 年开工以来，已剥离 2000 万 t。需求主要包括：

(1)工程设计咨询，未来四五年，巴基斯坦主要开发塔尔煤田一、二区块，有煤矿、电厂等设计咨询需求。

(2)技术装备需求，我国煤矿、电厂成套装备成熟稳定，具备性价比优势，可规模化进入巴基斯坦市场。

(3)煤矿运行维护需求，发挥国内企业煤矿托管经验，以专业化管理团队开展煤矿运行维护服务。

3) 需求增长空间小的国家

A. 俄罗斯

2014 年俄罗斯煤矿综合机械化率 97%，但是经营管理水平落后，固定资产损耗过度，需要引进现代化的技术设备以及高效的煤炭开采工艺。俄罗斯公路、铁路、港口、电力等基础设施老旧、维护状态较差，制约了俄罗斯的煤炭开发。煤炭资源富集的西伯利亚通往东部口岸的铁路运力已经饱和，远东地区铁路密度低，导致俄罗斯东部港口不饱和，且港口收费明显高于其他国港口，也是影响俄罗斯煤炭出口竞争力的因素之一。预测有以下需求：

(1) 石油价格下跌后，俄罗斯经济出现困难，有资金需求。俄罗斯开发其远东煤炭需要大规模的投资，而我国具有资金方面的优势，我国东北地区与俄远东地区的区位优势也将日益突显，这为两国合作共同打造东北亚经济圈、中俄东部地区一体化经济圈提供了机遇。

(2) 俄罗斯新增煤矿建设空间有限，有部分接续煤矿建设和远东地区的现有煤矿改扩建，有一定的设计、咨询需求；俄罗斯远东地区还拥有丰富的水资源，可大力发展煤电一体化项目，变输煤为输电，实现两国企业新的合作。

(3) 俄罗斯人口负增长，劳动力短缺，而我国成熟的煤炭产业工人过剩，可通过成建制走出去运维煤矿。

(4) 俄罗斯煤矿装备陈旧，为我国煤机装备企业和煤矿工程服务企业"走出去"提供了空间，但俄罗斯习惯用自己的装备和引进部分欧美高端装备，我国装备规模化进入俄罗斯有一定难度，需生产性价比高、技术先进、故障率低的装备才能参与竞争。

B. 蒙古

蒙古 2014 年煤炭产能 5000 万 t/a，大规模新开工煤矿空间不大，且基本以露天开采为主，我国在露天开采技术装备方面优势不明显，目前这种以蒙古企业和跨国企业为主的开发模式不利于我国技术装备走出去。我国到甘其毛都、策克口岸的铁路均已建成，中国一侧规模化外运条件具备，待蒙古资源开发权特别是 TT 煤田的开发权落定后，蒙古一侧铁路建成，蒙古煤炭开发有望迎来加速发展，有以下需求：

(1)资金短缺，蒙古经济困难，有意加大煤炭开发发展经济，有资金需求。蒙古煤炭开采技术设备、基础设施均较为落后，在投资方式上，可以考虑技术和装备输出，煤矿建设与火电、钢铁等下游产业配套，同时考虑蒙古运输条件差，大型煤矿投资必须与基础设施建设相结合。

(2)鉴于蒙古赋存有丰富的炼焦煤资源，开采成本低、竞争力强，对外资是有吸引力的，通过我国企业到蒙古参股、控股开发煤矿，以资源开发能够带动勘查设计与咨询、煤矿建设承包、煤矿装备输出。

(3)蒙古洗选设备匮乏导致外运煤炭洗选率低，从增加效益角度看，有洗选需求，特别是节能、节水、高效率的洗选技术及装备有市场空间。

(4)炼焦煤洗选时粉煤、煤泥产生量大，热值高，有就近建设坑口电厂的需求。

C.乌克兰

乌克兰煤炭资源埋藏深，煤层薄，开采成本高，大部分国有煤矿需要补贴才能生存，政府计划 2020 年前完全停止煤炭开采的预算补贴，提高现有企业的效率和资产私有化程度。乌克兰煤矿生产能力利用率很低，通过提高利用率就能提高产量，相关需求不大。

D.乌兹别克斯坦

乌兹别克斯坦煤炭资源匮乏，天然气丰富，能源结构以天然气为主，煤炭生产和消费量都很小，相关需求不大。

6.1.3　煤炭在"一带一路"倡议中的地位

1. "一带一路"国家煤炭资源总量丰富

"一带一路"沿线蕴藏着丰富的煤炭资源。截至 2016 年年底世界煤炭探明储量为 11393.31 亿 t，而"一带一路"沿线国家拥有 6471.71 亿 t，占比 56.82%，其中俄罗斯、中国、印度、乌克兰、哈萨克斯坦和印度尼西亚六国的探明储量位居世界前十之列。

"一带一路"倡议中包含建设 6 个各具特色的经济走廊,其煤炭资源的分布特点为:①中国占世界探明储量的 21.4%;②煤炭资源集中在我国周边,如中俄蒙经济走廊占 14.3%,孟中印缅经济走廊占 8.3%;③新亚欧大陆桥和中伊土经济走廊位于欧亚内陆,23 个含煤国家的探明储量仅占 9.63%(表 6-6)。

表 6-6   "一带一路"各经济走廊的煤炭资源比较

经济走廊	含煤国家*	探明储量/Mt	比例/%
中俄蒙	俄罗斯、蒙古	162884	14.3
新亚欧大陆桥	阿尔巴尼亚、波黑、保加利亚、克罗地亚、捷克、匈牙利、马其顿、黑山、波兰、罗马尼亚、塞尔维亚、斯洛伐克、斯洛文尼亚、乌克兰	62727	5.51
孟中印缅	孟加拉国、印度、缅甸、尼泊尔	94769	8.3
中伊土	阿富汗、亚美尼亚、格鲁吉亚、伊朗、哈萨克斯坦、吉尔吉斯斯坦、塔吉克斯坦、土耳其、乌兹别克斯坦	46941	4.12
中巴	巴基斯坦	3064	0.3
中新	越南、老挝、泰国	4423	0.4
海上丝绸之路	印度尼西亚、马来西亚、菲律宾、埃及	28353	2.49
	中国	244010	21.4
	美国	251582	22.1
	其余国家	240578	21.08
	全球	1139331	100.00

数据来源:英国石油公司,2017;世界能源理事会 *World Energy Resources 2013 Survey*
*含煤国家:*World Energy Resources 2013 Survey* 中列有煤炭探明可采储量的国家

2. 煤炭作为"相对廉价的燃料",是多数"一带一路"国家重要的能源

根据 BP 公司资料统计显示,"一带一路"沿线 64 个国家中有 30

个国家（占 47%，含中国）在使用煤炭，煤炭消费量占世界比重由 2005 年的 60.4%逐年提高到 2015 年的 72.1%；扣除中国这个最大的煤炭消费国，其余"一带一路"沿线国家煤炭消费量占世界比重由 2005 年的 18.3% 提高到 2015 年的 22.1%，这充分反映出煤炭对"一带一路"国家的重要性，如图 6-3 所示。

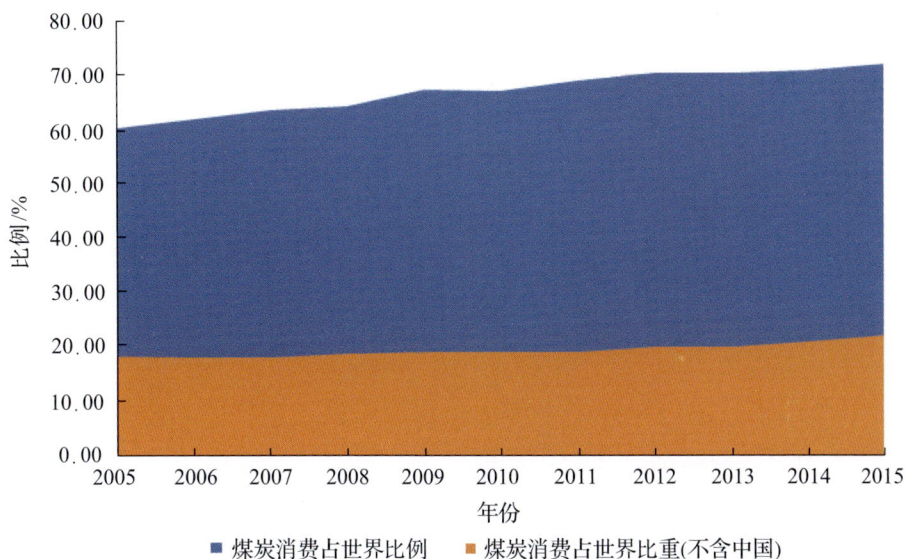

图 6-3 2005～2015 年"一带一路"国家煤炭消费量占世界比例

根据世界银行按购买力平价(PPP)对应的人均国民收入(GNI)划分标准，"一带一路"沿线 64 个国家中有 31 个中等及以下收入国家（占 48%，含中国），这些国家中有 12 个国家使用煤炭，其 2014 年和 2015 年的使用量占全部"一带一路"沿线国煤炭使用量的比重都超过 90%，占世界煤炭消费比重分别为 63.9%和 65.0%，详见表 6-7。

在 30 个用煤国家中，2014 年和 2015 年的煤炭消费总量分别为 2774.5 万 toe 和 2769.3 万 toe，分别占当年一次能源消费比重的 43.83% 和 43.03%。其中有 10 个国家煤炭消费占一次能源消费比重超过 30%，而中国、哈萨克斯坦、印度三国的比重更是高达 60%左右，见图 6-4。

表 6-7 "一带一路"国家煤炭消费情况

2014 年人均 GNI 及排名分组	国家个数及名称	2014 年		2015 年	
		煤炭消费量/万 toe	比例/%	煤炭消费量/万 toe	比例/%
高收入组	2/5，卡塔尔、科威特、<u>新加坡</u>、文莱、<u>阿联酋</u>	2	0.07	2	0.07
中等偏上收入组	16/28，<u>沙特阿拉伯</u>、巴林、<u>阿曼</u>、<u>以色列</u>、塞浦路斯、斯洛文尼亚、<u>捷克</u>、<u>希腊</u>、<u>斯洛伐克</u>、爱沙尼亚、<u>立陶宛</u>、<u>俄罗斯</u>、<u>波兰</u>、<u>马来西亚</u>、匈牙利、拉脱维亚、<u>哈萨克斯坦</u>、克罗地亚、<u>罗马尼亚</u>、<u>土耳其</u>、<u>白俄罗斯</u>、黎巴嫩、阿塞拜疆、<u>伊朗</u>、<u>保加利亚</u>、<u>土库曼斯坦</u>、黑山、伊拉克	273.8	9.87	271.7	9.81
中等偏下收入组	7/17，<u>泰国</u>、<u>中国</u>、马其顿、马尔代夫、塞尔维亚、约旦、<u>蒙古</u>、斯里兰卡、阿尔巴尼亚、<u>埃及</u>、<u>印度尼西亚</u>、波黑、<u>乌克兰</u>、亚美尼亚、<u>菲律宾</u>、不丹、格鲁吉亚	2083.9	75.11	2059.6	74.37
低收入组	5/14，<u>乌兹别克斯坦</u>、<u>印度</u>、摩尔多瓦、<u>越南</u>、<u>巴基斯坦</u>、巴勒斯坦、老挝、也门、<u>孟加拉国</u>、吉尔吉斯斯坦、柬埔寨、塔吉克斯坦、尼泊尔、阿富汗	414.8	14.95	436	15.74
合计	共 64 国，其中有 30 国使用煤炭	2774.5	100	2769.3	100
	占世界煤炭消费情况	3911.2	70.94	3839.9	72.10

注：表中带有下划线的国家为煤炭使用国

图 6-4 煤炭占一次能源消费比例超过 30% 的"一带一路"国家

3. 煤炭支撑"一带一路"倡议用能需求，促进区域经济发展

基础设施互联互通是"一带一路"建设的优先领域，"一带一路"沿线大多是新兴经济体和发展中国家，不少国家基础设施落后，随着这些国家经济发展及城市化、工业化进程的推动，铁路、公路、机场、港口等大规模的基础设施建设需要大量电力、钢铁、建材等高能耗产品，而煤炭则凭借其资源丰富、成本低廉的优势能较好地支撑满足用能需求。特别是在部分中等收入以下国家和地区，如东南亚联盟十国中的泰国、老挝、越南、印度尼西亚、菲律宾、柬埔寨等国，存在大量贫困人口，社会发展水平低下；由于东盟地区的煤炭资源丰富、开采容易、供应稳定、成本较低，这些国家无论是城市化、工业化，还是增加获取能源的途径，都将依赖于煤炭的供应。IEA 曾预测，东盟的煤炭用量将增长到 2020 年的 3 亿 t，2035 年增长至 5.35 亿 t，煤炭在一次能源的比重将从 16%增长到 30%左右。

另外，煤炭资源的综合开发利用，还可以强力带动一个地区的经济社会发展。我国西部煤炭资源富集地，如鄂尔多斯、榆林等地的发展实践表明，现代煤炭开发利用产业的规模发展，对于促进区域经济社会全面发展意义重大。一是资金密集型的煤矿建设及电力、煤化工项目通过固定资产投资可强力拉动经济快速发展；二是规模效益型产出能够强力支撑 GDP 高速增长；三是煤炭开发利用产业也是技术密集型产业，这对于欠发达地区的产业结构升级和技术进步带动作用明显；四是作为利税大户，煤炭开发利用对于促进就业、维护社会稳定等方面也发挥着重要作用。

因此，煤炭不仅能支撑"一带一路"倡议实施中的用能需求，在其开发利用过程中还可对地区的经济社会发展起到强力牵引性、带动性作用，这对于国内外相关地区都有很强的现实及长远意义。

6.1.4 "一带一路"倡议对我国煤炭行业的影响

1. "一带一路"倡议给我国煤炭行业发展带来机遇

有利于我国煤炭生产要素"走出去"拓展发展空间。我国煤炭开发建设的高峰期已过,一方面煤炭生产要素总量富裕,另一方面煤炭生产要素能力显著提高,急需找到新的市场,"走出去"愿望比较强烈;而"一带一路"沿线有不少国家煤炭资源丰富,同时这些国家煤炭产业不同程度地存在资金短缺、技术装备落后、煤炭基础设施条件差、技术力量不足等问题,有潜在的提升需求,因此,"一带一路"倡议实施有利于煤炭行业的国际生产要素进一步合作。对我国而言,一是资金要素"走出去"开发国外煤炭资源。我国煤炭资源储量较为丰富,但已探明的采储比远低于世界平均水平,且部分煤种相对短缺,实施"一带一路"倡议,有利于加强国际煤炭资源配置,丰富能源供应渠道,这对于保障我国能源安全具有现实和长远意义。二是技术装备、人才等要素"走出去"拓展生存空间。21世纪以来我国在煤炭生产技术转让、设备出口、工程承包与劳务输出等方面已取得一定成果,通过"一带一路"倡议,可进一步带动先进煤炭开采技术和装备出口,扩大海外煤矿的承包建设、生产、经营业务,实现国际布局。

有利于开拓国际煤炭市场、促进煤炭国际贸易。"一带一路"沿线不少国家拥有广阔的煤炭市场需求,特别是东亚、南亚的印度及东南亚地区国家每年都需要进口大量煤炭。"一带一路"倡议的实施,有利于我国充分利用国内、国外两种资源,发挥国内、国际两个市场的作用,有助于推动国内企业积极参与国际竞争,开拓国际煤炭市场,逐步形成"有进有出"的煤炭进出口贸易格局。

有利于推动我国煤炭企业国际化发展,提高企业国际竞争力。"一带一路"倡议将为我国煤炭企业树立对外开放的新格局,而作为市场主体，企业是"一带一路"倡议的承载者和推进主体。"一带一路"将是贯穿未来若干年的投资主题，与沿线国家大规模的基础设施建设合作将拉动钢铁等高耗能产品的需求，继而拉动对煤炭的需求，在这一过程中，我国煤炭企业通过对国外煤炭资源的开发利用，逐步实现市场国际化、人才国际化和资本国际化，从而提高国际市场竞争力。

2. "一带一路"油气合作及贸易畅通，倒逼我国煤炭行业转型发展

油气合作作为"一带一路"能源合作的重要内容，将对煤炭消费产生减量替代等影响。"一带一路"沿线国家大多为自然资源与能源充裕的地区，目前我国绝大部分的进口原油和几乎全部的进口天然气都来自"一带一路"国家。近年来，我国与俄罗斯、哈萨克斯坦、乌克兰等国家的能源合作迅速升温，通过能源采购、修筑管道、参股、并购等形式，成功获取了大量外部油气资源。对我国而言，"一带一路"倡议实施有利于我国进一步拓展与四大油气能源通道沿线国家之间的合作互利空间，争取这部分相对廉价的油气资源为我所用，有利于确保进口油气的稳定和可持续，从而保障国家的油气安全。"一带一路"油气合作虽然不会根本性颠覆煤炭作为我国主体能源的地位，但在世界经济复苏进程缓慢、油气需求疲软、国际油价持续低迷背景下，相对安全、充足的油气供应，一方面对煤炭有最直接的减量替代，另一方面会与应对气候变化一起倒逼煤炭行业向清洁、高效转型。

贸易畅通作为"一带一路"倡议的基点，开展自由贸易，进口煤将冲击我国煤炭市场。从国际经济合作角度看，无论是推进基础设施互联互通还是促进产能合作，最终均应转化为贸易转移与贸易创造效应，通过优势互补，扩大贸易规模，带动并促进双方以至区域整体经济发展。2017 年 5 月国家发展和改革委员会和国家能源局发布《推动丝绸之路经济带和 21 世纪海上丝绸之路能源合作愿景与行动》，就

提倡积极推动传统能源贸易便利化,降低交易成本,实现能源资源更大范围内的优化配置。我国已与澳大利亚、巴基斯坦等国签订自贸协议,正积极同"一带一路"沿线国家和地区商建自由贸易区。如澳大利亚煤炭于 2017 年开始享受零关税待遇,其优质的焦煤和动力煤可以更低的成本进一步冲击国内煤炭市场。另外,"一带一路"国家煤炭开发,一定程度上会增加煤炭供应能力,印度尼西亚、俄罗斯、蒙古是我国煤炭主要进口国,随着其煤炭规模扩大、交通运输等基础设施的改善,煤炭竞争力有进一步提高趋势,存在向我国扩大出口的可能性,也会冲击我国煤炭市场。

6.2 我国煤炭产业市场竞争力分析

6.2.1 煤炭产品市场竞争能力分析

1. 我国动力煤市场竞争力分析

1) 全球动力煤进出口格局

受资源及产能分布、能源消费结构、运输条件及费用、煤炭市场价格等因素综合影响,全球动力煤市场呈现出明显的以消费为主导的区域性特征,总体上形成了传统的欧美大西洋市场(简称欧美市场)、亚太市场两大主要部分,其中亚太市场分为中国大陆市场、日本、韩国及中国台湾等东北亚市场、东南亚及南亚次大陆市场三个重点区域(图 6-5)。

自 2011 年以来全球动力煤贸易量维持在 10 亿 t 左右,约占全球煤炭贸易量的 77%,其中海运贸易方式占 90%左右(图 6-6)。从区域市场看,贸易量逐步向亚太市场集中,近年来亚太市场和欧美大西洋市场占总贸易量的比重基本稳定在 77%和 23%左右,见图 6-7。

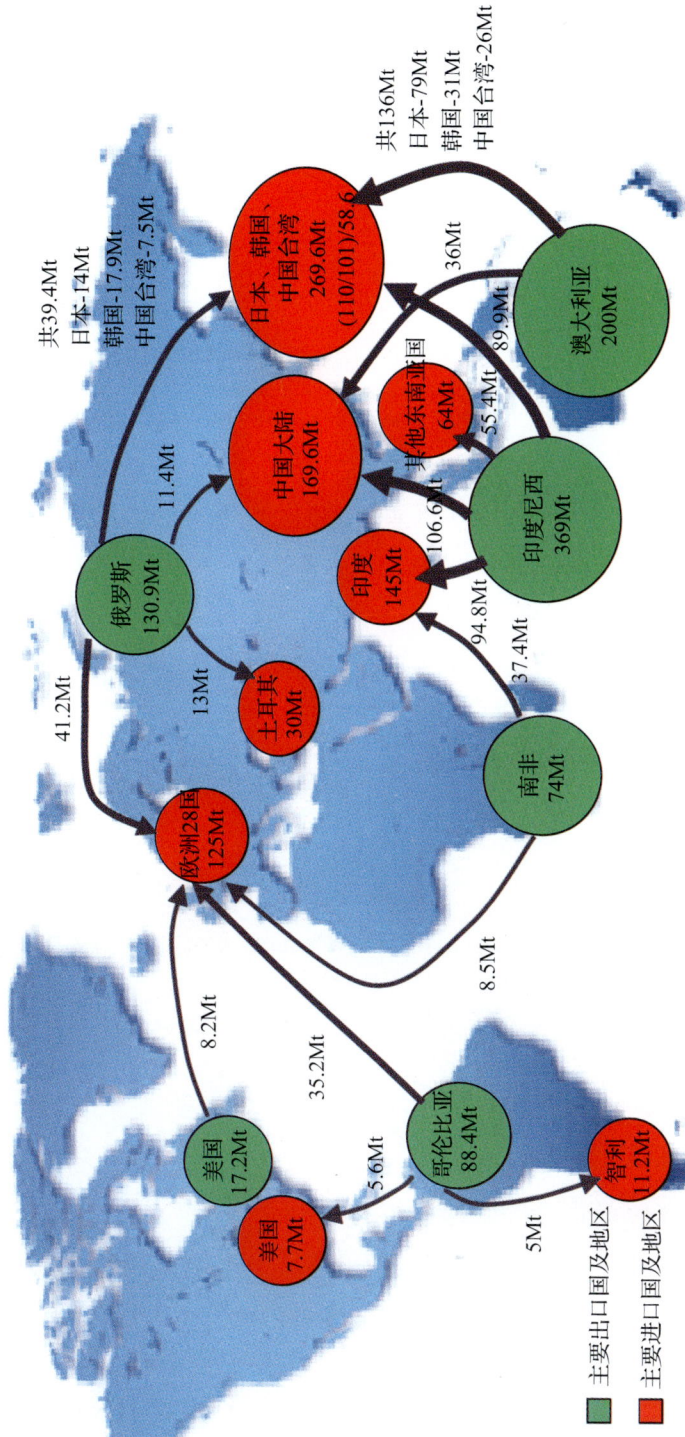

图 6-5 国际动力煤市场总体格局示意图

主要出口国及地区

主要进口国及地区

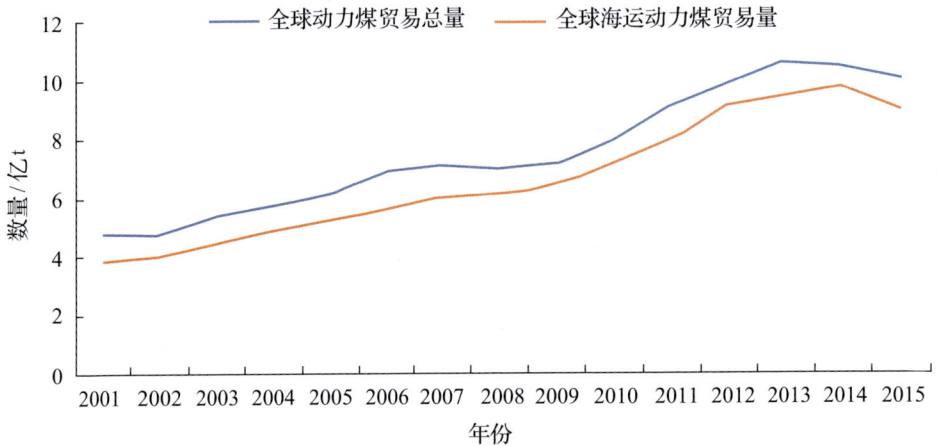

图 6-6　2001~2015 年全球动力煤贸易及海运量

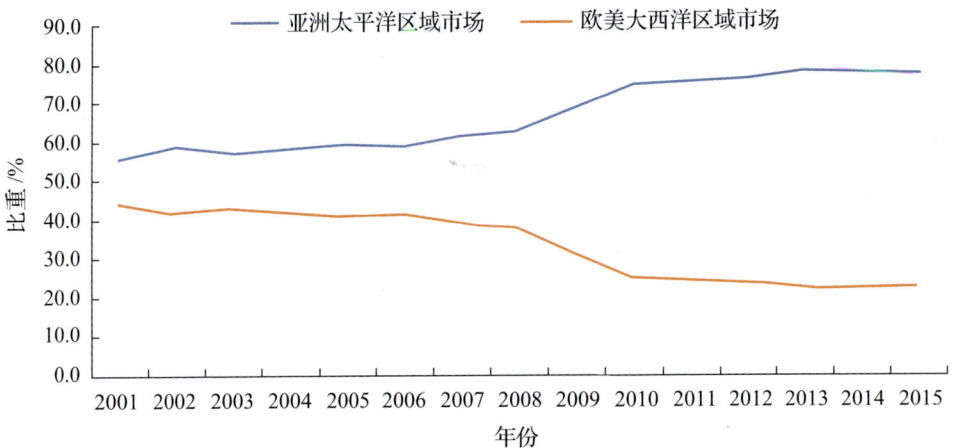

图 6-7　2001~2015 年亚太市场和欧美大西洋市场贸易量比重

在亚太市场中，目前中国大陆市场占比约 45%，东北亚市场占比约 25%，东南亚及南亚次大陆市场占比约 30%。中国大陆市场自 2012 年以来动力煤进口保持高位态势，而出口量急剧下滑，中国已成为世界动力煤净进口大国，2016 年进口动力煤约 1.7 亿 t，以从印度尼西亚和澳大利亚进口为主；出口约 70 万 t，以向日本和韩国出口为主。东北亚市场动力煤需求长期保持相对稳定，几乎全部为进口。2016 年日本、韩国和中国台湾地区动力煤进口量分别为 1.1 亿 t、1.05 亿 t 和 0.59 亿 t，进口煤主要来自澳大利亚、印度尼西亚、俄罗斯、美国等国家。东南亚及南亚次大陆市场近年来动力煤贸易量增长迅速，其中南亚的印度2009～2014 年平均增长速度高达 20%；东南亚的越南、泰国、马来西亚等国虽然进口总量较小，但由于国内电力短缺及对燃煤电厂的需求，其煤炭进口近年来也呈现快速增长态势。

印度尼西亚和澳大利亚是动力煤出口大国，两国出口占比合计约60%。印度尼西亚近十年出口年均增长约 16%，2005 年超过澳大利亚成为世界最大的动力煤出口国，2013 年出口量最高达到 4.3 亿 t，占全球煤炭贸易量的比重超过 1/3，中、印度、韩、日占其出口总量的 70%以上。印度尼西亚煤具有带负荷能力强、粒度均匀、石子煤排量少和可磨性好等优势，加之地理位置优越，使其在亚太动力煤市场有较强的竞争优势。澳大利亚 2015 年动力煤出口 2.05 亿 t，其中对日本、中国、韩国、印度出口量占 80%以上。

从发展趋势看，未来全球动力煤贸易总量将稳中有升，总体格局产生小幅变化，欧美市场由于加速向天然气和可再生能源发电转换，动力煤进口需求明显减弱，全球动力煤消费重心会进一步向亚太地区集中，特别是南亚和东南亚部分国家成为拉动煤炭消费的主力军，动力煤进口需求强劲，将带动海运量的提升(图 6-8)。在动力煤进口方面，预计未来我国对动力煤将采取鼓励出口、适当限制进口的政策，动力煤进口量有所下降；印度和越南等国由于国内经济保持高速发展的预期，看好其长期对动力煤的需求增长；其他主要的动力煤进口国如日本、韩国等则处于缓慢下降态势。在动力煤出口方面，澳大利亚由于煤炭竞争力较强，未来动力煤出口规模会进一步提升，进一步巩固其煤炭第一出口大国地位；印度尼西亚由于国内煤炭消费的增长预期强，未来出口意愿可能有所下降；俄罗斯动力煤出口量将有所提升，其他动力煤出口国如美国、南非和哥伦比亚等总体将保持稳定。

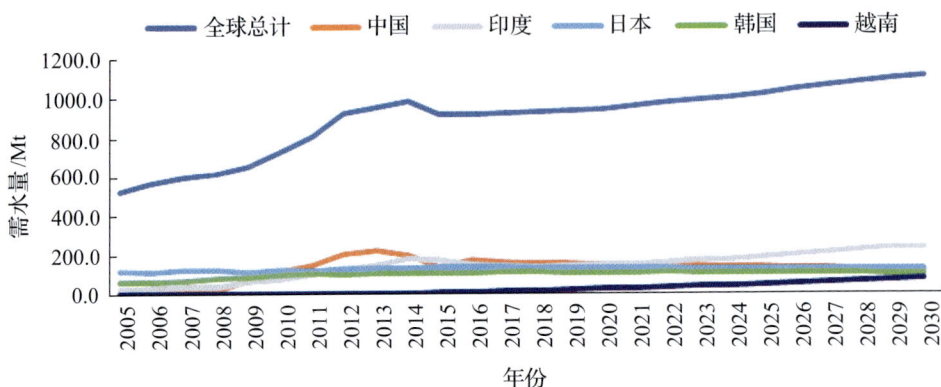

图 6-8　全球及部分国家海运动力煤需求量预测(来源：IHS 公司)

2)我国动力煤产品市场竞争力分析

全球动力煤市场基本已形成以单位热值为基础，参考其他品质指标的定价方式，并在主要煤炭出口地及消费地的港口形成了相应具有标志性意义的离岸价格及到岸价格。在各个区域市场中，动力煤产品的市场竞争力主要表现在终端市场的综合成本差异。煤炭产品成本受资源品质、赋存条件、区位及运输条件等多种因素影响，即便在同一国家或地区，不同煤矿的生产成本也具有较大差异，不同国家煤炭产品之间的成本比较只能在相同品质或具有典型意义的产品之间进行。

A.我国"三西"地区(山西、陕西及内蒙古西部，合称"三西")动力煤与主要竞争对手的离岸成本分析

我国动力煤主产地已西移至"三西"地区，"三西"地区动力煤比中东部地区竞争力强，是我国主要的"下水煤"，并成为我国参与国际动力煤竞争的主力军；而印度尼西亚和澳大利亚是我国动力煤的主要进口国，两国动力煤主要在我国东南沿海与我国"三西"地区动力煤竞争上岸；因此，选取"三西"地区动力煤离岸成本与印度尼西亚、澳大利亚动力煤离岸成本进行对比。

a.我国动力煤离岸成本

生产成本：选取 2015 年"三西"地区 10 家具有代表性的大型企业

煤炭生产成本，各企业成本首先按 5500 大卡①折算，然后乘以产量之和除以 10 家企业总产量，估算出平均生产成本 180 元/t。考虑 2011～2015 年国内煤炭持续下行，这一时期国内绝大多数煤矿处于亏损状态，在成本支出上普遍存在人员工资减发、折旧费和安全生产费等提取不足、掘进准备支出不足等问题，因此，上述生产成本小于正常合理的生产成本。

物流成本：综合考虑"三西"地区 10 家企业地理位置和煤炭调出量，选取内蒙古准格尔薛家湾沿大准和大秦铁路运至秦皇岛港作为运输线路，按吨煤电气化铁路运输费率 0.17 元/t·km 计算，加上煤炭上站短倒装车和港杂费(作业包干)等，平均运输成本约 210 元/t。

考虑加上煤炭生产成本抵扣后增值税 10%、运输环节增值税 10% 等其他成本，"三西"主要煤炭企业 5500 大卡动力煤秦皇岛离岸成本约为 460 元/t，按人民币对美元 2015 年四季度平均汇率 6.3921 折算，约为 72.0 美元/t，这可认为是当前"三西"地区主要煤炭企业在刚性成本支撑下最低的"下水"动力煤的平均离岸成本。

b.澳大利亚动力煤离岸成本

澳大利亚煤炭赋存条件好，开采机械化、自动化、信息化水平高，生产组织简单，用人少，煤炭产地主要分布在东太平洋沿岸 200km 范围内，到港口运距短，以铁路运输为主。近年来煤炭生产成本趋于平稳，2015 年、2016 年平均离岸现付总成本分别为 48.52 美元/t、47.64 美元/t，按 5500 大卡进行折算，则 2015 年澳大利亚动力煤平均离岸总付现成本为 42.3 美元/t。

c.印度尼西亚动力煤离岸成本

印度尼西亚以露天开采方式为主，煤炭产地距离港口较近，煤炭运输以海运和内河的驳船运输为主；在印度尼西亚煤炭总付现成本构成中，开采费用占比最大，运输费用次之，之后是煤炭资源税。据伍德麦肯兹统计，印度尼西亚煤炭平均总付现成本最高的年份是 2012 年，随后明显下降并趋稳。2015 年出口动力煤离岸总付现成本为 39.54 美元/t，按 5500 大卡进行折算，则平均总付现成本为 45.3 美元/t。

---

① 1 大卡≈4.186kJ。

综上，我国"三西"地区、澳大利亚、印度尼西亚三国动力煤(按5500大卡折算)2015年可比平均离岸成本分别为72.0美元/t、42.3美元/t、45.3美元/t。总体上，我国"三西"地区、澳大利亚和印度尼西亚煤炭的开采成本基本相当，但长距离的内陆运输造成了我国煤炭产品离岸成本过高。

B. 我国动力煤在东南沿海市场的竞争力分析

我国东南沿海市场包括江苏、上海、浙江、福建、广西、广东六省区市，其中以广东煤炭进口量居首，2015年广东煤炭进口量3492万t，远高于其他五省区市(江苏492万t，上海445万t，浙江1546万t，福建2465万t，广西950万t)。因此，重点以"三西"地区下水煤、印度尼西亚和澳大利亚动力煤到广州港的到岸成本进行对比分析。

我国"三西"地区动力煤从秦皇岛等北方七港下水到广州港，运输费用由于采用的船型及行情旺淡存在较大差别，这里以常见的7万t船按40元/t的运输成本计算，则到广州港的平仓成本平均约为500元/t，加上港杂费27元/t，到岸成本达到527元/t。

以成本处于澳大利亚煤炭产业中游水平的 Mt Arthur 煤矿为例，2015年第四季度发热量5500大卡出口动力煤离岸成本为59.52澳元/t，折合人民币约274元/t，加上其他费用，到广州港的到岸成本为428元/t(表6-8)。

表6-8　2015年澳大利亚 Mt Arthur 煤矿广州港到岸成本

品种	离岸成本/(元/t)	海运费、进口关税、增值税、港杂费等/(元/t)	到岸成本/(元/t)
出口动力煤	274(59.52澳元)	154	428

注：数据来源于伍德麦肯。出口动力煤收到基低位发热量5500大卡

相对于澳大利亚，虽然印度尼西亚的煤炭发热量较低，但其地理位置决定了到我国东南沿海市场的运输成本要低3~6美元/t，且运输的天数可节省四五天，因此印度尼西亚煤在我国东南沿海市场比澳大利亚煤炭更具有综合竞争力。

综上，目前我国东南沿海市场中，印度尼西亚、澳大利亚两国动力

煤相对我国"三西"地区具有明显的综合成本竞争优势。正是凭借综合成本方面的优势，印度尼西亚和澳大利亚动力煤能够始终紧盯我国国内煤炭走势，始终以相对较低的价格挤占我国东南沿海动力煤市场。如从 2012 年年初到 2015 年年底广州港发热量均为 5500 大卡灰分硫分相似的澳大利亚煤、山西优混动力煤库提价价差看，大部分时间澳大利亚煤库提价均低于山西优混，最高可相差 55 元，对我国煤炭造成巨大冲击，致使 2013 年我国进口煤量创历史最高。即使是随后我国煤炭价格深度下跌，2015 年的价差出现回调，但也能稳定在 5 元左右，澳大利亚动力煤依旧表现出较强竞争力。2016 年以来随着我国煤价的合理回归，到广州港的进口煤与国内价差又有所扩大；另外，随着中澳自贸协定的生效，2017 年动力煤关税将降至零，澳大利亚煤对我国煤炭优势将进一步扩大。

C.我国动力煤在东北亚市场的竞争力分析

东北亚的日本、韩国和我国台湾地区本是我国动力煤出口的传统市场，但自 2005 年开始国内煤炭供应逐步紧张，国家于 2008 年 8 月开始征收 10%的出口关税。在制约出口的同时，国内外煤价倒挂也降低了出口积极性，我们主动丢失了东北亚市场，并被印度尼西亚和澳大利亚迅速填补。

考虑到国内煤炭严重过剩压力，2015 年 1 月 1 日起，国家将煤炭出口关税税率由 10%下调到 3%，给未来煤炭出口带来利好。与澳大利亚、印度尼西亚等国相比，我国有向日本、韩国、我国台湾地区出口煤炭的地理位置优势。由于运输距离近而带来的运输成本的节约能够弥补我国优势动力煤产品在生产成本方面的劣势，从而具有了在东北亚市场与澳大利亚产品进行竞争的能力。以 2015 年年底的海运市场价格为例，纽卡斯尔港和秦皇岛港发往日本大阪港，同样采用 10 万吨级的大船运输，澳大利亚吨煤运费一般在 40.3 元(6.5 美元)，中国吨煤运费在 18.6 元(3 美元)。但是由于目前我国对东北亚市场出口量较小，所采用的船型一般为 1.5 万吨级，吨煤运输成本高达 68.2 元/t。因此，我国在这一市场竞争力的变化主要取决于海运价格的变化和贸易量的大小，特别是在海运费用价格较高的时期，这种运输优势尤为突出。

同时，我国部分煤炭企业品质优良、成本较低的煤炭产品即便以低于国内价格的国际市场价格进行销售，依然有合理的利润空间。我国以神华集团有限责任公司、中国中煤能源集团有限公司为代表的部分大型企业正在努力恢复和扩大日、韩出口，2016 年我国共出口煤炭 878.3 万 t，同比增加 64.5%，主要出口到韩国、日本、中国台湾地区，三国出口量分别为 360.1 万、274.6 万 t、71.6 万 t，占总出口量的 80.4%。未来对东北亚地区煤炭出口有望进一步增加。

D.我国动力煤在其他市场的竞争力分析

a.东南亚及南亚次大陆市场

目前我国在这一区域仅有少量的煤炭出口，其中主要出口到越南，2016 年出口 115.1 万 t，以无烟煤为主。其他国家和地区如东南亚及南亚次大陆属于新兴的国际煤炭市场。东南亚市场资源丰富，煤炭需求及产量增长较快，除印度、越南以外，其他产煤国家特别是印度尼西亚不仅能满足自身煤炭需求，而且均具有一定的出口能力，并在我国南方市场中具有一定的竞争优势。印度由于国内需求快速增长，煤炭进口量逐年增加，已经由煤炭出口国转变为煤炭进口国，并取代中国成为最大的煤炭进口国，对国际煤炭市场的影响日益突出。但受生产成本、运输条件等因素影响，印度市场难以成为我国动力煤产品的目标市场。

b.欧亚大陆市场

欧亚大陆地区资源相对丰富，但受其能源消费能力及结构的影响，总体上对煤炭消费需求增长较慢，总量发展空间有限。以上两个市场都难以成为我国煤炭产品的出口目标市场，但可以参与当地煤炭资源的开发与转化利用，或供应当地市场、国内市场或第三国市场。

2. 我国炼焦煤市场竞争力分析

1)全球炼焦煤进出口格局

由于全球炼焦煤资源储量及品种分布不均衡，主要炼焦煤出口国生产集中度较高，钢铁工业产能分布与炼焦煤产能分布总体错位等因素影响，炼焦煤市场长期以来形成了全球相对统一的市场，区域差异不明显。炼焦煤市场的竞争综合表现在资源储量、品质、生产成本及运输条件等多个方面。与动力煤相比，市场竞争激烈程度相对较低。目前全球炼焦煤贸易总体形成澳大利亚、北美为主要出口源，以东亚为主要进口源的格局，见图 6-9；自 2010 年以来全球炼焦煤总贸易量保持在 3 亿 t 左右（图 6-10），约占全球炼焦煤产量的 1/3，其中海运贸易方式占比 90%。

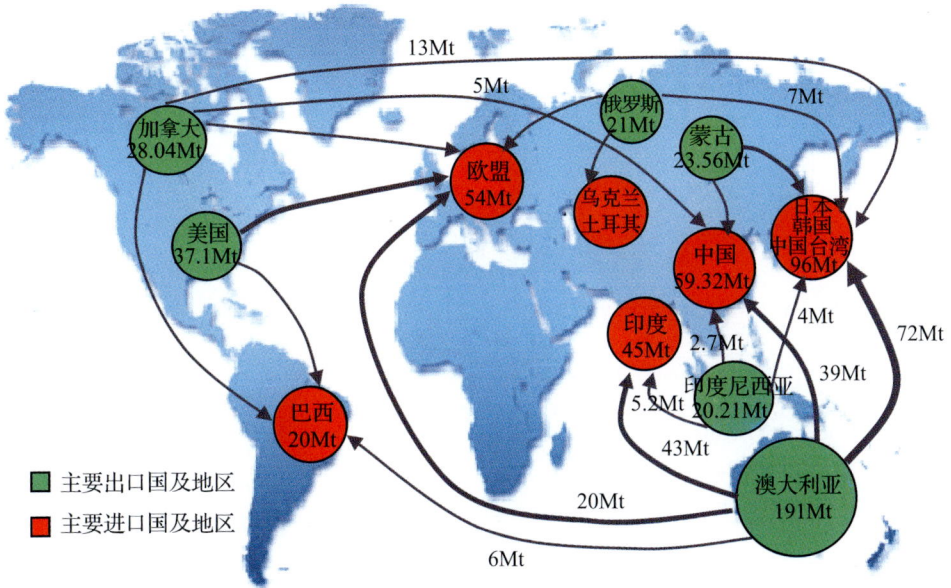

图 6-9　全球炼焦煤贸易格局示意图(2016 年)

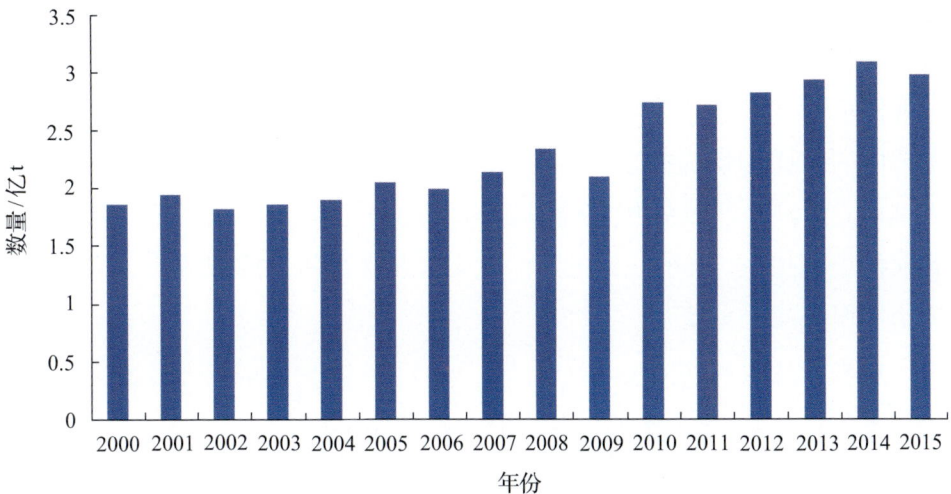

图 6-10　2000～2015 年全球炼焦煤贸易量

炼焦煤出口方面，目前国际炼焦煤出口集中在澳大利亚、美国、加拿大、俄罗斯和蒙古，其中澳大利亚约占全球出口总量的 63%，美国和加拿大合计占 21%。澳大利亚目前是全球最大的炼焦煤出口国，近年来出口保持稳定增长，2015 年炼焦煤产量 1.93 亿 t，同比增长 5.3%，出口 1.87 亿 t，同比增长 0.5%。北美的美国年产焦煤量约 7000 万 t，其中 80% 用于出口；加拿大每年煤炭出口约 3000 万 t，其中 90% 以上为炼焦煤；2016 年出口炼焦煤 2804 万 t，占全部出口量的 92.8%。其他炼焦煤出口国还包括俄罗斯和蒙古，俄罗斯炼焦煤主要出口到日、韩及中国东北地区，近年来中国的沿海地区及西北地区也成为俄罗斯炼焦煤的潜在用户。蒙古近年来随着政府对煤矿及铁路等基础设施的投资建设，其焦煤的产能及出口量增长迅速，2016 年炼焦煤出口 2356 万 t，全部出口至中国。

炼焦煤进口方面，主要集中在亚太地区、美洲的巴西和欧洲的传统进口国，其中亚洲国家炼焦煤进口量占全部贸易量的 2/3，2016 年进口量约 2 亿 t。亚洲国家中以日、韩需求较为刚性，每年合计约 1 亿 t，中国 2016 年进口约 6000 万 t，印度近年来需求增长迅速，2016 年进口 4500 万 t，2017 年有望突破 5000 万 t。

从发展趋势看，未来全球炼焦煤贸易总量将保持平稳，总体格局变化不大。出口方面，澳大利亚因焦煤品质、区位等综合优势，未来出口预计仍维持增长，预测 2020 年出口量将超过 2 亿 t；蒙古因天然的地理位置优势，且产能具有较大增长空间，未来有望进一步扩大对中国炼焦煤出口的占比，但受投资及运输条件等因素影响短期内增长速度有限；进口方面，预计印度炼焦煤需求仍将保持快速增长，中国对优质炼焦煤需求会小幅扩大，而东北亚的日、韩及欧洲传统进口国则短期基本稳定、长期呈现逐步下降态势。

2）我国炼焦煤进出口

我国目前是炼焦煤第一生产大国和消费大国。进入 21 世纪以来，我国逐步由炼焦煤出口大国转变为净进口大国。炼焦煤出口量由 2003 年的 1314 万 t，急速降至 2016 年的约 120 万 t；而进口量则由 2003 年的 260.4 万 t，快速增加到 2016 年的 5923 万 t。自 2012 年以来，炼焦煤进口量已基本稳定在炼焦煤总需求量的 10%左右（图 6-11）。

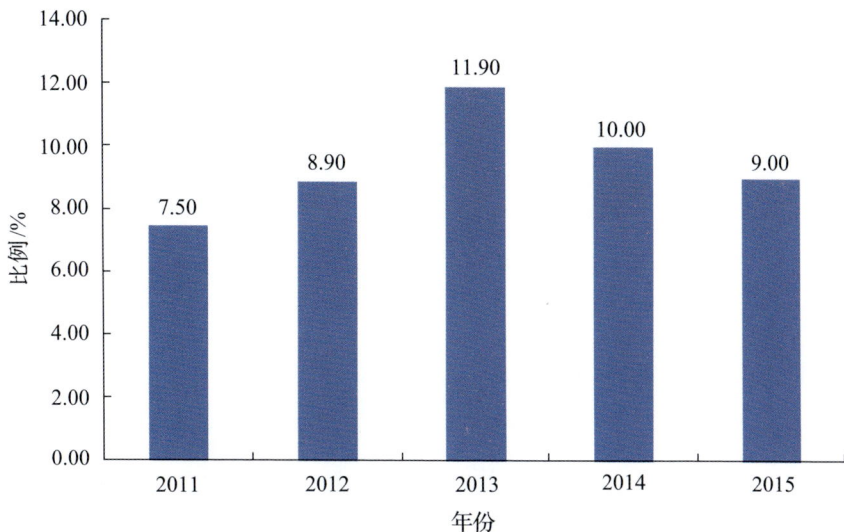

图 6-11　2011～2015 年我国炼焦煤进口量占消费量比例

我国炼焦煤进口主要是在需求带动下，以弥补国内资源品种缺陷和产量不足的客观需要。我国炼焦煤资源品种虽然齐全，但焦煤、肥煤稀缺，且受资源条件的影响，我国炼焦煤多属中灰、中硫煤，低硫、特低硫的优质炼焦煤较少，无法满足生产高质量焦炭的需要；而进口国外灰分、硫份低、黏结性好的优质炼焦煤，可以降低炼焦煤配煤的灰分和硫份。澳大利亚、蒙古、俄罗斯、加拿大等国家优质炼焦煤资源丰富，是我国的主要炼焦煤进口国，其中 2016 年从澳大利亚和蒙古分别进口 2677 万 t 和 2356 万 t，同比分别增长 4.8%和 85.2%，合计占总进口量的 85%，见图 6-12。

我国炼焦煤进口以海运为主，2016 年海运进口炼焦煤 3566 万 t，占总进口量的 60.2%；海运进口以河北较为集中，唐山一度成为全球炼焦煤市场的风向标，2016 年河北炼焦煤进口量为 870 万 t，占海运进口量的 24.4%，占总进口量的 15%；广西和辽宁海运量迅速增加，2016 年进口量占总进口量比例分别为 12%和 11%，见图 6-13。

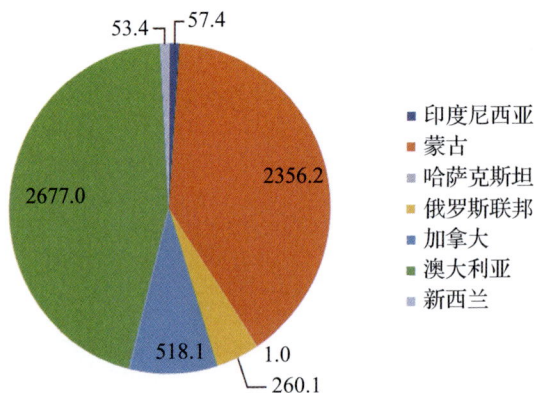

图 6-12　2016 年我国炼焦煤进口来源分布

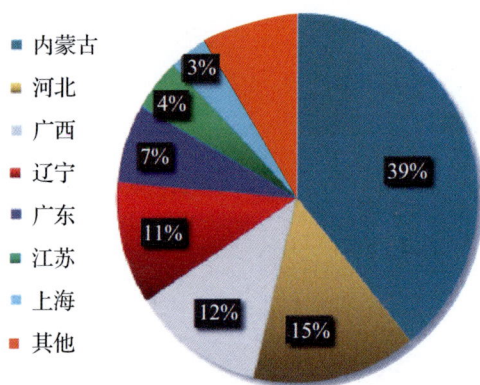

(a) 2016年分省区市进口比例

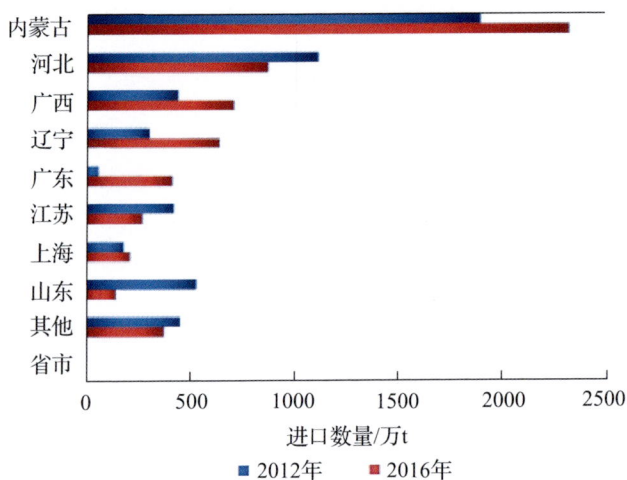

(b) 主要进口地区数量变化

图 6-13　我国炼焦煤分省进口数量及变化

出口方面，受我国经济增速放缓等多方面因素影响，2012 年以来我国煤炭出现整体产能过剩，炼焦煤也出现供大于求的局面，国家实施煤炭供给侧改革，在淘汰落后产能的同时，于 2015 年将炼焦煤出口关税从 10%下调至 3%，这在一定程度上调动了企业出口炼焦煤的积极性，2016 年出口量比 2015 年增加 24%，2017 年 1～5 月累计出口 144 万 t，同比增长 127%；但由于国际市场上的主要用户已通过长期协议方式确定了来源，目前我国炼焦煤出口与澳大利亚等国相比，一是总量很小；二是与我国动力煤类似，主要出口至距离我国较近、在韩国和日本的长期稳定用户。2015 年和 2016 年我国出口至韩国的炼焦煤量分别为 74.1 万 t 和 79.3 万 t，出口至日本的分别为 7.0 万 t 和 23.0 万 t。

综合考虑我国经济发展、钢铁和煤炭等"去产能"政策实施、钢铁工业能效提升等多方面因素，未来我国国内炼焦煤供需仍将保持 5000 万 t 左右缺口，由此将形成在相当长时期内对进口炼焦煤的刚性需求。一方面是预期我国在政策上将继续对优质炼焦煤资源采取保护性开发的措施，并可能会通过关税调整、进出口管理办法执行等对炼焦煤及焦炭出口进行一定程度的限制；另一方面，从总体上看从国外进口一定量的优质炼焦煤，对我国炼焦煤市场是有利的，是对我国炼焦煤市场的有益调剂和补充，并且预期国家会鼓励国内煤炭企业利用"两个市场、两种资源"，加强国外优质炼焦煤资源的获取开发，形成多渠道炼焦煤进口格局；因此，在"扩源保采限出"情景预期下，我国国内炼焦煤主要面向国内市场，而出口海外参与国际竞争的可能性与必要性较小。

3. 竞争力总体评述

我国部分优质动力煤在东北亚市场具备一定竞争优势。我国西部"下水"动力煤主要在我国的东南沿海市场、东北亚市场及东南亚市场，存在与印度尼西亚、澳大利亚、俄罗斯、美国、南非等国家煤炭产品的直接竞争。其中，印度尼西亚与澳大利亚是我国动力煤最重要的竞争对手。在目前的生产技术水平、运输条件、税收政策等因素条件下，我国"三西"地区在秦皇岛下水的动力煤按 5500 大卡折算后 2015 年的可比平均离岸成本为 72.0 美元/t，可认为是当前"三西"地区煤炭企业在刚性成本支撑下最低的"下水"动力煤的平均离岸成本；而同期澳大利亚、印度尼西亚两国动力煤可比平均离岸成本分别为 42.3 美元/t、45.3 美元/t，除了在生产成本上有一定的差距外，主要是长距离的内陆运输造成了我国煤炭产品离岸成本过高，这也直接导致我国"三西"地区动力煤在东南沿海市场竞争中明显落后于印度尼西亚及澳大利亚；而在东北亚市场我国由于运输费用及时间的节约能够部分弥补离岸成本方面的劣势，但目前过低的贸易量使船型选择受到制约，运输费用优势未能有效发挥，在海运价格提升情况下能够进一步增强我国动力煤在东北亚市场的竞争优势，且未来日、韩有一定的煤炭增长需求，存在扩大出口收复东北亚这一我国传统市场的可能性。

在炼焦煤方面，对我国而言，由于焦煤、肥煤品种炼焦煤资源和低含硫高品质炼焦煤资源的"双短缺"，加上保护性开发等政策调控，使得我国的沿海地区对国外优质炼焦煤形成一定的进口刚性需求，并预计在未来较长时期内会维持并强化这一态势。因此，国内炼焦煤既无"走出去"的意义也无"走出去"的可能性，相关生产企业未来的发展和竞争重点主要集中在两个方面：一是如何进一步优化生产布局，降低成本，应对国外炼焦煤不断增加的竞争压力；另一方面是如何积极实施"走出去"战略，更好地参与跨国公司及当地煤炭企业对相关国家优质资源的占有及开发利用的竞争，在优化我国炼焦煤产品结构，满足国内市场需求的同时，不断增强在国际炼焦煤市场的话语权。

6.2.2 煤矿技术装备竞争能力分析

1. 我国煤炭技术装备发展状况

（1）我国煤炭技术装备开发与制造体系快速发展，是世界煤炭机械装备制造和使用第一大国。由于煤炭开采条件相对复杂，在长期的发展中形成了适应我国煤炭资源开发特点，覆盖各种赋存条件、开发方式和生产规模的全系列、全方位的开发利用技术和装备制造体系，产业规模不断扩大，煤机行业年总产值自 2011 年起已超过千亿元，见表 6-9。

表 6-9　2007～2015 年中国煤机产品总产值

项目	2007 年	2008 年	2009 年	2010 年	2011 年	2012 年	2013 年	2014 年	2015 年
总产值/亿元	422.8	503.3	632.1	878.8	1121.3	1233.1	1074.7	1026	861.84

　　(2) 随着国内装备制造能力及产品技术性能的不断提升，我国煤炭机械装备国产化率大幅度提高。从重点装备以进口为主逐步发展到自主生产，除部分高端产品及核心部件仍需进口外，基本能够满足国内煤炭产业的需求。从进口额占国内市场的比例看，近几年来我国煤炭机械装备年进口量约占国内煤机总需求量的 3%以下并保持稳定(表 6-10)。从进口产品总金额看，随着国内煤炭机械装备大型化、高端化程度的提高，近年来进口额保持了一定程度的增长(表 6-11)。

表 6-10　近年来进口产品占国内比例

项目	2003 年	2004 年	2005 年	2006 年	2007 年	2008 年	2009 年
进口产品占国内煤机总量的比例/%	2.6	2.8	2.2	2.3	2.7	3	2.5

表 6-11　2007～2015 年我国煤炭机械行业进口额及增长情况

年份	进口额/亿美元	同比增长/%
2015	11.23	4.37
2014	10.76	1.70
2013	10.58	2.82
2012	10.29	13.1
2011	9.10	8.9
2010	8.36	8.7
2009	7.69	10.6
2008	6.95	−8.1
2007	7.56	−3.8

（3）我国煤炭机械装备产品出口持续增长（表 6-12），但国际市场占有率还处于较低水平。近年来，国际市场对于煤机设备需求增加，随着我国国产煤炭机械装备技术水平、价格优势及质量的提升和国际市场开拓力度的加大，我国煤炭机械装备产品出口不断增加。其中，主流产品的"三机成套"重型煤矿机械设备出口俄罗斯和印度，单机出口覆盖到美国、俄罗斯、印度、土耳其、印度尼西亚、越南、朝鲜等国家。兖矿集团有限公司申报的放顶煤支架专利成功转让给德国 DBT 公司，成为煤炭机械领域知识产权的首次出口。但是，由于我国长期以来以满足国内生产需求为重点，煤炭技术及装备输出起步较晚，对国际市场缺乏系统深入的研究，缺乏具有针对性的产品和服务，在市场适应方面存在一定障碍，总体市场份额还较低。

表 6-12　2007～2015 年我国煤炭机械行业出口额及增长情况

年份	出口额/亿美元	同比增长/%
2015	27.25	27.42
2014	21.38	23.55
2013	17.31	18.38
2012	14.62	21.4
2011	12.04	22.6
2010	9.82	13.0
2009	8.69	27.4
2008	6.82	20.5
2007	5.66	23.0

2. 我国煤炭技术装备产品竞争力分析

1）国际煤炭技术装备市场总体状况

国际煤炭机械装备行业随着煤炭产业及开采技术的发展与转移而不断发展变化。在长期的发展过程中，传统的煤炭工业强国如德国、美国、英国、俄罗斯、澳大利亚等国均积累了较强的煤炭开采技术与装备制造基础，领先并主导着国际煤机市场。目前，发达国家煤机制造企业正向跨国、大型和多元化方向发展。经过不断兼并和收购，国际上逐渐形成了德国德伯特（DBT）公司、艾克夫（Eickhoff）公司、美国久益国际

(JOY)公司、英国安德森(Andson)公司、日本的三井三池公司等具有垄断地位的知名煤机制造企业，占据着国际煤炭机械的高端市场，其产品供应美国、澳大利亚和南非等世界主要产煤国，并出口到中国。

从煤炭产业技术装备需求特征上看，全球煤炭生产国家基本上可以分为三个梯队。一是以美国、澳大利亚、西欧国家、南非等为代表的第一梯队，煤炭生产机械化、自动化水平高，以使用国际知名品牌产品为主；第二梯队是中国、俄罗斯、印度、印度尼西亚、蒙古等国家，机械化程度总体较高，但不同矿区与企业发展不均衡，高端或核心产品使用国际知名品牌，其他装备使用自主研发生产的产品或从其他国家引进；第三梯队则包括越南、朝鲜、中亚地区的部分产煤国家，总体技术装备水平相对落后，对装备产品的性价比要求较高，自身装备研发与制造水平不足，对外依赖性较强。

2) 我国煤炭技术装备竞争力分析

A.我国已经建立起世界上最为全面与完善的煤炭开发与利用技术及装备制造服务体系，部分领域世界领先

我国大陆是由众多小型地块多幕次汇聚形成，主要煤田经受了多期次、多方向、大强度的地质运动影响，因而煤炭资源赋存条件复杂，埋藏深、地质构造复杂，可供露天开采的资源少，且瓦斯、水害、冲击地压、自燃发火等自然灾害严重。可以说我国煤炭资源开采条件相对世界主要产煤国是最差、最复杂的。与世界主要产煤国均以露天开采为主相比，我国是唯一以井工开采方式为主的产煤大国，露天开采仅占总产量的 12%左右。长期发展中，我国形成了能够适应各种资源与地质条件、不同规模与类型的井工开采方式，建立了与各种开采与加工方式相适应的机械装备制造与服务体系，基本具备各种矿井自然灾害与风险的防范与治理能力。

世界主要产煤国家多数具有较长的煤炭开发与利用历史，现代煤炭开发利用技术主要起源于西方发达国家。受整体经济发展水平及技术水平的影响，我国煤炭开发与利用技术走过了一条从引进吸收到自主创新

的发展道路。我国独特的资源结构决定了煤炭在我国能源结构中的主体地位，国家及企业长期以来在煤炭技术引进及开发方面持续投入，各项煤炭开发与利用技术均取得了长足发展，在资源勘探技术、快速建井技术、综合机械化装备制造技术、煤炭开采技术、煤层气及其他伴生资源综合利用技术、生产安全预警与防范技术、煤炭洗选加工技术、煤炭清洁利用与超低排放发电技术、现代煤化工技术等多个方面均达到了国际先进水平。特别是在大型矿井建设中，特厚煤层综放开采、燃煤超低排放、新型煤化工技术等方面达到了国际领先水平。我国不仅是全球最大的煤炭生产与消费国、煤炭机械装备制造与应用国，也已经成为煤炭开发与技术先进国家。

从总体上看，我国已经建立了与煤炭开发利用相关的，与主要产煤国家相比最为完备、能够适应各种开采与加工利用方式的技术体系，在矿井建设、井工开采及煤炭清洁利用等方面具有突出优势。

B.我国重点煤炭技术装备产品在技术与性能上与国际先进水平仍有一定差距

从总体上看，我国煤机装备制造业生产能力已居世界领先水平，部分产品技术水平已经达到国际领先水平，如刮板输送机、液压支架等产品。但是部分产品在主机原材料、轴承、电控系统等关键元部件技术性能、产品的智能化水平、成套设备的配套性、产品性能长期稳定性、工作可靠性和使用寿命等方面仍落后于世界先进水平，需要进一步提升。集中表现在：成套产品配套能力较差，存在薄弱环节；主机用原材料、关键零部件、轴承、密封件、电器元件、液压元部件等基础件，在使用寿命和可靠性上与国际先进水平相比存在较大的差距；产品的使用寿命短、可靠性差、故障率高。

此外，我国在井工综合机械化采煤技术与装备、煤炭洗选加工等各种产品研发与制造方面均取得了快速发展，但在露天开采设备方面虽然有所突破，但适用于大型露天连续开采的重点装备与传统技术装备强国相比仍有较大差距。

C.我国煤炭机械行业在综合研发能力和技术装备国际推广方面明显落后于国际领先企业

受传统体制影响,我国煤炭机械行业企业数量众多,分工明细,研发设计及生产制造脱节,与国际知名煤机企业相比,工业基础薄弱,集成设计与制造和综合市场推广能力不足。主要表现在以下几个方面:

(1)产品技术标准制定水平和精细度较低,特别是缺乏成套装备集成的技术标准,与国际标准难以对接,特别不能适应相应市场的国家及地方标准;我国现行的煤机产品技术标准指标普遍低于国际同类产品的技术标准,特别是缺乏对各工艺环节和可靠性与寿命的规定。我国技术标准在编制过程中没有同步发布相应的国际版本,难以取得国外用户的认可,给企业开拓国际市场带来困难。

(2)煤矿采掘装备为滚筒切割煤、矸、顶板支撑和煤、矸满载输送型设备,工作中冲击载荷大,多须满载启动。但国内厂家普遍缺乏对产品使用中的真实载荷进行测试与分析,产品设计采用类比放大法和书本数据;只注重追求应用技术,轻视基础理论研究,引进消化只注重仿形而较少深入研究相应的理论和手段;在产品性能的工程分析计算上研究较少,缺乏系统可靠性设计和产品设计性能的验证分析手段,致使国产基础元部件的性能指标较低,甚至不过关,设备的可靠性和寿命低于国外装备。

(3)产品设计理念、产品制造工艺、检测实验手段、加工设备等相对落后。新技术、新材料、新工艺及产品可靠性研究薄弱,技术攻关"重型轻质",侧重设计结构研究,很少进行可靠性理论、工艺方法研究,结果造成制造技术发展滞后,基础工艺水平低,工艺参数设计不精确且实施控制不严,严重影响产品质量;材料、铸造、热处理和表面处理工艺不过关,关键元部件制造能力差,可靠性低。

(4)主要产品的核心技术并没有完全掌握,主要产品的核心元部件仍选用外国公司产品,如强力输送机用软启动装备、重型减速器、变频器等。特别是,主要产品的核心元部件仍选用地面产品,由于煤矿井下防爆、粉尘、淋水、电磁干扰及振动等恶劣环境，使地面已成熟的产品无法在井下直接使用，由于煤矿用电气产品、传感器及保护、监测监控和自动化产品开发成本较高，因此，受开发投入能力限制，开发力度低、速度慢，与国外甚至国内地面产品相比落后较大。

(5)成套装备配套能力、集成技术研究较少，成套装备配套能力的系统设计、系统成套及系统服务能力低、质量差；由于煤机装备业过去一直是专业化分工，由设计单位系统配套，配套性研究较少，系统存在薄弱环节，技术装备的自动化、信息化程度低；重要装备的控制系统、检测系统、自诊断系统、寿命预估系统、集成技术及整机可靠性方面与国外先进水平尚有较大差距，造成煤机成套能力、可靠性和开机率的下降。

D.我国煤炭技术装备在国际市场推广与应用过程中"水土不服"现象较为突出

在国际煤机市场中我国产品以中低端为主，优势在于性价比高，但多数产品是根据中国的市场环境设计制造的，产品技术性能及企业经营模式在国际市场上存在诸多的不适应性，"水土不服"现象较为突出。

与国内煤炭企业相比，我国煤机产品国际用户主要分布在经济发展水平和技术水平相对落后的发展中国家。与国内煤炭企业相比，这些国家自身缺乏相应的技术人才和技术工人，短期内不具备根据具体使用环境与要求对相应装备技术调试、使用和维护改造的技术消化能力。在我国相应企业技术服务与支持能力不足的情况下，一个小的产品环节出现质量问题或操控不当便会导致整个生产系统停止运行，进而影响我国机械装备市场形象。这也是相关国家普遍倾向于选择欧美、澳大利亚、俄罗斯等传统煤机制造强国产品的一个重要原因。

受以上因素影响，在煤机装备产品进军"一带一路"相关国家市场的过程中，产品在使用中"水土不服"、技术服务与咨询能力及人员不足等问题比较突出，使我国相应装备在与欧美、澳大利亚，甚至俄罗斯等国装备供应商的竞争中处于相对劣势。

3. 竞争力总体评述

我国煤炭技术装备性价比高、产品线长，综合竞争强。我国已经建立起世界上最为全面与完善的煤炭开发与利用技术及装备制造服务体系，在资源勘探、快速建井、综合机械化装备制造、煤炭开采、生产安全预警与防范、煤炭洗选加工、煤炭伴生资源综合利用、煤炭清洁利用与超低排放发电、现代煤化工等多个方面均达到了国际先进水平，特别是在大型矿井建设、特厚煤层综放开采、新型煤化工技术等方面达到了国际领先水平。虽然部分煤炭装备产品在关键元部件的技术性能等方面与世界领先水平尚有一定差距，但我国突出的性价比高、技术产品线长等优势，有助于参与国际市场竞争，特别是在欠发达国家市场的推广应用。

6.2.3 煤矿工程总承包服务市场竞争力分析

1. 我国煤矿工程总承包服务发展状况

1)我国国际工程承包业务总体状况

随着全球经济一体化的深入发展，我国综合国力在不断提高。在国家鼓励开展国际工程合作，对外承包工程的同时，我国对外承包工程的业务迅猛发展，规模也在日益扩大，国际竞争力显著提高。根据商务部的统计，2015 年我国新签国际工程合同额 2101 亿美元，同比增长 17.6%，营业额达到了 1541 亿美元，同比增长 35.5%。而且在可以预见的未来十几年内，在"一带一路"倡议的全面推动下，我国国际工程承包业务仍将保持增长态势，我国对外工程承包合同总额和单项合同金额屡创新高。在 2015 年我国连续签订几个数十亿美元的大项目，使得当年新签合同额超常规增长之后，2016 年我国对外承包工程仍然保持了较快的增长速度，这也预示着我国对外承包工程已经进入了平稳、快速发展的时期。在整体业务规模快速扩大的同时，我国对外承包的项目规模和档次也在不断提高。具体表现在以下几个方面：

　　一是业务领域广。我国对外承包工程项目，最初以劳动密集型的房建、修路等土木工程为主，目前已逐渐拓展到资金技术密集的冶金、石化、电力、轨道交通、电子通信等领域。特别是在各类房建、交通运输、水利电力、石油化工、通信、矿山建设等方面具有一定的专业优势。

　　二是市场范围宽。非洲、中东地区是我国国际工程承包服务的传统优势市场。近年来，我国企业开拓欧美和南美市场取得一定进展，从最早的以非洲、中东为主要市场，发展到目前遍及全世界180余个国家和地区，基本形成了"亚洲为主、发展非洲、恢复中东、开拓欧美和南太"的多元化市场格局。

　　三是承揽和实施项目的能力增强，尤其是在工程施工能力和配套能力上。在一些领域的设计能力方面比较突出，承揽大型、特大型项目的能力有了大幅度提高。以 EPC 为代表的大项目逐渐增多，中国公司完成、追踪的 EPC 项目已经从几千万美元上升到了几亿美元，部分公司开始追踪十几亿美元的大项目。

　　20 世纪 90 年代末，我国企业开始以工程承包和劳务输出、技术输出等形式参与国外煤炭资源开发。十余年来，在中国宏观经济持续向好和相关政策的支持下，部分企业充分发挥自身比较优势，积极开展国外煤炭资源开发，有一定的进展，但是总体上还是处于初级阶段。

　　2) 我国国际煤矿工程承包业务发展

　　进入 21 世纪以来，随着煤炭需求快速增长，在国内煤炭开发规模快速增长的同时，我国广大煤炭生产、煤矿建设、煤矿设计企业以及其他行业的诸多企业纷纷进入国际煤矿工程建设领域。目前，海外投资项目多在上游的煤炭勘探、开发领域，主要集中在澳大利亚、加拿大、蒙古、越南、孟加拉国及中亚地区的产煤国。从总体上看，我国海外煤矿工程总承包虽然有了较大突破，但明显落后于公路、铁路、电力、水利等相关行业，也没有形成真正有国际竞争力的大型企业集团。

　　据预测，国外市场每年将有 3 亿～4 亿 t 产量的煤炭需要建设开发，年投资额超过 100 亿美元，煤炭工程和技术设备市场发展迅速，潜力巨大。国际金融危机不仅没有阻碍煤炭工程市场的发展，反而使国际煤炭工程呈现出更加迅猛的发展势头。大型国有煤炭企业面临国际化快速发展的良好机遇。

2. 我国煤矿工程总承包市场竞争力分析

1) 建设周期短、高性价比是我国煤炭建设企业参与国际煤矿工程总承包的突出优势

在快速发展及长期竞争中，以我国人民特有的勤劳与智慧为基础，我国工程企业普遍建立了高效集约的项目运营管理模式，积累了丰富的经验，项目建设周期大幅度领先国际同行。

性价比和成本优势是我国企业参与国际工程总承包业务的突出优势。从人力成本看，相对于国际工程总包公司，我国企业的员工人均年薪更低，人力成本方面仍然具备竞争优势。另外，我国煤炭机械装备方面的性价比优势也给我国煤炭工程承包企业参与国际竞争形成了有力支撑。在技术水平相同的情况下，我国工程机械产品价格通常为国外产品的 70%～50%，煤炭机械装备价格优势能够使我国企业工程报价更具有竞争力。

2) 国际工程总承包业务发展的整体质量不高、综合服务能力弱是国际煤矿工程承包业务拓展的重要制约因素

我国以设计咨询机构为龙头开展总承包的方式与国际市场发展主流趋势还存在着很大的差距。与我国其他行业如铁路、公路、电力等行业的在国际工程承包领域分别形成了如中国铁建、中国交建、中国电建等相对独立、具有综合服务能力的大型国际工程服务企业集团相比，我国煤矿工程承包工程业务由国内众多勘探单位、设计单位、施工单位、生产运营单位分别参与，虽然各项专业服务能力较强，但没有真正形成具有一体化服务能力的大型综合承包服务商，与国际工程承包领域主流的模式不相适应。由于我国企业通常仅承担某一单项服务，大部分集中在产业链条低端、利润较低的施工领域，基本上靠成本价格进行国际竞

争，在金融发达国家和地区面临较大困难和挑战。或者虽然承接了 EPC 项目，但由于自身综合能力不足，需要进行大量的外包与协作，业务服务质量有待提高。同时，部分企业管理水平比较低，增长方式粗放，营业额的增长主要是依靠项目数量的增加，盈利能力比较差，存在着盲目追求项目数量的提高，忽视项目质量与经济效益。

企业综合服务能力，融资能力不强，管理金融产品能力不强。从近几年来看，我国煤炭企业主要参与的是传统的资金落实的现汇项目为主。根据统计，我们国家煤炭企业投标的国际工程项目中，由国际金融机构提供资金支持的项目占了 12.4%，业主和地方政府自筹资金的项目占了 65.9%，两者加起来，占了全部投标项目的 78.3%，带资承包所占的比例比较低，这种状况与一般国际工程 65% 是采取的带资承包的趋势还有很大的差距。

3) 缺乏完善的支撑与服务体系，企业海外经营秩序尚待规范

目前我国相关国际工程承包商之间的分工合作体系、诚信自律体系还没有完全形成，与参与全球工程服务相适应的政府及民间支持与咨询体系尚不完善。中国公司随着整体实力的增强，各类企业走出去的速度在明显加快，几乎在世界的每一个市场、每一个领域都有中国企业之间的竞争，同质竞争、过度竞争，甚至恶性低价竞争现象还比较突出，相应的工期、质量等问题已经开始显现出来，使国家利益，行业利益和企业利益受到严重损失。

3. 竞争力总体评述

我国煤炭工程建设周期短、性价比高，专项服务能力突出。随着我国煤炭产业的快速发展，国内形成了由众多煤炭勘探单位、设计单位、施工单位、生产运营单位共同参与，分工明确的煤矿工程建设服务体系。虽然参与国际煤矿工程总承包业务起步较晚，相关市场主体各自为战，尚没有真正形成具有一体化服务能力和突出品牌形象的大型综合承包服务商，但建设周期短、高性价比是我国煤炭建设企业参与国际煤矿工

程总承包的突出优势，且较低的人力成本和煤炭机械装备方面的性价比优势，也对我国煤炭工程承包企业参与国际竞争形成了有力支撑。

6.2.4　资源开发与转化市场竞争能力分析

1. 国际煤炭资源开发市场发展趋势

近年来，澳大利亚、东南亚、中亚和俄罗斯以及非洲等地区和国家，已经进入新一轮煤炭资源开发热潮。澳大利亚积极支持外资开发煤炭资源，多家中资企业或成功收购澳大利亚煤炭资源开发企业，或成功竞购澳大利亚煤炭资源，或积极推进澳大利亚煤炭资源开发项目。在巴基斯坦，政府和企业与我国大型国有科技企业密切合作，成功启动煤炭资源高达 1750 亿 t 的 THAR 煤田开发项目。在越南、印度尼西亚、蒙古、乌兹别克斯坦、俄罗斯、土耳其、尼日利亚等国，新的煤炭、煤电项目正在积极推进，南美的巴西、哥伦比亚、阿根廷，非洲的莫桑比克、坦桑尼亚、博茨瓦纳、南非等国也都在积极加快煤炭资源开发进程，中亚地区部分国家已经开始推行"煤炭替代油气、加大油气出口"的能源政策，不断推出新的煤炭开发项目。这些新的煤炭开发热点地区在技术、设备、建设、运营管理等方面都有很大需求，为我国煤炭企业发展自身优势，提升全球产业规模与综合竞争力提供了有利的契机。

在发达国家能源政策不断调整，逐步减少甚至放弃对煤炭的依赖的同时，发展中国家对能源需求的快速增长又客观上增加了对煤炭开发利用的需求。随着世界能源格局的演变，世界煤炭行业处于重新调整阶段，国际能源巨头正逐步退出煤炭资产，给我国煤炭产业发展产业规模、技术与市场机会，通过整合收购及重组加快国际化进程，提升我国煤炭产业综合实力提供了契机。

据不完全统计，我国在国外的煤炭资源开发项目有 65 个，涉及投资金额 70 余亿美元，控制的煤炭资源量在 400 亿 t 以上。其中，已正式投产的项目 11 个，煤炭资源量 55 亿 t，生产规模约 5000 万 t/a，有 21 个项目尚处于前期项目运作阶段。同时，技术设备输出类、工程承包类等项目的数量和所在地范围都有所拓展。

2. 我国煤炭企业海外资源开发竞争力分析

资源开发与转化涵盖资源勘探、基础建设施工、生产运营、后续转化利用，是煤炭产业资本、技术装备、运营管理、人力资源、产业一体化等能力和优势的综合体现，特别是煤电一体化开发是发展趋势，这更能反映一个国家煤炭行业的竞争实力。从总体看，国有煤炭企业在海外煤炭资源开发上具有显著的竞争优势。

1) 技术及设备优势

我国煤炭资源丰富，总体开采规模大，具有适合各种地质条件下的矿井建设、开采技术、先进设备和运营管理经验，许多技术居于世界领先地位，大部分设备满足年产千万吨矿井的要求，可以为全世界任何国家、任何条件的煤炭开发项目提供一体化综合配套服务，综合实力领先国际。

更为突出的是，我国煤炭企业已全面掌握煤基产业链的综合开发能力，特别是拥有大型煤电、煤化工、煤电铝和铁路、港口、物流、房地产等建设、生产的技术与管理水平，具有煤基产业链结构集群开发建设和组织运营的强大实力。

2) 专业技术人员优势

在专业技术上，主要的竞争对手是西方国家。长期以来，美国的煤炭产量增速慢，人员基本稳定。俄罗斯油气资源充沛，煤炭产业经历了较长时期的滑坡，技术水平发展缓慢，技术力量严重不足。澳大利亚煤炭产量不断增长，技术人员较为紧缺。其他欧美国家煤炭产业逐步衰退，科技人员严重老化。与此相反，我国煤炭工业持续快速发展，积累了大量的专业人才和管理人才，这是任何国家都无法比拟的。

3) 项目建设和运营管理优势

我国每年都有大量的新建煤炭项目，有专业化的施工建设队伍，在长期的建设实践中，这些队伍已经积累了丰富的实践经验，具有国际一流技术能力、管理水平的队伍很多。我国有数万个条件不同、规模不同、技术和设备水平不一的煤矿，具有各种条件下煤炭项目运营管理的丰富经验，众多的大型国有煤炭企业在煤炭项目运营管理上优势突出。

4) 对外贸易运营优势

大多数国有煤炭企业或相关企业都具有丰富的对外贸易经验。如中国中煤能源集团有限公司曾是我国煤炭进出口业务的主体企业，出口煤炭一度占全国出口总量的 55.5%。丰富的对外贸易工作经验为我国国有煤炭企业开发海外煤炭资源、实现国际化发展打下了坚实基础。煤炭的下游企业如煤电企业与国有煤炭企业有着良好的合作基础。煤电企业的联合可以规避海外开发资源的贸易风险。

5) 融资投资优势

大型国有煤炭企业大多都有自己的上市公司，拥有良好的融资平台，可以在资本市场融资。特别是在随着我国"一带一路"倡议的全面落实，相应的金融支持政策日益完善，市场化的投融资体系全面发展，各种性质的能源产业基金、矿业产业基金等不断成立。这些企业规模大，资金实力雄厚，融资投资能力强，开发海外煤炭资源符合主业投资要求，在海外煤炭资源开发市场的竞争中也具有明显优势。目前，我国主导成立的亚洲投资银行已经吸引了 70 个国家加入，在"一带一路"倡议实施中发挥着越来越重要的作用。

但是，在我国煤炭企业全面实施走出去战略，参与国际煤炭资源开发与利用的过程中，由于参与主体数量较多，相对分散，起步晚，经验不足，缺乏相应的国际化人才及本土化人才支撑，政府及社会咨询服务体系不健全等因素的制约，面临着与以国际化能源巨头为代表的跨国公司和资源所在国本土煤炭企业的双重竞争压力。

3. 竞争力总体评述

技术装备、人才、管理、投融资等全要素综合优势，有助于我国企业实施国际煤炭资源的开发利用。我国作为世界最大的煤炭生产国和消费国，在长期发展过程中形成了系统完善的产业体系，在资源勘探、规划设计、矿井建设、装备制造、运营管理、物流贸易、加工利用等各个产业环节均达到国际先进水平，部分领域处于领先地位，为我国煤炭企业全面参与全球优质煤炭资源开发与利用奠定了坚实的基础。在全球能源向清洁低碳、安全高效转型的背景下，以国内坚实的产业基础、庞大的市场需求为依托，充分发挥技术、装备、专业技术及管理人才、资金及政策等方面的突出优势，强化企业间的联合与重组，着力加强国际化经营人才培养及咨询服务体系建设，能够全面提升我国煤炭产业在国际煤炭资源开发市场中的竞争能力与地位。

6.3　煤炭革命的国际化战略

6.3.1　战略目标

通过国际化，充分利用"两个市场、两种资源"，促进我国煤炭产业转型升级，实现我国由煤炭开发利用大国，向煤炭绿色开发、清洁高效利用、物流贸易强国的转变；通过国际化，以中国作为负责任大国的担当，发挥对世界煤炭产业引领作用，带动发展中国家煤炭产业绿色清洁低碳发展，为促进世界煤炭产业逐步成为清洁、安全、高效的基础能源产业做出中国贡献。

6.3.2　发展路径

1. 煤炭贸易与物流

(1)控制我国东南沿海动力煤进口增长。

我国煤炭进口量自 2009 年突破亿吨，并于 2011 年以来，一直维持在 2 亿 t 以上的高位，印度尼西亚和澳大利亚是主要的煤炭进口来源国(2015 年和 2016 年占比均在 70%左右)，进口煤种以褐煤和其他烟煤为主(2015 年和 2016 年占比均在 56%左右)。而受煤炭资源、需求及运输等因素影响，我国动力用煤进口主要集中在中南和华东沿海地区，其中广东、广西由于沿海工业加速发展以及紧邻沿海出口国的区位优势，一直是动力煤主要进口省份。目前我国煤炭产能严重过剩，需要在供给侧结构性改革的同时努力扩大市场份额，因此东南沿海的动力煤进口市场应作为竞争重点，其具体的路径有：一是着力提高西部煤炭主产区成本竞争力，控制澳大利亚、印度尼西亚的进口动力煤增长；二是国内煤炭企业在澳大利亚等海外国家的煤炭开发项目，运至东南沿海替代部分进口。

(2)逐步恢复韩国、日本和中国台湾地区等我国煤炭传统市场。

日本、韩国和中国台湾，这些国家和地区曾经是我国煤炭产业的主要出口目标市场，与澳大利亚、印度尼西亚等国相比，我国向这些市场出口有天然的地理优势。2003 年我国对韩国、日本和我国台湾地区出口量为 7702 万 t，随后逐年下降，2015 年的 372 万 t 为 21 世纪以来的最低值，2016 年我国为 732.5 万 t，占到同期我国煤炭出口总量的 83.4%，比 2015 年提高 7 个百分点，已呈现出恢复的苗头；鉴于韩国、日本和我国台湾地区煤炭消费量稳定性强，我国恢复这些传统出口市场的空间仍然很大。

(3)开发印度、东南亚地区等未来主要煤炭消费增量市场，扩大在亚太煤炭市场的影响力。

从世界煤炭生产消费及贸易发展格局来看，我国煤炭行业未来需要重点关注以印度为核心的南亚市场和以越南为代表的东南亚市场。其中印度将成为世界最大的煤炭净进口国，据预测印度的煤炭消费在 2040 年前将持续处于增长状态，我国在澳大利亚等国获取的海外煤炭资源应将其作为目标市场；越南自 2015 年由煤炭净出口国转变为净进口国，由于该国煤炭资源有限，在经济发展对煤炭强劲需求背景下，未来也需要大量进口煤炭。自 2015 年开始我国已连续两年出口越南煤炭超过百万吨，是继澳大利亚、俄罗斯、印度尼西亚之后的第四大对越出口国，根据越南海关总署数据，越南从俄罗斯进口煤炭成本仅为 63 美元/t，而从中国进口成本为 71 美元/t。我国国内煤炭需要进一步降低成本，抓住机会扩大对越南煤炭出口。由此，通过不断地扩大新兴煤炭市场的出口份额，进一步扩大在亚太煤炭市场中的份额，强化在亚太煤炭价格体系的影响力。

(4)积极参与国际煤炭贸易体系的分工与竞争，布局国际煤炭贸易市场，实现向煤炭贸易大国的转变。

从国际煤炭资源的市场流向来看，南美、北美煤炭主要流向欧洲，印度尼西亚、澳大利亚的煤炭流向中国、日本、韩国、印度和中国台湾等，国际煤炭走向与"丝绸之路经济带"和"21世纪海上丝绸之路"路径基本吻合。这为我国开展国际煤炭贸易奠定了一定基础。国内煤炭企业可吸取国际煤炭贸易巨头如嘉能可集团的发展经验，积极参与国际煤炭贸易体系的分工与竞争。国际煤炭运输方式主要有海运、铁路两种方式。从全球煤炭跨国运输来看，海运约占90%，铁路约占10%。我国煤炭贸易有三条主要路线，分别是，南非-印度洋-马六甲海峡-南海-中国；澳大利亚和印度尼西亚-龙目海峡-南海-中国；美国-加拿大-哥伦比亚-太平洋-中国。在国际铁路方面，目前我国与接壤的蒙古、越南都有跨国铁路，可以为国际煤炭贸易提供运输通道。随着欧亚、东亚跨国铁路建设的进一步开发，我国有望与更多国家实行跨国铁路联运。围绕这些海运和铁路通道，通过参与并加强国际煤炭贸易物流体系的分工与竞争，逐步实现向世界煤炭贸易大国的转变。

2. 技术装备与工程服务

(1)通过融资租赁等多种方式，重点向印度、印度尼西亚、越南等国输出井工开采技术及装备。

印度和印度尼西亚目前主要以露天开采为主，但未来新建煤矿多数将转向井工开采，但这两个国家井工开采相关的技术储备与装备生产制造几乎为零；越南井工开采生产规模小、技术装备落后，煤炭产业转型升级趋势明显，未来矿井技术改造市场较大；煤炭安全高效绿色开采已成为发展趋势，我国煤炭井工开采技术装备世界领先，可通过融资租赁、与工程总承包捆绑等多种方式，向这些国家输出井工开采成套技术装备。

(2)通过工程总承包(EPC)等模式，重点向印度、印度尼西亚、巴基斯坦等国出口煤炭转化利用的相关技术装备。

我国的清洁高效燃煤发电与现代煤化工技术装备，可通过 EPC、建造-运营-移交(BOT)等模式向印度、印度尼西亚、巴基斯坦、越南等国家出口。特别是印度，其国内一次能源资源赋存特点也是"富煤缺油少气"，随着印度国内经济高速增长对能源保障及能源安全需求的提高，印度煤炭消费具有较大的增长空间，也将建设一批煤炭转化利用项目，特别是煤电项目，我国的清洁高效燃煤发电和现代煤化工技术装备可针对性向其出口。

(3)以劳务输出为主，重点向俄罗斯、乌克兰、乌兹别克斯坦等国开展煤矿生产运营的工程承包服务。

俄罗斯、乌克兰两国劳动力匮乏，乌兹别克斯坦劳动力素质低，我国可发挥煤炭行业从业人员总量大、劳动力素质高的优势，以劳务输出为主，重点向这些国家开展煤矿生产运营等工程承包服务，并可进一步发挥综合优势，实现技术装备与工程服务捆绑出口。

3. 资源开发与转化

(1)加强对澳大利亚、蒙古、俄罗斯等国家的优质焦煤资源开发。

我国是钢铁生产和消费大国，炼焦煤作为必需产品已成为重要的战略资源，我国缺乏优质炼焦煤，每年从澳大利亚、蒙古等国进口炼焦煤约 5000 万 t。需放眼世界，立足两种资源、两个市场，积极争取国外优质炼焦煤资源。可通过购买煤炭资源、煤炭勘探权或开采权等方式加强澳大利亚、蒙古、俄罗斯等国家优质焦煤资源开发力度，以国际煤炭巨头在经营困局中进行资产重新配置为契机，积极获取之前煤炭价格高时难以获得的稀缺煤种资源。

(2)发挥我国煤炭全产业链优势，积极布局"一带一路"南亚与东南亚国家，以煤炭利用带动资源开发。

重点关注南亚的印度、巴基斯坦、孟加拉国，以及东南亚的印度尼西亚和越南等国家，其中巴基斯坦、孟加拉国、越南等国家煤炭资源勘探开发程度低、煤炭开发需求大、煤炭产业装备与技术水平较低、相关基础设施比较落后、本国资金短缺且易于接受外来投资，可以煤电等下游产业为切入，通过在当地发展煤–电–建材、煤–焦炭–钢铁、煤–合成氨(甲醇)等煤炭加工利用产业，以下产业带动上游煤炭产业的开发，通过风险勘探、投资建矿、技改扩能等方式控制并开发其煤炭资源。

4. 资本运营

(1)重点在澳大利亚、蒙古等优质煤炭资源国，以获取强竞争力煤炭资源为目标，开展并购为主的资本运营。

在"一带一路"区域国家中，澳大利亚是最具资本布局优势的国家。澳大利亚政局稳定、法律健全、资源丰富且赋存条件较好，大多数世界煤炭巨头在澳大利亚都拥有煤炭资源，该国煤炭资源的并购相对比较活跃，容易在探矿权、采矿权二级市场或企业并购中获得煤炭资源。

(2)在印度、越南等煤炭增量市场，重点布局煤炭利用转化等下游环节，开展跨国战略联盟为主的资本运营。

以印度、印度尼西亚和越南等煤炭增量市场国为重点，在经过充分调查和风险评估的基础上，考虑"印度因素"和"东南亚因素"的影响，特别是亚太煤炭贸易圈，结合未来煤炭供需发展形势变化情况，提前预判与统筹思考布局，瞄准煤炭转化利用环节项目建设，以开展跨国战略联盟为主，实施煤炭跨国资本运营，在减少单独进入这些国家风险的同时，间接获取资源和市场。

(3)加大露天开采装备生产的资本布局，进一步提升我国煤炭开采技术装备总体水平。

加大露天开采装备生产领域的资本布局，针对性开展相关企业的跨国兼并或战略合作，补强我国露天开采技术装备水平较弱的短板，进一步提升我国煤炭开采技术装备总体水平。

(4)加大在主要煤炭出口国煤炭运输基础设施的资本布局，为进一步扩大煤炭贸易奠定基础。

加大在澳大利亚、印度尼西亚、蒙古、俄罗斯等煤炭出口国相关运输基础设施的资本布局,特别是印度尼西亚、蒙古和俄罗斯的远东地区,参与铁路、港口等相关建设,为实施煤炭贸易奠定基础。

6.3.3　保障措施

1. 以科技和管理创新推动煤矿生产力水平全面提升

加大科技创新投入,在煤矿无人化开采、煤炭清洁利用、煤炭洗选、绿色开采、资源综合利用等重点高新技术领域新建若干国家科学中心、国家(重点)实验室,构建国家科技基础创新平台。优化国家工程中心建设布局。加强企业技术中心建设,支持面向企业的技术开发平台和技术创新服务平台建设。加快煤炭工业信息化与工业化的深度融合,加强数字化矿山建设,推进物联网、云技术、移动互联网技术等新型信息技术在煤炭工业信息化中的应用,不断提高煤炭工业信息化水平。

围绕煤炭安全高效开采与清洁高效利用关键技术进行攻关,重点推广保水与矿区生态保护开采、煤矿热能转换系统等绿色开采技术装备,优化升级机械化设备;创新煤炭利用方式,大力发展洁净煤技术,实现煤炭分质分级利用、提高煤炭综合利用率和附加值,高效开发煤炭中其他伴生资源;开发应用节水、节煤、节能的煤化工技术装备;升级现有循环经济模式,开拓新思路,开发新技术,使其更高效、更经济,通过科技创新使我国的煤炭工业实现黑色煤炭绿色开采、清洁高效利用和高碳产业低碳发展。

2. 实施技术对标与引领战略以消除技术装备"走出去"壁垒

我国在大型矿井建设、特厚煤层综放开采、复杂条件下安全开采、燃煤超低排放、新型煤化工等多方面的煤炭安全高效开发利用技术达到了国际领先水平,同时相关的装备也具有适应性强、性价比高等突出的优势,但目前我国煤炭相关技术只是"墙内开花墙内香",相关装备在国际市场的占有率较低、"水土不服"现象突出，究其原因，其中重要的一条就是国际间相关的技术标准不统一、不互认，存在着标准认证或许可等技术壁垒的情况。如安全技术标准，由于世界各国对矿用设备均采取强制性的安全准入制度，尽管其准入制度所涉及的认证技术标准与我国的标准相同或相近，但尚不能互认，所以我国矿山装备出口国际市场，面临着不同国家相关安全认证或许可等技术壁垒的限制，为此付出了高昂的时间和经济代价，更丧失了许多以工程项目带动矿山装备出口的机会。因此，需要不断地开展并加强技术对标，深度参与国际标准化制定，提高我国煤炭相关技术标准的地位和国际话语权，并以技术标准制定和输出作为带动我国煤炭行业整体"走出去"的重要驱动力。

为此，一是实施技术标准联通"一带一路"行动计划，与沿线重点目标国家在国际标准制定、标准化合作示范项目建设等方面开展务实合作；建立煤炭领域的中外标准化专家合作交流机制，鼓励我国专家积极参与国际标准化组织工作；加大力度组织翻译一批主要煤炭生产及消费国煤炭技术及装备相关的标准，积极开展中外标准对比分析，加快提升国际国内标准水平一致性程度，着力推动我国煤炭技术装备相关标准在"一带一路"主要目标国的应用。二是实施技术引领战略，广泛搜集世界主要产煤国和"一带一路"沿线目标国煤炭赋存地质条件等相关资料，分析研判适用的开采技术等要求，针对性进行技术研发储备，并通过建矿示范、免费培训宣传等多种方式，扩大我国煤炭开采技术装备体系的国际影响力，进一步推动煤炭相关技术装备"走出去"。

3. 整合重组形成一批具备较强国际竞争优势的龙头企业

整体上，我国煤炭行业部分领域还呈现小、弱、散的特点，需要通过市场化运作，发挥企业主体作用，实施兼并重组，进一步整合资源、提高产业集中度，培育一批具备较强国际竞争优势的龙头企业，并以其为核心参与实施"一带一路"倡议。在煤炭贸易与物流方面，以优势大型煤炭企业为核心，以资本为纽带，培育组建实力雄厚、具备国际煤炭贸易竞争优势的企业集团；在煤机装备制造方面，以提高研发能力、攻克核心技术、加快关键部件研发为重点，推进煤矿装备企业的整合重组，形成若干具备国际影响力的煤炭采掘工程装备制造企业；在工程服务方面，以合并、资产置换、重组等多种方式整合资源，组建涵盖地质勘探、矿井设计、基本建设、生产运营于一体的大型煤炭国际工程服务企业集团；在资本运营方面，通过深化改革，提高企业资本运营能力，加快培育煤炭领域大型资本运作主体。

4. 变革创新推动企业"走出去"软实力提升

总体而言，我国煤炭企业国际化程度较低，要实施"走出去"战略，企业自身需要在组织管理体系、资本运营体系、信息管理体系等方面进行变革创新，提高开展国际竞争的软实力。在组织管理体系方面，要建立适应"走出去"战略的集团化管理组织架构、合理的地域管理机构，同时健全内控制度及管理制度，吸取国际上先进、科学的管理经验和管理模式，不断提升企业国际化管理水平。在资本运营体系方面，要主动出击资本市场，将产业运作和资本运作相结合，根据企业战略规划、海外投资计划等，制定合理的资本运作战略，通过境外上市、债券等直接融资方式及与其他国际大型公司合作参股的间接融资方式，充分利用国际市场的多元化融资结构，解决企业投资、持续发展的资金需求问题。在信息管理体系方面，要注重企业专业化商业情报部门建设，加强对重点地区和国家相关政策法规、文化背景、技术标准、行业规范、市场准入、技术门槛等情报的搜集整理，全面了解投资目标国的外交政策、财税、金融、保险、外汇等政策措施，掌握目标国投资和商业运营环境，同时，还应积极开展与社会中介机构、智囊机构、经济研究机构的合作，构建快捷、准确、及时的情报渠道体系。

5. 强化国际化人才队伍建设与培养

人才竞争已经成为国际竞争的核心，煤炭企业开拓国际市场所需要的高素质人才，应是满足国际煤炭资源开发、工程项目服务、国际贸易和商务谈判等业务的需求，既精通煤炭生产、安全管理技术，又熟悉经营和财务管理、通晓国际惯例，具有较高外语水平，能达到国际化经营要求的复合型、高素质人才。总体看，虽然我国煤炭行业从业人员总量很大，但具有全球化视野、通晓国际通行规则、熟悉国际化运营模式、精通专业技能的复合型人才非常缺乏。而国际化人才的缺乏，直接导致我国煤炭企业在"走出去"战略实施过程中，经营活动无法按照计划圆满实施，企业管理难以科学、有效，部分情况下甚至影响到企业"走出去"整体战略目标的顺利实现。为此，我国煤炭企业一是要重视国际化人才自我培养，要树立系统的国际化人才培养理念，遵循人才资源开发规律和国际发展趋势，创新国际化人才培养机制和环境，系统规划国际化人才培养模式，加大国际化的人才培养力度，建立和完善应对国际化竞争的人才选用机制、适应国际化竞争导向的人才评价机制，与国际接轨的人才激励机制，大力培养一支具有国际化思维和战略眼光、懂得国际通行规则、熟悉国际化经营管理理念、具备跨文化的交流沟通能力，在技术、管理、金融、财务、法律、贸易等不同领域精通专业技能的数量充足、优秀适用的国际化复合型人才队伍；二是要以全球化的视野，充分利用好项目所在地各类人才资源，实现人才国际化为我所用；也要高度重视发挥团队的整体作用，以弥补个体人才的不足。

6. 做好国际化经营项目风险管控

煤炭企业开展国际化经营具有高投入、周期长的显著特点，面对复杂多变的外部环境，面临多种风险和挑战。根据可能面临的风险内容及其表现形式，大体可将煤炭企业开展跨国经营风险划分为政治风险、经营风险和管理风险三大类。在政治风险方面，一些国家或受中国威胁论影响或由于自身局势动荡，常以国家安全为由干预中国企业正常的海外经营商业行为，因此主要是提前做好目标国的政治风险评估，对高危风险区域要避免盲目进入。在经营风险方面，由于企业经营风险在很大程度上受限于资金使用风险，资本实力是企业规避和防范风险的核心因素，相比较西方大型跨国企业，我国煤炭企业的资本实力还较弱，跨国经营的绝大部分资金来源于银行贷款，因此要做好对市场的预测工作，特别是在开展国际贸易时要做好汇率风险管控的工作；另外，跨国经营涉及进出口、中介、汇兑、保险等诸多环节，任何环节都存在商业信用危机，任何失信行为都可能使交易失败，进而给企业带来巨大的风险，因此还要加强建立信用风险防范控制工作。在管理风险方面，走出国门经营，必须按照当地市场经济规则运行，在经营目标设置上不能局限在短期"利润最大化"，要考虑东道国工会势力和劳工权益这一软指标，通过雇佣当地员工、在东道国寻求企业利益代言人，逐步实施本土化经营战略，从而得到当地政府和公众的认同；另外，要把文化风险作为我国企业跨国经营风险的重点内容进行管控，重视对文化差异的识别和认同，加强与当地居民、员工、消费者的沟通，避免文化冲突。

第7章　实施煤炭革命的新型人才战略

煤炭革命以后，我国将全面实现煤炭近零生态损害的绿色开采与近零排放的清洁低碳利用，煤炭行业也将成为信息化、智能化、现代化、知识化、专业化水平高的高技术产业，以及多学科交叉融合、世界前沿科学探索的新型行业，因此必将需要建立与煤炭革命相适应的新型煤炭人才培养体系。煤炭革命的核心是思想革命、理念革命、技术革命以及体制机制革命，煤炭革命的实现对于新型煤炭人才的标准与界定也将发生革命性变化，本章明确了新型高端人才在煤炭革命过程中的决定性作用；同时本章结合未来煤炭行业应具备的颠覆性理论与技术，以及随着未来无人智能化深部流态化开采技术体系的实现，建立了煤炭革命的新型人才战略构想，描述了新型人才应当掌握新型多介质数据交互技术、地下空间立体实时定位技术、近零损耗无线能量传输技术、近零损耗能量提取提纯压缩技术、基于区块链的机机交互技术、深部地下空间立体社区规划技术；同时新型人才应当成为具备大数据与多维度的决策能力、深部流态化开采虚实交互动态执行能力、人工智能装备思维训练能力、机机交流能力、多领域机器人操控能力的复合型多领域人才，以促进煤炭真正成为经济、绿色、可持续的清洁能源。

7.1　煤炭革命的人才战略构想

实施煤炭革命必然促使煤炭生产和利用方式的根本性变革，未来我国煤炭行业也必将通过理念变革、理论创新、技术革命、产业结构延伸、产业转型升级、组织结构变革、规范行业准入门槛、引进培养高端人才，利用科技和人才资源使煤炭工业发展成为高技术产业和现代化产业。未来我国煤炭行业应集成为信息化、智能化、现代化、知识化、专业化的高技术产业(谢和平，2017b)，煤炭资源真正实现绿色开发和高效清洁利用与转化。新型的煤炭行业必将需求新型的煤炭人才，科技进步与高端人才在未来煤炭行业发展中将起到决定性作用，全面提升煤炭行业的科技含量和社会地位，使煤炭企业成为管理水平一流的高科技企业，使煤炭行业成为受人尊重、人才向往的高新技术行业（王家臣和钱鸣高，2011；王家臣等，2016）。为此结合未来煤炭行业应具备的颠覆性理论与技术，提出我国煤炭革命的新型人才战略构想，见图 7-1。

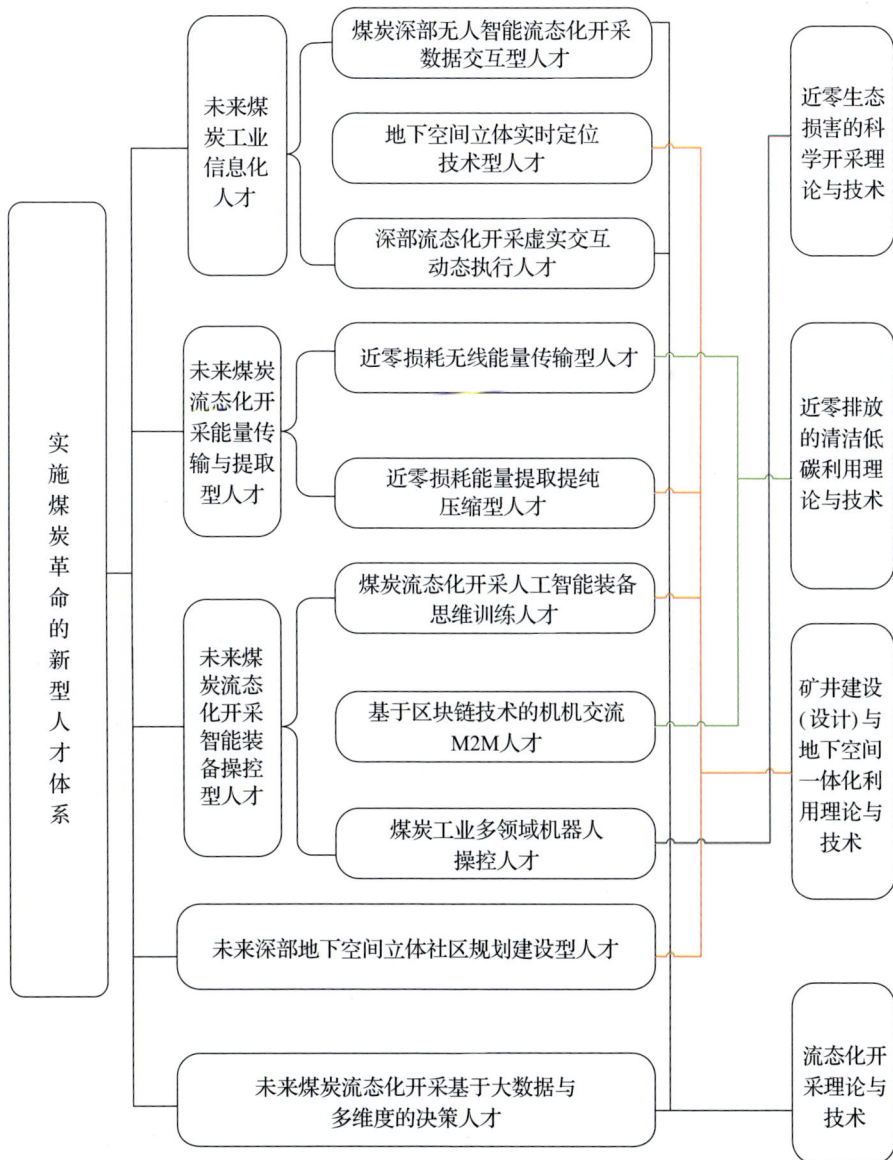

图 7-1　煤炭革命的新型人才战略构想图

7.2　实施煤炭革命的新型人才体系

7.2.1　未来煤炭工业信息化专业技术人才

1. 煤炭深部无人智能流态化开采数据交互专业技术人才

煤炭工业未来井下实现无人智能化采、选、充及热电气转化的流态化开采技术体系，人机交互技术的应用与发展逐步完成人的虚化。而井下无人智能设备的发展，正悄然开启物的虚化。人与设备虚化的趋势，催生了众多技术手段。信息物理系统(CPS)、人工智能装备将成为煤炭工业的热点，这意味着虚化趋势的加速在未来三十年中将会达到巅峰，所有顺应虚化的技术和产品，都将随着趋势急速前进。万物联网，物理世界不断虚化的同时随之而来的是大量数据的实时传输。未来煤炭深部流态化开采也必将实现矿山设备万物联网，井上井下设备实现人机协同、机机协同(M2M)。因此需要建立高效率、实时传输、抗干扰能力强和绝对安全的数据交互系统。

未来煤炭工业数据交互专业技术人才需要掌握新型多介质通信技术，实现井上井下智能设备实时通信，运用多介质通信技术实施数据的实时传输，建立矿山智能设备万物联网；同时也要具备流态化开采数据和位置信息的采集能力，掌握流态化开采的基础理论与技术，远程控制能量转换流体的流动方向。总之未来煤炭工业数据的交互是实行一切无人智能流态化开采的基础。

2. 地下空间立体实时定位专业技术人才

在未来矿山万物联网、数据实时交互的信息时代，更需要精确地掌握地质构造、开采空间、智能设备的准确位置。只有掌握了未来地下空间立体实时定位技术，才能利用深部矿井智能精准地质探测技术获取更准确、超前的、实时交互的地质信息，为大型煤矿实现透明矿山及煤炭流态化开采开发奠定基础。

未来地下空间立体实时定位专业技术人才需要具有精确、实时交互的地质立体数据分析能力,地下空间、开采空间、地质构造建模分析能力,利用深部矿井智能精准地质探测技术获取地质数据,并通过人工智能来协助分析大量地质数据;同时具备地表生态与地下开采空间立体建模能力,通过远程矿山设备空间位置和开采空间位置来判断地下矿山开采对地表生态的破坏程度和破坏范围。

3. 深部流态化开采虚实交互动态执行专业技术人才

未来煤炭开采仅需要地面技术人员在远程数据中心监控由机器人组成的智能装备进行深部地下流态化开采,这就需要一个可视化的虚拟现实交互型平台,能够随时监控矿物开采与能量转换全过程。未来流态化虚实交互动态执行人才,需要掌握可视化的虚拟现实仿真技术,通过构建透明矿山可视化系统,搭建可视化的虚拟现实实时交互型平台,实现流态化开采动态监控;同时要具有虚拟到现实的动态执行能力,针对虚拟平台中遇到的开采难题,实时提出解决方案。

7.2.2　未来煤炭流态化开采能量传输与提取专业技术人才

1. 近零损耗无线能量传输专业技术人才

未来煤炭工业实现万物联网,大数据实时传输,无人化智能流态化开采,井下"采、选、充、电、气"一体化开发,同时实现原位能量交换、储能与转化,这就需要一种无限能量传输技术,使用一种"能量路由器"通过无线能量传输技术传递能量。对于无线能量传输型人才,需要掌握单点对多点的近零损耗无限能量传输技术,设计流态化开采原位能量转化定向传输方案;要具备井下矿山无线能量传输设备操控能力,搭建"能量路由器"不经过导体直接传输,掌握无线能量传输技术基本原理,避免传输过程中的能量损耗。

2. 近零损耗能量提取提纯压缩专业技术人才

未来近零损耗能量提取提纯压缩专业技术可以把不同种类的能量

都转化为通用的标准能量块，能够为未来地下阳光、农业和景观构建与煤基风光互补多元协同能源技术提供能量转换与补给，同时也能为井下智能设备与智能机器人提供能量。未来煤炭工业能量提取提纯压缩专业技术人才应掌握能量提取、提纯技术，于深部地下开采原位直接将煤炭资源转化提纯为高浓度能量块，配合智能设备实现流态化开采一体化、规模化；未来煤炭工业能量提取提纯压缩专业技术人才也应掌握煤炭能量压缩转化技术，使得不同种类能量转化为通用的标准能量块，高浓度压缩的能量块集能量交换、储存、转化为一体，从而改变传统能源利用模式。

7.2.3　未来煤炭流态化开采智能装备操控专业技术人才

1. 煤炭流态化开采人工智能装备思维训练技术人才

在煤炭 5.0 阶段中无人智能装备将完成所有流态化开采工作，其与煤炭 4.0 阶段中所强调的自动化最大的差异在于机器所具备的学习能力，即人工智能，因此在未来的矿业发展过程中，人更重要的作用将是对智能机器进行对应的知识传授，对机器人的思维进行训练，使其具有一定创造能力。可以预见，在未来煤炭工业发展过程中，针对人工智能进行思维训练的人才将至关重要。

未来煤炭工业人工智能装备思维训练技术人才就是去解决机械"脑"的问题。未来煤炭工业人工智能装备思维训练技术人才通过发展基于神经元网络的人工智能来解决机器人组成的智能设备"脑"的问题，让智能设备具有像人类一样的思维，能够相互配合，向人类实时主动反馈智能设备运行中产生的问题，并能自动解决问题。

总之未来煤炭工业智能装备思维训练技术人才需要训练机器的"大脑"，即训练引导人工智能的模仿、思考、创造能力，从而更为有效地引导人工智能设备进行工作，形成虚实交互、闭环反馈、动态执行的平行化智能开采模式。

2. 基于区块链技术的机机交流 M2M 专业技术人才

区块链技术能有效降低未来煤炭工业生产中机机交流的共识成本。未来煤炭工业实现流态化无人开采，仅有地面工作人员，因此必将有大量的智能设备将在不同的岗位代替人类完成各种各样的工作。尤其是大量机器人组成的智能设备，更需要智能机器人之间完成信息交流，例如，实时位置信息、实时动态信息等。但是如果各个机器人把数据传回数据控制中心，再由控制中心的人工智能 AI 发出指令的话，那么这中间的实时数据传输虽然快速，但还是会有延迟。大多数情况下并不能应对煤炭开采现场的突发情况，此时就需要基于区块链技术的机机交流人才来解决这个问题。

人和人在日常生活中，需要不断达成共识，才能有效地合作。这个共识，理论上只需要双方都认可就可以实现，比如两个人进行一次转账，只需要在各自的账本上增减金额就可以完成。但由于相互之间缺乏信任通常需要一个中间人来做仲裁，同时还需要付出一定的成本去供养这个中间人。银行、法院、政府等都是这个共识的中间人。除了人与人之间，机器与机器之间想达成共识更加困难，需要一个运算能力很强的中心化节点来完成仲裁，这个成本也非常高昂。不断地降低共识的成本，这是工业发展的一个趋势。在工业信息化里面，最初我们都是给一部分人开放超级权限，在本地放置一个中央服务器，通过这些中心化的方式来实现共识。后来云计算出现，通过共识的不断云化，我们可以将本地的云共识达成或放到云端进行，这样就可以大大地降低共识成本，但是这仍然是中心化的方式。区块链技术可以大幅推动共识成本降低，在区块链技术的体系下，通过密码学保证了双方不再需要中心化的裁判，也能保证共识达成，这就将共识的成本大幅降低了。

未来区块链技术机机交流人才 M2M 能够赋予智能机器人像人类一样的交流功能，从而做到机机协同。未来区块链技术机机交流人才需要具有区块链机机交互设备操控与管理能力，掌握区块链原理，减少共识成本；构建区块链搭载智能机械思维，通过区块链使各类智能机械实现独立思考及相互交流互不干扰的运行模式。同时需要掌握中心化 AI 控制技术，由控制中心智能 AI 统一调控各区块链智械思维。

总之，未来煤炭深部地下实现无人流态化开采，而未来区块链技术机机交流人才能够让由机器人组合而成的各种智能设备之间的配合更高效、共识成本更低，对突发状况的处理反应更快速。

3. 煤炭工业多领域机器人操控人才

多领域机器人的操控人才应该熟练掌握人工智能控制技术与实时立体编程技术，利用人工智能 AI 技术对井下机器人实现精准操作，鉴于独立的机器人个体可以进行复合型设备操作，机器人的操控者需要做到统筹协调设备生产，基于深部矿井智能化精准探测开采技术和流态化智能开采技术，不同类型的智能机器人可以将不同方面的地下探测与开采信息汇总传输至地面数据库，在大数据库中经智能处理后，根据不同地质条件，选择最适宜的流态化开采传输模式，用最科学有效的方式避免开采灾害的发生。

未来煤炭工业实现井下无人智能流态化开采中，多领域智能机器人结合人工智能 AI 操作系统，将实现多功能化、多系统化、多分工化、易操控化。在煤矿井下，机器人不单单从事一项工作，每一个机器人都具有复合型能力，面对不同的生产情况和生产状况，机器人系统自动分辨识别，从而做出不同反应，无需信息传递回地面控制中心，可以自动解决所有可见性故障。面对煤矿井下出现的新型故障，机器人系统如果缺失应对措施，可以将事故详情通过视频监控信息传回地面，由机器人操控人员进行分析做出解决措施，通过编程代码导入机器人系统，并将存储于所有机器人系统编程库，在下一次面对同种问题时可以直接提取解决信息，对于解决过程中存在的漏洞，传回地面由人工进行修复。总之相关技术人员应同时具有人工智能机器人系统规划能力与人工智能机器人操控与管理能力。

7.2.4　未来深部地下空间立体社区规划建设专业技术人才

未来矿井地下空间立体社区的建设不仅仅是某一单方面的建设，它是一个生活、农业、工业等多方面结合的立体型社区，需要多方面技术与知识的复合型人才，需要掌握地下阳光、农业和景观构建理论和关键技术，掌握地下空间规划设计能力对未来矿井地下空间进行多方位的立体化社区建设，了解地下空间能量输送与转化技术，能对未来矿井地下立体社区的建设提出科学合理规划设计。

7.2.5　未来煤炭流态化开采基于大数据与多维度的决策专业技术人才

煤炭未来流态化开采中，需要利用积累起来的大数据来训练智能操作，在智能机器数据翻译与转化领域，采用数据驱动的方式来提升机器准确率，其核心就在于需要有庞大的数据可以让机器来学习。相较于传统的统计方法或者是基于特征分析推演的结果往往无法覆盖长尾的情况，大数据有能力做到完全命中。

在煤炭开采与利用的数据收集、甄选过程中，人工智能的作用十分有限，或者说人工智能对数据的利用也来自于数据本身。在此背景下，基于大数据、多维度的决策性人才显得尤为重要，人工智能的学习能力毋庸置疑，但创造性思维需要一定时间训练，工业生产过程中所遇到的情况千差万别，人工智能的学习能力可以保障遇到已经发生过且有较完备的解决方案的情况时，可以极高效率解决问题，但在遇到未发生过的突发事件时，其处理能力几乎为零，该类人才既是针对这一情况对其进行补充，基于多维度大数据对人工智能所需执行指令进行决策分析。

总之，未来煤炭行业基于大数据与多维度的决策人才是矿山开采中最重要的管理决策层，未来开采中形成井下立体空间、透明矿山、人机交互、机机交互、能量转换与传输等多维度大数据系统，决策人员应掌握大数据运作原理，掌握相应的分析决策体系，真正实现智能无人流态化开采。

7.3　煤炭革命的人才国际化发展

7.3.1　发现和引进海外"高精尖缺"人才

围绕"煤炭工 3.0 阶段、4.0 阶段、5.0 阶段"发展战略的展开与实施，依托国家"千人计划"提升工程，制定煤炭工业高端人才引进规划和计划，按照煤炭行业高端人才素质模型，在企业、高校、行业协会和学会分层次、有计划地引进一批能够提出新的理论、突破关键技术、发展高新技术产业、带动新兴学科发展的战略科学家和创新创业领军人才，引进一批具有国际视野的战略企业家和通晓国际规则的创业投资家。树立人才选拔上的全球视野，世界各国煤炭工业优秀人才，都可以为我所用，下大气力引进高端人才，改革人才引进配套制度，构建具有全球竞争力的人才激励体系，提高中国在全球煤炭行业配置人才资源的能力。

扩充博士后海外招聘规模和渠道。依托国家重大人才工程，设立专项基金，扩大现有的博士后海外招聘规模和渠道，充分发挥人才市场与人才中介机构的作用，招聘国外知名高校、企业、研究机构中符合资格的研究人员进入国内行业高校、企业、研究机构从事博士后研究工作，制定海外博士后支持计划，提高待遇，建立多元化的投入渠道，实行"人才+项目"的培养模式。

鼓励煤炭企业设立海外研发机构大力获取人才资源。支持煤炭行业有条件的企业在海外通过自建、并购、合资、参股、租赁等多种方式设立海外研发中心、实验室或分支机构，吸纳利用当地科技创新资源，大力获取人才资源，开展关键核心技术研发和产业化应用研究，实现跨国界知识转移过程内部化，节约交易成本。

健全煤炭工业人才国际化发展网络。融合海外人才联络机构、招商引资海外办事机构、海外侨联联络机构、海外留学人员组织等网络资源，构建更便捷、更高效的海外人才引进和国内人才境外培训服务网络。完善海外人才服务网络的管理制度，建立海外人才服务机构定期交流机制。

7.3.2 深化本土人才国际化发展

1. 实现煤炭工业人才素质的国际化

以国际视野和战略眼光制定国际化的人才能力素质标准，全力培养符合国际标准的优秀人才，具备全球视野、创新能力、复合型知识结构、有卓越领袖能力、熟知并能充分利用国际法规能力、良好跨文化沟通水平。

大力引进煤炭工业人才的国际标准和水平，不以国家和地域为局限评价人才，确定人才评定标准具有国际可比性，达成国际共识，且呈动态开放发展。

2. 实现煤炭工业人才培养的国际化

鼓励煤炭行业高校、科研院校、企业建立人才国际交流合作机制，支持煤炭工业人才到国外顶级高校、企业和科研机构工作，支持科学家参加国际科研计划（王家臣和钱鸣高，2011）。优选一批煤炭工业境外培训基地，选拔煤炭行业员工中的优秀分子进行境外培训。探索建立煤炭行业企业、事业单位人才赴跨国公司挂职锻炼机制。在深入利用国家留学基金委出国留学基金基础之上，再设立煤炭行业优秀学生出国留学基金，选拔优秀学生在海外进行学历教育与交流学习。全面提升煤炭行业院校的教师国际化水平，支持教师出国进行语言学习、联合培养、学术交流，提升国际化视野。

3. 实现人才流动的国际化

充分支持煤炭工业人才在全球范围内的流动，鼓励国际化人才之间的交流合作，为我国煤炭工业人才去海外工作提供坚实的保障与支持，也为海外煤炭工业人才来中国提供标准化的服务，在人才待遇方面实现与国际接轨，逐步建立以我国为中心的煤炭人才交流国际组织，引领世界煤炭人才的培养、交流和评价。

第8章　构建煤炭革命的全产业链倒逼机制

习近平总书记在党的十九大报告中指出"中华民族伟大复兴，绝不是轻轻松松、敲锣打鼓就能实现的。全党必须准备付出更为艰巨、更为艰苦的努力"。同样，煤炭革命也不会一蹴而就，将是一个漫长的过程，需要变革性、颠覆性的理论和技术，需要理念革命、观念革命，更需要政府、企业、公众等全社会的重视和参与。煤炭革命应该参考酸雨防治的做法和经验，国家从政策、规划、监管等方面采取全面、系统的措施予以倒逼。本章提出构建煤炭革命的全产业链倒逼机制，分别借鉴国内外酸雨防治的环境倒逼、美国页岩气革命的技术倒逼以及国外煤炭先进采煤用煤国家案例的相关经验，"以科学产能倒逼煤炭科学开采革命"、"以超低排放和低碳循环发展倒逼煤炭清洁利用革命"、"以多元开放协同清洁能源倒逼煤基多元清洁能源基地革命"。

8.1　能源倒逼机制的经验借鉴

8.1.1　环境倒逼

1. 国外防治酸雨防治经验

1）酸雨防治的提出

酸雨的形成是一种复杂的大气化学和大气物理现象。酸雨中含有多种无机酸和有机酸，绝大部分是硫酸和硝酸，以硫酸为主。硫酸和硝酸是由人为排放的二氧化硫和氮氧化物转化而成的。由于人类活动和自然过程，含有许多气态或固体物质进入大气，对酸雨的形成产生影响。

英国化学家 Smith 在英格兰调查了酸沉降现象，并在 1872 年出版的 *Air and Rain: the Beginnings of a Chemical Climatology* 一书中叙述了世界工业发展先驱城市曼彻斯特市郊区降水中含有高浓度 SO_4^{2-}，首次提出酸雨概念，但当时并未引起足够的重视。1972 年瑞典政府把酸雨作为一个国际性的环境问题向人类环境会议提交了报告。1975 年第一次国际性酸雨和森林生态系统讨论会在美国举行，该会议讨论了酸雨对地表、土壤、森林和植被的严重危害，自此酸雨问题受到了普遍重视。到 20 世纪 40 年代酸雨引起了各国学者的普遍关注并开展了研究，我国则自 20 世纪 70 年代起开始研究酸雨污染(张新民等，2010)。

2)国外酸雨防治的历程和措施

酸雨问题是一个全球性问题，1979 年 33 个国家签订了远距离跨界大气污染公约(LRTAP)，这一公约为签约国建立了一个框架，使他们在框架内认识到跨界污染所引发的问题，并且接受了采取适当措施的责任。然而 LRTAP 一直没有采取实质性的措施来减少酸雨污染。

直到 1982 年，德国生物学家 Ulrich 发现了一种新的称为"Waldsterben"的森林衰退现象，并推定是由酸雨引起的之后，酸雨才不再仅仅是某一地区存在的问题，而是潜在的整个欧洲大陆的问题。各国逐渐开始致力于削减各种酸性污染物的排放，采取了一系列的措施削减来自畜牧业的氨排放等(牛建刚等，2008)。

针对大气污染问题，美国早在 1970 年就制定了一部联邦法律——清洁大气法案(CAA)，用以控制来自面源、固定源和移动源的大气污染排放物。1990 年美国国会启动了酸雨计划(ARP)，专门负责实施 CAA 的第Ⅳ条款。

1985 年，加拿大建立了酸雨控制计划，要求将 SO_2 的排放量在 1980 年的水平上降低 40%。1991 年，美国和加拿大签署了加拿大-美国大气质量协议(AQA)，正式开始了对酸雨问题的合作。1998 年 10 月，加拿大联邦、省及地方能源与环境部部长签署了加拿大跨越 2000 酸雨策略(The Canada-Wide Acid Rain Strategy for Post-2000)。该策略的主要长期目标是"满足加拿大酸沉降的环境临界值"，直到对水生和陆地生态系统不再构成危害。

　　进入20世纪90年代,欧美各国由于多年来签署的各项协议的实施,SO_2排放量得以削减,酸雨和酸沉降的威胁趋于缓和,而亚洲各国由于经济的快速发展,污染物排放量急剧增加,酸雨污染越来越严重。为了有效解决亚洲地区所出现的环境问题,从1992年开始,在亚洲地区启动了"亚洲酸雨及其减排"项目。

　　2. 我国酸雨防治经验

　　1) 我国酸雨防治的主要历程和措施

　　1982年5月,我国国务院环保办下达了"西南地区酸雨污染问题的研究"课题;1984年中国科学院开展了"西南地区酸雨成因、危害和防治对策研究"课题研究;1986年起国家正式将"酸雨来源、影响和控制对策"列为"七五"国家环保攻关课题,并分为西南地区和两广地区两大片。

　　1991年,中国环境科学学会在焦作市召开了"中国酸雨发展趋势及控制对策学术讨论会",交流己有的科研成果,总结经验,提出建议,促进了"七五"酸雨科研成果的推广。1998年1月,国务院批准了"两控区"划分方案,并提出了相应的配套政策。1998年2月,国家环保总局召开了"两控区"工作会议,会上发布了《"两控区"酸雨和SO_2污染综合防治行动方案》和《"两控区"酸雨和SO_2污染综合防治规划编制大纲》。

　　2001年,国家环保总局组织编写了《"两控区"酸雨和SO_2污染防治"十五"计划》,提出了"十五"期间"两控区"SO_2总量控制目标、酸雨和空气质量目标,同时提出了降低煤炭含硫量、控制火电厂SO_2排放等一系列酸雨和SO_2综合防治措施以及相应的管理制度和经济政策,明确提出在"两控区"试行SO_2排污交易制度。随着《国家酸雨和二氧化硫污染防治"十一五"规划》的实施,我国酸雨和SO_2污染综合防治工作已经进入了实质性阶段,政策已经基本成型。2002年1月,颁布了《燃煤二氧化硫排放污染防治技术政策》;2002年9月,国务院批准了《两控区酸雨和二氧化硫污染防治"十五"计划》；2003 年 1 月，国务院发布《排污费征收使用管理条例》；2003 年 12 月，颁布了新修订的《火电厂大气污染物排放标准》，调整了大气污染物排放浓度限值，取消了按除尘器类型和燃煤灰分、硫分含量规定不同排放浓度限值的做法，规定了现有火力发电锅炉达到排放限值的时限，调整了折算火电厂大气污染物排放浓度的过量空气系数；2008 年 1 月 14 日，国家环境保护总局和国家发展和改革委员会共同制定发布了《国家酸雨和二氧化硫污染防治"十一五"规划》，明确要求对二氧化硫排放实行总量控制，控制氮氧化物排放增长，有效控制酸雨污染，并要求在 2010 年全国二氧化硫排放总量比 2005 年减少 10%，控制在 2294.4 万 t 以内，其中，火电行业二氧化硫排放量要控制在 1000 万 t 以内，即相当于单位发电量二氧化硫排放要比 2005 年降低 50%。

2）我国酸雨防治的效果

"九五"和"十五"期间 SO_2 减排 10%的目标均未实现，"十一五"期间全国 SO_2 排放总量有所降低，2010 年比 2005 年下降 14.29%，实现了 10%的减排目标。2011 年全国 SO_2 排放总量较 2010 年又下降了 2.21%，但酸雨污染仍然十分严重。2011 年，我国 468 个监测城市中，出现酸雨的占 48.5%；全国酸雨面积约 124 万 km^2，占国土面积的 12.9%，较 2010 年略有上升。

2015 年，480 个监测降水的城市（区、县）中，酸雨频率平均值为 14.0%。出现酸雨的城市比例为 40.4%，酸雨频率在 25%以上的城市比例为 20.8%，酸雨频率在 50%以上的城市比例为 12.7%，酸雨频率在 75%以上的城市比例为 5.0%。与 2010 年相比，出现酸雨的城市比例下降 10.0 个百分点。酸雨类型总体仍为硫酸型。酸雨污染主要分布在长江以南-云贵高原以东地区，主要包括浙江、上海、江西、福建的大部分地区，以及湖南中部、重庆南部、江苏南部和广东中部。

2016 年，474 个监测降水的城市(区、县)中，酸雨频率平均值为12.7%。出现酸雨的城市比例为 38.8%，比 2015 年下降 1.6 个百分点；酸雨频率在 25% 以上的城市比例为 20.3%，比 2015 年下降 0.5 个百分点；酸雨频率在 50% 以上的城市比例为 10.1%，比 2015 年下降 2.6 个百分点；酸雨频率在 75% 以上的城市比例为 3.8%，比 2015 年下降 1.2 个百分点。酸雨污染主要分布在长江以南-云贵高原以东地区，主要包括浙江、上海、江西、福建的大部分地区，以及湖南中东部、广东中部、重庆南部、江苏南部和安徽南部的少部分地区。

8.1.2　技术倒逼

20 世纪 70 年代初期，美国油气产量开始下滑，引起了美国政府对能源供应安全的担心，从而引导企业研究创新页岩气开采技术。页岩气的发展无不与科技进步紧密相连，技术进步推动了、并将继续推动页岩气的持续快速发展。开发技术的创新尤其是水平井钻井、压裂技术，以及裂缝综合诊断技术的进步与广泛运用在推动页岩气藏的快速发展中起着至关重要的作用。

美国页岩气技术革命促使页岩气开采成本大幅降低。水平钻井、多段连续压裂改造技术、水力压裂技术、同步压裂技术等技术创新，降低了开发成本，大幅提高了页岩气单井产量，目前页岩气干气开采成本0.11 美元/m^3，仅略高于常规天然气。

页岩气技术进步主要可分为四个阶段：1981～1997 年的直井钻井技术和泡沫、凝胶压裂技术革新阶段；1997～2003 年水力压裂、重复压裂技术革新阶段；2003～2005 年水平钻井技术革新阶段；2005 年以后是水平井分段压裂和同步压裂技术，裂缝综合监测技术的革新阶段。成本下降主要在后面三个阶段：

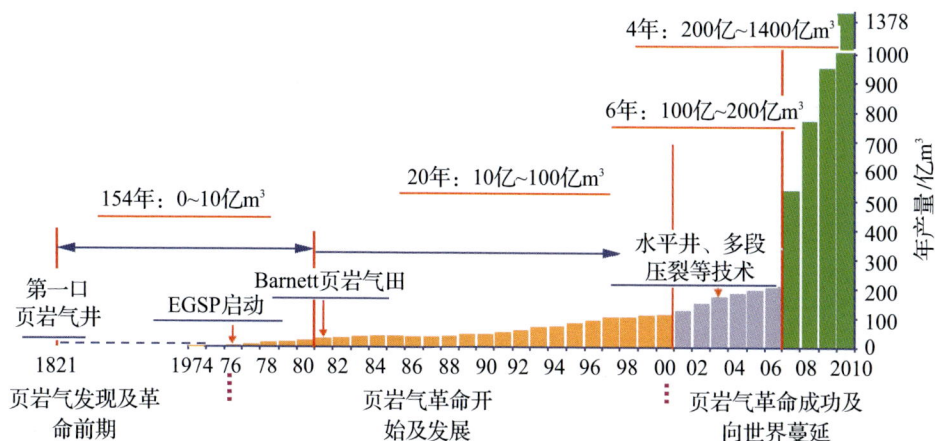

图 8-1　美国页岩气技术革命及发展

1. 1997～2003 年成本下降 50%～60%

进入 21 世纪后，随着水力压裂、重复压裂及平行压裂等新技术的运用和推广，极大地改善了页岩气井的生产动态与增产作业效果，页岩气单井产量增长显著，极大地促进了页岩气的快速发展。

水力压裂技术以清水为压裂液，支撑剂较凝胶压裂少 90%，并且不需要黏土稳定剂与表面活性剂，大部分地区完全可以不用泵增压，较之美国 20 世纪 90 年代实施的凝胶压裂技术可以节约成本 50%～60%，并能提高最终采收率，已成为美国页岩气井最主要的增产措施。

当页岩气井初始压裂处理已经无效或支撑剂因时间关系损坏或质量下降，导致气体产量大幅下降时，重复压裂能重建储层到井眼的线性流，恢复或增加产能，可使最终采收率提高 8%～10%，可采储量增加 60%（详见图 8-2），是一种低成本增产方法。美国天然气研究所(GRI)研究证实，重复压裂能够以 0.1 美元/mcf(1mcf=28.317m^3)的成本增加储量,远低于收购天然气储量 0.54 美元/mcf 或发现和开发天然气储量 0.75 美元/mcf 的平均成本(黄玉珍等，2009)。

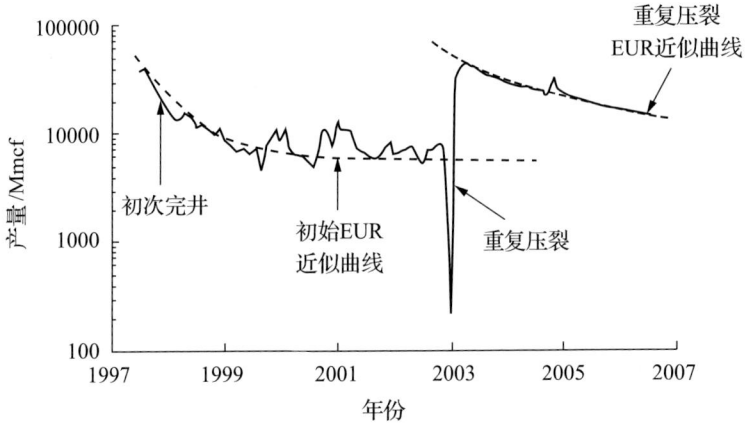

图 8-2　得克萨斯州 Newark East 气田 Barnett 页岩垂直井重复压裂后气产量变化图
（EUR：最终可采储量）

2. 2003～2005 年成本下降 40%～50%

2003～2005 年，随着水平钻井技术的研发成功和大量应用，页岩气开采成本下降了 40%～50%。水平钻井技术与直井相比，水平井在页岩气开发中具有无可比拟的优势：

(1)水平井成本为直井的 1.5～2.5 倍，但初始开采速度、控制储量和最终评价可采储量却是直井的 3～4 倍。

(2)水平井与页岩层中裂缝(主要为垂直裂缝)相交机会大，明显改善储层流体的流动状况。统计结果表明，水平段为 200m 或更长时，比直井钻遇裂缝的机会多几十倍。

(3)在直井收效甚微的地区，水平井开采效果良好。

(4)减少了地面设施，开采延伸范围大，避免地面不利条件的干扰。水平钻井取得成功的关键是有效的井身设计，利于节约完井和管理成本(黄玉珍等，2009)。

3. 2005 年技术进步促使成本接近天然气水平

水平井分段压裂、同步压裂技术和裂缝综合监测技术的研发和使用进一步降低了美国页岩气开采成本。

1）水平井分段压裂、同步压裂技术

在水平井段采用分段压裂，能有效产生裂缝网络，尽可能提高最终采收率，同时节约成本。如美国新田公司位于阿科马盆地 Woodford 页岩气聚集带的 Tipton-1H-23 井经过 7 段水力压裂措施改造后，增产效果显著，页岩气产量高达 14.16 万 m^3/d。水平井水力多段压裂技术的广泛运用，使原本低产或无气流的页岩气井获得工业价值成为可能，极大地延伸了页岩气横向与纵向的开采范围，是目前美国页岩气快速发展最关键的技术。

2006 年，同步压裂技术开始在 Barnett 页岩气井完井中实施，作业者在相隔 152～305m 范围内钻两口平行的水平井同时进行压裂，显示出广阔的发展前景。由于页岩储层渗透性差，气体分子能够移动的距离短，需要通过压裂获得近距离的高渗透率路径而进入井眼中。目前已发展成三口井同时压裂，甚至四口井同时压裂，采用该技术的页岩气井短期内增产非常明显。

2）裂缝综合监测技术

裂缝综合监测技术有四大优势：测量准确，能有效确定裂缝的长、高、角度和方位；应用方便，测量快速；能够实施确认微地震的位置；能有效过滤噪声。利用地面、井下测斜仪与微地震监测技术结合的裂缝综合诊断技术，可直接地测量因裂缝间距超过裂缝长度而造成的变形来表征所产生裂缝网络，评价压裂作业效果，实现页岩气藏管理的最佳化（黄玉珍等，2009）。

8.1.3　国外煤炭先进采煤用煤国家案例

为解决与加拿大之间的边界酸雨问题，美国 1985 年首先提出洁净煤技术示范计划（CCTDP），减少电力部门 SO_2 和 NO_x 等传统污染物的排放是其主要目标。欧洲和日本等国家和地区随后也提出发展煤炭清洁化利用技术，致力于解决燃煤导致的 SO_2、NO_x 排放问题。

总体上，国际上煤炭清洁化利用可以分为两个阶段：第一阶段以燃煤发电为重点，主要解决 SO_2、NO_x、烟尘等传统污染物的减排问题；第二阶段以整体煤气化联合循环(IGCC)、多联产技术、CCS 为重点，实现包括 CO_2 在内的"近零排放"。

2000 年前，美国、欧盟、日本等发达国家通过发展高效、洁净发电技术和新技术示范，致力于燃煤 SO_2、NO_x 的排放控制，基本解决了燃煤导致的 SO_2、NO_x 排放等传统污染物排放问题。通过静电除尘器，颗粒物排放低达 $5\sim10mg/m^3$；通过石灰石/石膏脱硫方法，SO_2 排放可低于 $20mg/m^3$；通过低氮燃烧器或燃尽风(OFA)加选择性催化还原技术(SCR)，NO_x 排放低达 $50\sim100mg/m^3$。

2000 年后，美国、欧盟、日本等主要针对可吸入颗粒物、重金属等进行排放控制和治理。当前，关注可再生能源替代化石能源，CO_2 近零排放以及化石能源制氢的技术发展，提出了洁净煤技术发展技术路线图，实现常规污染物近零排放，提高煤炭利用效率和 CO_2 捕集率，大幅降低 CCS 成本。

1. 美国

美国是世界煤炭蕴藏量和生产量最大的国家之一，煤炭消费占一次能源消费的近 1/4。

1) 早期煤炭清洁化利用主要针对酸雨等常规污染物问题

美国 90%以上的煤炭消费用于发电，未来发电仍然是煤炭利用的主要方向。美国是最早开始发展煤炭清洁化利用技术并制定了相应战略的国家。1985～1993 年，美国政府与私有企业共投入 35 亿多美元(其中政府投入 18 亿美元)，实施国家级"洁净煤技术示范计划"(CCTDP)；该计划由联邦政府、州政府和企业示范成功 20 多余项先进的洁净煤技术。

2000 年政府投入 9500 万美元，提出"电站改进计划"(PPII)。主要目的是提高现有燃煤电站的性能，尽可能以最低的成本满足越来越严格的环境要求。先进的细颗粒($0.01\sim50\mu m$)及重金属除尘系统和先进的脱硫、脱氮技术基本解决了 SO_2、NO_x 等常规污染物及微细颗粒的排放问题。

2)进入 21 世纪开始关注汞(Hg)、微细颗粒及温室气体的排放

2002 年，在 CCTDP 和 PPII 的基础上，美国实施了洁净煤发电行动计划(CCPI)，前两轮项目通过应用先进的高效发电技术和污染物控制技术，实现燃煤电厂硫、氮、汞等污染物减排，通过提高效率，减少温室气体排放。第三轮示范项目，主要致力于 CO_2 的捕集、埋藏或应用等商业化技术的示范；美国"2009 振兴经济法案"(The American Recovery and Reinvestment Act of 2009)对第三轮 CCPI 项目增加 8 亿美元的资助。

2003 年年初美国政府宣布了"未来电力计划"(FutureGen)，计划建立一座零排放燃煤电厂，由美国政府支持 10.73 亿美元，未来电力联盟资助 4 亿～6 亿美元(每个成员资助 2000 万～3000 万美元)。

为了减少温室气体排放，2009 年 5 月，美国宣布对 CCS 项目支持 34 亿美元。未来要建设 10 个 CCS 示范厂。

美国的 2008 年能源改进和延长法案(EIEA)规定，通过煤炭气化、液化生产的燃料，必须分离和封存 50%以上的 CO_2，到 2010 年，必须分离和封存 75%以上的 CO_2；封存 65%以上 CO_2 的先进燃煤电厂，可减免 12.5 亿美元的税；在气化项目投资税优惠中，可提供 2.5 亿美元用于碳封存设备，条件是必须封存 75%以上的 CO_2。用于提高油收率(EOR)的 CO_2，每吨减免 10 美元的税收；用于其他封存的 CO_2，每吨减免 20 美元的税收。

2. 欧盟

煤炭储量占欧盟化石燃料储量约 80%，煤炭产量占能源生产总量的 22%，煤炭消费量占欧盟国家能源消费总量的 15%～18%。2004 年以来，随着新的成员国的加入，欧盟煤炭的利用量不断增加。尽管最近几年来煤炭产量和消费量有所减少，但煤炭仍将是今后几十年能源结构中的重要能源。

欧盟 2/3 的煤炭消费用于电力,煤炭发电提供了欧盟总发电量的 1/3 左右,其中捷克占 59%,希腊占 53%,波兰占 90%以上。

欧盟煤炭清洁化利用的主旨是减少对石油的依赖和煤炭利用造成的环境污染,主要目标是减少各种燃煤污染物以及 CO_2 和其他温室气体排放。

欧盟洁净煤技术发展的第一个目的是减少煤炭燃烧的传统污染物排放,如硫氧化物(SO_x)、氮氧化物(NO_x)和颗粒物等,欧盟大多数电厂已应用了传统污染物减排技术。第二个目的是提高燃煤发电的转换效率,目前最好的技术可以使烟煤和无烟煤发电转换效率达到 46%,褐煤发电效率达到 43%。第七个框架计划关于洁净煤的目标是通过应用超临界粉煤燃烧发电技术、IGCC、流化床燃烧、富氧燃烧等,将效率提高到 50%以上。

1) 煤炭清洁化利用相关计划

1970～1980 年,欧洲煤炭利用的重点是提高工业和民用煤的利用和转化效率,开发战略性技术(如煤炭液化技术)和环境友好技术。

随着环境法规越来越严格,重心转移到煤的洁净发电上,欧洲制定了"兆卡计划",旨在促进欧洲能源利用新技术的开发,减少对石油的依赖和煤炭利用造成的环境污染,使燃煤发电更加洁净;通过提高效率减少煤炭消费。

从 1984 年起,欧洲开始实施研究与技术开发框架计划(简称"框架计划"),并通过招标实施。

洁净煤技术研发和示范是为了提高效率、减少成本,也包括生产二次能源载体(包括氢能)以及液体和气体燃料。

2) 近期致力于发展近零排放技术以及化石能制氢的技术

"第五个框架计划"(1998～2002 年)支持新型发电技术的示范,建设以改善燃煤电厂的环境和经济可接受性的装置,重点放在改进传统煤炭利用技术、推进建设 IGCC 电厂、生物质与煤联合气化、烟气干法脱硫和脱氮新工艺开发上。SO_2 和 NO_x 排放量逐年快速下降,已经不再是影响社会可持续发展的重大问题。

2002 年欧盟批准《京都议定书》后，于 2005 年 1 月开始实施"温室气体排放交易计划"，欧盟成员国的所有公司(例如煤电厂、石油发电厂等)，都被配给一定数额的"法定限排量"。

2004 年，在"第六框架计划"(2002～2006 年)中，启动了"氢的快速启动行动计划"(HYPOGEN)，目标是开发以煤气化为基础的发电、制氢、CO_2 分离和处理的煤基发电系统，实现煤炭发电的近零排放。

2007 年，欧洲研究与技术开发计划进入第七个框架计划的实施阶段(2007～2013 年)，总经费为 23.5 亿欧元。以优化能源结构，加强节能技术的研究，在应对能源供应安全和气候变化挑战的同时，提高欧洲工业的竞争力。该框架计划中的洁净煤指的是一种可持续的固体碳氢价值链，通过提高利用效率和 CCS，实现高效和洁净利用，目标是近零排放。其中，电厂 CCS 技术研发和示范的目的是通过提高效率和 CO_2 地下储存，减少化石燃料的环境影响。

2008 年 12 月，欧盟通过能源技术战略计划，采取一系列发展能源技术的措施，以实现其在 2007 年 3 月承诺的到 2020 年实现三个 20%的目标(温室气体排放量在 1990 年的基础上至少减少 20%，可再生清洁能源占总能源消耗的比例提高到 20%；将煤、石油、天然气等一次能源消耗量减少 20%)。

欧盟 2009 年年初从排放交易制度中拿出 3 亿欧元支持 CCS，最近，欧盟又对 CCS 示范资助 10.5 亿欧元。

3. 日本

日本能源需求的 80%以上依赖进口，是世界上最大的煤炭进口国之一，年煤炭消费量占一次能源消费量的 1/4。

1)2000 年前，致力于常规污染物的减排

日本煤炭利用追求高效、经济。通过"阳光计划"、"月光计划"、"地球环境技术的研究开发计划"及"新阳光计划"的实施，极大地推

动了煤炭高效清洁化利用技术的发展。

2000 年前，日本主要致力于解决燃煤导致的 SO_2、NO_x 等排放问题，关注洁净发电技术的发展。日本政府和企业均投入巨资，支持和开发先进高效的煤炭洁净利用技术，提高高效脱硫、脱氮装置应用比例。20 世纪 90 年代末，日本 SO_2 平均浓度较治理前减少了 85%。NO_x 排放量也在经济高速发展的前提下，降低至 1970 年排放水平以下。燃煤排放的 SO_2 和 NO_x 已不再是影响社会可持续发展的重大问题。

2) 现阶段致力于实现包括 CO_2 在内的近零排放

日本通产省于 2000 年公布了"21 世纪煤炭计划"，提出在 2030 年前分 3 个阶段研究开发煤炭高效清洁利用技术，其主要项目有先进发电、高效燃烧、脱硫脱氮和降低烟尘、利用煤气的燃料电池、煤制二甲醚和甲醇、水煤浆、煤炭液化和煤炭气化等。

2004 年，日本在"煤炭清洁能源循环体系"中，提出了以煤炭气化为核心，同时生产电力、氢和液体燃料等多种产品，对 CO_2 进行分离和封存的煤基能源系统，并在"面向 2030 年的新日本煤炭政策"中明确将此技术作为未来煤基近零排放的战略技术，以及实现循环型社会和氢能经济的产业技术。

日本经济产业省（METI）在 2007 年提出"能源技术战略图"，研究燃烧前和燃烧后捕集 CO_2 技术。2008 年提出"使地球凉爽——能源技术创新计划技术发展路线图"，目标是，2024 年整体煤气化燃料电池联合循环（IGFC）进入市场；2020 年实现燃煤电厂 CO_2 捕集的商业化，包括化学和物理吸附以及低品位热利用；2040 年大幅度减少 CO_2 的捕集成本。

4. 澳大利亚

澳大利亚是世界上第一大煤炭出口国。自 20 世纪 60 年代以来，澳大利亚大力发展外向型煤炭工业，煤炭产量和出口量逐年上升。

澳大利亚国内的煤炭消费占一次能源消费的 40% 以上，主要用于发电，未来煤炭仍将是澳大利亚主要的发电燃料。开发高效、低廉和清洁的褐煤发电技术对澳大利亚，特别是维多利亚州和南澳大利亚州有重要的经济战略意义。

澳大利亚 2004 年能源白皮书中宣称，在未来 15 年，澳大利亚将投资 300 多亿美元用于新电厂、输电线路、洲际电网互联及其他电力基础设施的建设。重点采用煤气化发电技术，如小型 IGCC 电厂等。白皮书指出，为更进一步控制排放，应联合应用可再生能源发电与低排放的矿物燃料发电技术。

澳大利亚能源政策框架中的一些项目由政府鼓励和国家财政支持。为降低能源部门的温室气体排放，政府投资 15 亿美元开展低排放技术示范项目研究。地方政府也成立相应的基金会，以鼓励洁净煤技术的研究。如昆士兰未来发展基金会 2006 年拨款 3 亿美元用于洁净煤技术的研究利用。

澳大利亚于 2009 年 4 月成立了"全球 CCS 研究院"，以促进大型示范项目的国际合作，国内还对大型示范项目资助 20 亿澳元。

8.2　以科学产能倒逼煤炭科学开采革命

8.2.1　科学产能的标准

按照高科技含量和高技术、高门槛的原则，设定煤炭科学开采和科学产能标准，使煤炭开发发展为科学开采的系统工程。近中期可以 2016 年煤炭科学产能排行榜百强煤炭企业的特征值（表 8-1）为准绳，要求新建煤矿必须达到或高于这一标准。

表 8-1　2016 年煤炭科学产能排行榜百强煤炭企业的特征值

项目	一级指标	二级指标	特征值
安全	生产安全	百万吨死亡率	0.004
		较大以上安全事故/次	无
	职业健康	职业健康检查率	99.07%
		职业病危害因素检测达标率	97.06%

续表

项目	一级指标	二级指标		特征值
绿色	节能环保	塌陷土地治理率		92.68%
		原煤生产综合能耗		9.59kW·h/t
	回收利用	矿井水利用率		90.44%
		煤矸石综合利用率		81.67%
		抽采瓦斯利用率(仅计算高瓦斯矿)		55.49%
	资源节约	采区回采率	厚煤层	81.22%
			中厚煤层	84.71%
			薄煤层	88.44%
高效	机械化程度	采煤机械化程度		100%
		掘进机械化程度		98.62%
	生产效率	原煤生产人员效率		34.88t/工
		矿井综合单产	厚煤层	35.73 万 t/(个·月)
			中厚煤层	18.49 万 t/(个·月)
			薄煤层	6.74 万 t/(个·月)

8.2.2　近零生态损害的标准

树立和坚持"科技创新可以实现近零生态损害的煤炭绿色开采和超低排放利用及清洁高效转化"的理念；依靠科技创新和管理创新，使煤炭开采地表近零均匀沉降，地下水资源得到科学保护和利用；煤矿区环境得到有效修复和保护，矿区大气质量、水土资源质量达到国际有关标准。

8.3　以超低排放和低碳循环发展倒逼煤炭清洁利用革命

8.3.1　接近或优于天然气利用的超低排放标准

我国煤炭利用污染物排放标准主要有以下两种

1. 火电厂大气污染物排放标准(GB13223—2011)

该标准规定了火电厂大气污染物排放浓度限值等要求，适用于使用单台出力 65t/h 以上除层燃炉、抛煤机炉外的燃煤发电锅炉；各种容量的煤粉发电锅炉；单台出力 65t/h 以上燃油、燃气发电锅炉；各种容量的燃气轮机组的火电厂；单台出力 65t/h 以上采用煤矸石、生物质、油页岩、石油焦等燃料的发电锅炉。整体煤气化联合循环发电的燃气轮机组执行新标准中燃用天然气的燃气轮机组排放限值。

新建(或现有)燃煤发电锅炉烟尘、二氧化硫、氮氧化物和汞及其化合物排放限值分别为 $30mg/m^3$、$100(200)mg/m^3$、$100mg/m^3$ 和 $0.03mg/m^3$，重点地区燃煤发电锅炉烟尘、二氧化硫、氮氧化物和汞及其化合物排放限值分别为 $20mg/m^3$、$50mg/m^3$、$100mg/m^3$ 和 $0.03mg/m^3$。

2. 锅炉大气污染物排放标准(GB13271—2014)

该标准规定了锅炉烟气中颗粒物、二氧化硫、氮氧化物、汞及其化合物的最高允许排放浓度限值和烟气黑度限值，标准适用于以燃煤、燃油和燃气为燃料的单台出力 65t/h 及以下蒸汽锅炉、各种容量的热水锅炉及有机热载体锅炉；各种容量的层燃炉、抛煤机炉。

新建(或现有)燃煤工业锅炉烟尘、二氧化硫、氮氧化物和汞及其化合物排放限值分别为 $50(80)mg/m^3$、$300(400)mg/m^3$、$300(400)mg/m^3$ 和 $0.05mg/m^3$，重点地区燃煤发电锅炉烟尘、二氧化硫、氮氧化物和汞及其化合物排放限值分别为 $30mg/m^3$、$200mg/m^3$、$200mg/m^3$ 和 $0.05mg/m^3$。

煤炭清洁利用需要在现有标准的基础上，进一步达到超低排放，即：新建燃煤发电机组大气污染物排放浓度基本达到燃气轮机组排放限值(即在基准氧含量 6% 条件下，烟尘、二氧化硫和氮氧化物排放浓度分别不高于 $10mg/m^3$、$35mg/m^3$ 和 $50mg/m^3$)。

8.3.2　高效利用的标准

我国煤炭利用效率的标准主要有：

1. 《常规燃煤发电机组单位产品能源消耗限额》(GB21258—2013)

该标准规定了常规燃煤发电机组供出单位电力能源消耗限额限定

值的基础值和先进值的基础值，若达到煤炭高效清洁利用的要求，常规燃煤发电机组的能耗建议至少达到先进值的基础值。常规燃煤发电机组能耗先进值的基础值见下表 8-2。

表 8-2　常规燃煤发电机组能耗先进值的基础值

压力参数	容量级别*/MW	供电煤耗/[gce/(kW·h)]
超超临界	1000	≤284
	600	≤292
超临界	600	≤302
	300	≤312
亚临界	600	≤313
	300	≤323
超高压	200，125	≤355

*表中未列出的机组容量级别，按低一档标准考核；空冷机组供电煤耗增加 14gce/(kW·h)

2. 《工业锅炉能效限定值及能效等级》(GB24500—2009)

该标准规定了工业锅炉的能效等级和能效限定值等要求，若达到煤炭高效清洁利用的要求，工业锅炉的能效等级建议达到 1 级。燃烧锅炉热效率指标分别见表 8-3～表 8-5。

表 8-3　层状燃烧锅炉热效率(1 级)

燃料品种		燃料收到基低位发热量 $Q_{net,ar}$/(MJ/kg)	锅炉容量 D/(t/h)（或 MW）				
			$D<1$ $(D<0.7)$	$1{\leq}D{\leq}2$ $(0.7{\leq}D{\leq}1.4)$	$2<D{\leq}8$ $(1.4<D{\leq}5.6)$	$8<D{\leq}20$ $(5.6<D{\leq}14)$	$D>20$ $(D>14)$
			锅炉热效率/%				
烟煤	II	$17.7{\leq}Q_{net,ar}{\leq}21$	79	82	84	85	86
	III	$Q_{net,ar}>21$	81	84	86	87	88
贫煤		$Q_{net,ar}>17.7$	77	80	82	84	85
无烟煤	II	$Q_{net,ar}>21$	66	69	72	74	77
	III	$Q_{net,ar}>21$	71	76	80	82	86
褐煤		$Q_{net,ar}>11.5$	77	80	82	84	86

表 8-4 抛煤机链条炉排锅炉热效率（1 级）

燃料品种		燃料收到基低位发热量 $Q_{net,ar}$/(MJ/kg)	锅炉容量 D/(t/h)（或 MW）	
			$6{\leqslant}D{\leqslant}20(4.2{\leqslant}D{\leqslant}14)$	$D{>}20(D{>}14)$
			锅炉热效率/%	
烟煤	II	$17.7{\leqslant}Q_{net,ar}{\leqslant}21$	86	87
	III	$Q_{net,ar}{>}21$	88	89
贫煤		$Q_{net,ar}{>}17.7$	85	86

表 8-5 流化床锅炉热效率（1 级）

燃料品种		燃料收到基低位发热量 $Q_{net,ar}$/(MJ/kg)	锅炉容量 D/(t/h)（或 MW）	
			$6{\leqslant}D{\leqslant}20(4.2{\leqslant}D{\leqslant}14)$	$D{>}20(D{>}14)$
			锅炉热效率/%	
贫煤		$Q_{net,ar}{\geqslant}17.7$	87	88
无烟煤	II	$Q_{net,ar}{>}21$	85	86
	III	$Q_{net,ar}{>}21$	86	87
褐煤		$Q_{net,ar}{\geqslant}11.5$	88	89

3. 煤炭转化单位产品能源消耗限额

若要达到煤炭高效清洁利用的要求，煤炭转化的能源消耗限额建议达到先进值。

《焦炭单位产品能源消耗限额》（GB21342—2013）：当电力折算系数取当量值（0.1229kgce/kW·h）时，焦炭单位产品能耗先进值不大于 115kgce/t；取等价值（0.342kgce/kW·h）时，焦炭单位产品能耗先进值不大于 125kgce/t。

《电石单位产品能源消耗限额》（GB21343—2008）：单位产品能耗限额先进值不大于 1.05tce/t，单位产品电炉电耗先进值不大于 3050kW·h/t。

《合成氨单位产品能源消耗限额》（GB21344—2008）：采用优质无烟块煤，单位产品综合能耗限额先进值不大于 1500kgce/t；采用非优质无烟块煤、焦炭和型煤，单位产品综合能耗限额先进值不大于

1800kgce/t。

《煤炭直接液化单位产品能源消耗限额》（GB30178—2013）：当电力折算系数取当量值时，煤直接液化制油企业单位产品能耗限额先进值应不大于 1900kgce/toe。

《煤制天然气单位产品能源消耗限额》（GB30179—2013）：当电力折算系数取当量值时，煤制天然气企业单位产品能耗限额先进值应不大于 1.3kgce/m^3。

《煤制烯烃单位产品能源消耗限额》（GB30180—2013）：当电力折算系数取当量值时，主产品为乙烯和丙烯时，煤制烯烃企业单位产品能耗限额先进值应不大于 3700kgce/t；主产品为丙烯时，煤制烯烃企业单位产品能耗限额先进值应不大于 5200kgce/t。

煤炭高效利用需要根据技术的发展，进一步提出更加严格的利用效率指标。

8.4　以多元开放协同清洁能源倒逼煤基多元清洁能源基地革命

将地面的风能、太阳能等新能源与地下深部煤炭原位流态化清洁能源一体化开发，构建煤基多元协同清洁能源基地的倒逼机制，多元协同清洁能源系统是传统分布式能源应用的拓展，是一体化整合理念在能源系统工程领域的具体化，使得分布式能源的应用由点扩展到面，由局部走向系统。

多能协同清洁能源系统主要通过多种能源的相互补充、相互协调，提供建筑物冷热负荷和电力供应。协同清洁能源系统按照"以热定电、并网不上网"的原则，实现电力自给自足，满足能源中心一次能源需求。

煤基多元清洁能源基地有两种模式：一是面向终端用户的电、热、冷、气等多种用能需求，因地制宜、统筹开发、互补利用传统能源和新能源，通过天然气热电三联供、分布式可再生能源和能源智能微网等方式，实现多能协同供应和能源综合梯级利用；二是利用大型综合能源基地风能、太阳能、水能、煤炭、天然气等资源组合优势，推进风、光、水、火、储多能互补系统建设运行。

附件一：煤炭革命的技术清单

一、近零生态损害的科学开采理论与技术

（1）升级与换代技术（2020 年前）

1）煤矿基于"应力场-裂隙场-渗流场-温度场"融合的地质保障技术

2）大型煤矿快速建井技术

3）自动成巷无煤柱开采技术

4）煤炭智能化开采技术

5）高效安全煤与瓦斯共采技术

6）生态环境低损害煤炭绿色开发技术

7）复杂条件煤炭开采技术

8）煤矿井下"采、选、充"开发技术

9）煤基风、光互补多元协同能源技术

（2）拓展与变革技术（2020～2035 年）

1）煤炭深部开采力学基础理论与技术

2）煤炭资源扩展勘探的理论与技术

3）煤与煤系矿产资源一体化开发理论与技术

4）深部矿井降温与地热利用的"煤热共采"技术

5）煤-水-气共采技术

6）深部煤岩动力能量利用技术

7）深部煤矿动力灾害防治技术

8）巨厚煤层开采技术

9）难采煤层的无人开采技术［化学开采技术、地下气化技术、急倾斜煤层无人开采技术（盾构、液化、充填一体化）］

（3）引领与探索技术（2035～2050 年）

1）深部开采的应力场-裂隙场-渗流场-温度场耦合理论及可视化技术

2) 零生态损害的绿色开采新理论与技术

3) 深部矿井智能化精准地质探测技术

4) 煤矿井下"采、选、充、电、气"一体化开发技术

二、近零排放的清洁低碳利用理论与技术

(1) 升级与换代技术(2020 年前)

1) 低阶煤分级分质利用技术

2) 燃煤发电机组技术改造与升级技术

3) 高灰高硫、高灰熔点、黏结性煤气化技术

4) 煤炭温和液化技术

5) 燃煤污染物超低排放和多种污染物联合脱除技术

6) 煤化工节水与化工废水低成本高效处理技术

(2) 拓展与变革技术(2020～2035 年)

1) 低碳与近零排放的燃煤发电理论与技术

2) 新型煤炭催化气化和加氢气化技术

3) 化学链燃烧脱碳技术

4) 低成本的 CCUS 技术

5) 煤炭-CO_2 布雷顿循环发电技术

(3) 引领与探索(2035～2050 年)

1) 零排放燃煤发电理论与技术

2) 零排放的煤炭转化利用技术(井下煤炭直接转化制高端燃料技术)

3) 零排放的地下气化与煤制油联产

4) 煤基风、光互补多元协同能源

三、矿井建设(设计)与地下空间一体化利用变革性理论与技术

(1) 拓展与变革技术(2035 年前)

1) 地下空间煤岩应力场-裂隙场-渗流场耦合长时效特征与规律研究

2) 地下空间岩石特性分析与适建性分析

3) 矿井建设(设计)与地下空间一体化基础地质、开采、运行大数据

4）地下空间能量交换基础理论研究

5）新型热交换介质

6）建造与运行管理关键技术

7）安全保障关键技术

8）水资源综合利用技术

9）地热资源利用技术

10）农业利用技术

（2）引领与探索技术（2035～2050 年）

1）地下矿产资源利用

2）再生能源蓄积

3）地下医学科学实验

4）大科学试验系统

5）地下生态城市

四、流态化开采理论与技术（煤炭 5.0 阶段）

1）流态化开采的基础理论

2）流态化开采的设计理论与技术

3）流态化开采的精准探测技术

4）深部原位煤粉爆燃发电关键技术

5）深部原位 CO_2 与 CH_4 重整能源化技术

6）深部原位煤炭液化技术

7）深部原位煤炭气化技术

8）流态化开采原位能量交换、储能与转化一体化技术

9）流态化开采废弃物无害化原位处置利用技术

10）流态化开采的智能化输送与提升技术

11）流态化开采的地下水力和高应力诱导开采技术

12）流态化开采的多元功能盾构系统技术

13）流态化开采的高效安全运行保障体系

附件二：煤炭革命的重点研发技术指南

一、流态化开采的基础理论

流态化开采是指将深地固体矿产资源原位转化为气态、液态或气固液混态物质，在井下实现无人智能化的采选充、热电气等转化的开采技术体系。该技术突破了固体矿产资源临界开采深度的限制，颠覆了传统的开发模式和运输模式，能够达到绿色环保开采的目标。为了实现深地固体资源的流态化开采，需要建立全新的理论体系，主要包括：

(1) 探索深地岩体在原位状态和流态化开采全过程下的应力重分布特征与演化规律，并从能量角度分析流态开采扰动作用下岩体稳定与破裂扩展演化的关系，建立流态化开采扰动作用下岩体动力灾害致灾判据，从而突破现有的采动岩体力学框架，构建基于流态化开采扰动的原位岩体力学理论。

(2) 揭示原位条件下固态资源流态转换的化学与生物机制，探索固体资源流态化转换过程，掌握流态化转换机理与控制方法，构建深地矿产资源流态化开采的原位流态化转换理论体系。

(3) 探索原位流态化开采下的岩体应力场-裂隙场-渗流场的可视化表征方法，建立原位流态化开采的"三场"透明及可视化理论，预先对深地煤炭流态化开采进行"透明推演"，直观显示出整个开采过程中矿体破碎、应力与能量转移、灾害发生的形式、位置、时间、量级，从而达到预判、预警、预解的目标。

(4) 充分考虑深地固态资源原位转化对岩体微观结构和原位应力的影响机制，建立包含微-细-宏观跨尺度的裂隙结构，固、液、气、电共存的多相环境，以及应力-温度-渗流-化学-微生物多种作用机制的多物理场耦合模型，揭示不同的原位流态化开采方式下岩体的本构行为、渗流机制、变形破坏规律以及能量特征，建立深地矿产资源流态化开采扰动下的多物理场耦合理论。

二、流态化开采的设计理论与技术

主要研究流态化开采前期的矿井规划设计、资源开发过程的模拟仿真、安全策略规划及开采后的环境影响评估。主要研究内容包括：研究基于 GIS (地理信息系统) 的流态化开采区域规划、井田规划及矿井虚拟设计技术；设计流态化开采最佳开采工艺，构建流态化开采大规模集成装备系统与地质环境的动态耦合关系模型，开发流态化开采过程模拟仿真平台，分析优化过程影响参数，提高资源采出率。规划流态化开采设备群时空关系，设计形成维护设备群所需地下超大空间。研究基于设备安全的流态化开采灾害预测及减灾机制，设计整体系统的高可靠性安全生产保障策略。流态化影响区地质环境影响评价、评估。

三、流态化开采的精准探测技术

流态化开采的精准探测技术主要是与现代定位、导航技术融合，采用各种高精度探测手段探明待开采资源的位置、储量、品味、物理特性等信息，为后续推演最佳的开采方法、工艺及参数提供依据。主要研究内容包括：高精度采区地质构造探测及三维精准可视化地质模型构建；地球物理精准勘探技术、地理大数据挖掘及模糊位置精准化 (人工智能反演) 技术、三维地质信息可视化虚拟平台技术、多维、多尺度深地空间分布式导航原型系统；大深度三维探测技术，地质雷达、航空物探、遥感卫星等先进探索技术研究等。

四、深部原位煤粉爆燃发电关键技术

主要研究煤粉 (或与瓦斯混合) 爆燃技术，采用等离子点火，通过爆燃能量直驱转动曲柄机构，形成多元化、小型化、清洁化新型燃煤发电系统。需要深入研究：可控爆燃发电的煤粉浓度；煤粉爆燃诱发温度及技术；爆燃氧气浓度；爆燃煤粉最优粒度范围；煤粉爆燃产生的压力和能量规律。

五、深部原位 CO_2 与 CH_4 制氢技术

氢能被视为 21 世纪最具发展潜力的清洁能源。氢不仅在化工、炼油等领域应用广泛，也是一种重要的新型能源载体，被看作未来替代石油的理想能源。目前氢气主要是通过甲烷经水蒸气重整制取，虽然甲烷、水蒸汽重整的工艺成熟，但其能耗高，运行费用高昂。相比之下，采用井下甲烷、CO_2 原位制氢技术不仅可大幅降低能耗，更能将煤层中的瓦斯与 CO_2 这两种温室气体加以利用，具有环境与经济的双重效益。主要研究内容：

(1)井下甲烷、CO_2 原位制氢技术低温化研究。基于 CMC 矿化电池原理，对阳极气体室催化剂进行改性，瓦斯代替氢气完成质子传递，进一步提高经济效益，以实现重整、制氢、产碱、制酸、发电的一体化技术。

(2)井下甲烷、CO_2 原位制氢技术高温化研究。由质子传导的高温固体氧化物燃料电池是当前世界研究的热点，但目前该燃料电池的阴极侧均暴露在空气中，致使阳极产生的 H^+ 在空气中被氧化，造成极大的能源浪费。通过开发一种新型燃料电池，对此电池阴极侧进行利用，消耗 CO_2 的同时制取由 H_2、CO 组成的合成气体，从而极大的提高该能源的利用率。

六、深部原位煤炭液化技术

(1)煤高温快速液化工艺的液化反应机理及动力学研究。由于现有煤直接液化工艺复杂，反应时间长，装置体积大的特点，不能满足深部煤炭采选充与原位转化技术与装备的要求，故提出煤高温快速液化工艺技术。煤高温快速液化技术目前尚处于理论研究和实验室研究阶段，不具备完善、全面的理论依据和工艺设计基础数据。亟须从实验室试验得到煤高温快速液化工艺的液化反应机理及动力学研究，为工艺设计、确定方案提供理论支持和基础。

(2)高效催化技术。对于不同液化反应条件下，催化剂的催化机理

均有差异。研究煤高温快速液化工艺催化剂的催化机理，并开发配套此工艺的高效催化剂。

(3) 煤高温快速液化工艺集成技术。根据煤高温快速液化工艺的基础数据，进行工艺包设计，根据对关键设备选型，建立煤炭快速液化舱。模拟煤炭深部开采条件，进行地面条件下高温快速液化工艺的验证。

(4) 煤炭原位快速液化智能化控制技术。开发智能化测试装备，实现地面控制、井下无人操作的智能化测试；结合先进仪器和设备，完成煤炭快速液化舱无人化设备检修和维护。

(5) 污染物控制技术。无污染物排放是化工行业的最高要求，开发无污染物控制技术作为煤高温快速液化技术的完善和补充。其液化生成气中含有大量氢，因此气体可通过处理后循环再使用；废水需达到安全排放指标后排放到水处理系统；废渣联合深部原位煤炭导控气化技术和深部原位煤粉燃爆发电技术等进行高效利用。

七、深部原位煤炭气化技术

深部原位煤炭气化 (deep in situ coal gasification, DSCG) 就是将处于地下的煤炭进行有控制地燃烧，通过对煤的热作用及化学作用产生可燃气体的过程。相距一定距离向煤层施工进气孔和出气孔，在进气孔采用定向钻进技术沿煤层底板施工定向孔 (气化通道)，并与出气孔联通；在进气孔和气化通道中下放注气管，注气管可以在气化通道中移动。由注气管注入气化剂 (有效成分是 O_2 和 H_2O、CO_2)，气化剂中的 O_2 遇煤燃烧产生 CO_2，并释放大量的反应热，使气化区煤层处于炽热状态，当气流中 O_2 浓度为零时，CO_2 与炽热的 C 还原成 CO，$H_2O(g)$ 与炽热的 C 还原成 CO、H_2 等；气化区及气流温度很高，对周围的煤层进行加热，使煤层释放出热解煤气；经过这些反应以后，生成了含可燃组分 H_2、CO、CH_4 的煤气，由出气孔导出地面。采用注气管后退技术，使注气点连续后退，从而保持气化反应连续稳定地进行，实现深部煤层流态化开采。需要深入研究：

(1)大尺度煤内扩散燃烧气化特性。

(2)温度场、渗流场耦合的煤层热解及热解产物迁移规律。

(3)热力作用下煤层破碎及气化区扩展规律。

(4)高温高压下煤层顶板裂隙发育及冒落规律。

(5)气化区污染物富集及迁移规律。

(6)深部煤层强制氧化点火技术。

(7)多通道注气管后退注气装置及反馈控制系统。

(8)智能定向钻孔及随钻支护技术。

(9)深部煤层地下气化过程可视化探测与分析技术。

不远的将来，深部煤炭资源不需要人工下井开采，而是向煤层打钻孔，一个孔注入气化剂，而另一个孔则源源不断地产出煤气，将煤田变气田。煤气可作为燃料用于民用、发电(包括联合循环发电)、工业锅炉燃烧，也可以作为原料气生产天然气、甲醇、二甲醚、油品等或用于提取纯氢。因此，将来的"煤矿"不再是生产煤炭，而是生产清洁能源、化工产品的多联产工厂，并具有显著的经济效益和环境效益。

八、流态化开采原位能量交换、储能与转化一体化技术

针对流态化不同开采阶段、能源与资源的不同采集方式，最大限度地减少能量消耗、减少外部能量输入，实现开采过程中余热、震动、声音等能量的采集与利用，实现能量原位采集、存储与转化利用一体化。主要研究内容如下：

(1)研究流态化开采不同阶段最佳能量利用与节能方式。

(2)开采过程中地热等能量的原位采集、存储、转化与原位利用技术。

(3)开采过程中通风、温度、空气质量调节的节能技术。

(4)流态化开采装备及开采过程的能量采集、输出、利用、自循环利用技术。

(5)能源与资源的不同采集方式、不同采集过程的余热、震动、声音等能量的采集与原位利用技术。

九、流态化开采废弃物无害化原位处置利用技术

(1)对流态化开采工艺废弃物的产生进行精确识别、精准探测，对污染物进行自动控制与管理并进行无害化强化修复。

(2)对液体和气体污染物，研究开发井下可渗透反应器(PRB)，填充活性反应材料，对流态化开采过程中产生的挥发性污染物进行降解，对金属污染等进行固定，并通过培养微生物增强生物处理。修复后的洁净液体和气体回收利用。

(3)对固体污染物通过原位物理修复法、原位化学修复法、原位生物修复法、电动修复法等进行处理，不对井下环境造成污染。

十、流态化开采的智能化输送与提升技术

(1)智能无人化带式输送技术。研究高可靠性的配套电气设备、高可靠性的机械传动设备；设备模块化设计；带式输送机控制系统、保护系统、视频监视、维护系统一体化设计；开发无人化的智能控制系统，无人化智能传感、检测、保护系统，基于VR的远程检修维护系统。

(2)智能化辅助运输技术。为提高深部矿井设备和材料的运输效率，解决复杂地质条件下的运输技术问题，形成系统的深部矿井辅助运输体系，研发针对不同地质条件、不同开发深度的煤矿辅助运输技术。包括：煤矿辅助运输车辆无人驾驶技术；煤矿辅助运输车辆双动力牵引技术。

(3)煤炭流体垂直输送工艺。研究固体矿物流态垂直连续输送技术，以双井筒为基础压、风为动力，U形平衡流态循环、泵送输料的超深煤炭资源流态垂直输送的运行模式，解决超深煤炭资源的立井连续高效提升，完成实验室模拟实验，形成直径不小于1.0m的双井筒输送示范系统。

十一、流态化开采的地下水力和高应力诱导开采技术

(1)高应力诱导破煤机理及适用条件。研究埋深超过2000m煤层高应力突然释放诱导破煤机理；通过实验室模拟试验、计算机仿真分析煤层埋深、煤层强度、瓦斯压力、钻孔直径对煤层破坏范围、破坏程度的

影响；研究高应力诱导流态化开采适用条件。

(2)大口径定向钻井技术与装备。在大口径定向钻破岩与排渣理论研究及实验基础上，研究深部大口径钻进轨迹控制技术；研制大功率钻机，主要参数包括：钻井(孔)深度3000m，钻井(孔)水平位移500m，一次钻井(孔)直径1.0m；研制抗弯、抗扭、大直径双壁钻杆。

(3)地面大流量高压水力破煤技术及装备。研究深部煤炭(采深≥2000m)水力破煤工艺及技术，实现地面钻孔水力采煤，达到单孔100t/h煤炭生产能力。研究大流量(500m^3/h)、大粒度(粒径 $d$max=50mm)水力射流泵以及地面监控高压水枪。

(4)地面多井筒煤流抽采技术及装备。研发深井固、液、气混合高压流体负压抽采技术及大流量(500m^3/h)、高扬程(40MPa)供水提煤泵；地面多井筒联合布置及高压注气或高压注水提高抽采率技术；煤、气、水地面分离技术与装备；开采区域深井微震监测技术与装备。

十二、流态化开采的多元功能盾构系统技术

为了实现煤炭资源的流态化开采，将煤炭资源原位转化为流态或流固混合态物质，实现智能采选充、热电气转化，需要一定的原位地下空间来保证各种功能的实现，因此提出研制以机械破碎功能为基础的多元功能盾构系统技术。多元功能盾构系统由前部采掘舱、中部破碎洗选舱、流态转化反应舱、发电舱、尾部充填舱等若干段主体部分构成，涵盖盾构掘进、煤矸分选、自动充填等关键创新技术，实现地下煤炭资源无人开采和就地能量转化。其中盾构式采掘舱承担无人智能掘进、资源传送，以及煤层前方地质构造、水、煤炭资源成分等地质信息的超前探测任务，具备高精度定位和自主避险能力；破碎选煤舱在井下破碎分选出有用成分，将矸石转入尾部充填舱，而流态转化反应舱进行煤粉爆燃发电或原位液化、气化以及 CO_2 与 CH_4 制氢，将电能的一部分用于驱动盾构系统自身的能量消耗，实现多元功能盾构系统能源自供给，其余大部分能量高效智能传输至地表，使传统开采的输煤变为输电、输热、输气；尾

部充填舱将分选后的矸石和煤炭转化后的矿渣进行混合加工，形成充填材料回填采空区，用以控制岩层运动与地表沉陷，实现矸石、矿渣等废弃物无害化原位处置，形成地下煤炭资源就地能量转化和智能、安全、绿色开采技术体系。

十三、地下煤基超临界二氧化碳（S-CO₂）布雷顿循环发电技术

采用具备超临界流体性质的 CO_2 作为工作介质，通过在封闭或半封闭布雷顿热力循环中做功，实现比传统燃煤发电系统更高的热电转换效率和更低的污染物排放。将超临界二氧化碳布雷顿循环应用于地下空间发电系统需要解决的关键问题：

（1）超临界二氧化碳布雷顿循环与传统燃煤锅炉、IGCC、富氧燃烧等的结合。

（2）$S\text{-}CO_2$ 工质对电站系统各设备传热、传质、腐蚀、结垢等特性的影响。

（3）采用 $S\text{-}CO_2$ 作为工质时，关键设备、部件的设计以及系统集成优化。

（4）地下空间资源（余热、瓦斯、CO_2 等）在超临界二氧化碳布雷顿循环发电系统中的综合利用。

十四、我国煤炭行业 HSE 管理体系框架研究

为使国内煤炭企业管理具有较强国际竞争力，达到跨国能源化工公司的水平，在充分吸收国内外先进企业 HSE 管理经验基础上，结合中国煤炭业务特点，研究适应中国特色的先进 HSE 监督管理系统。系统以风险管理为核心，遵循国际先进的石化行业 HSE 管理理念，按照"谁主管、谁负责"，与 HSE 管理体系完全吻合等原则进行设计，采用最新行业管理技术手段及相关标准进行开发系统集中管理平台体系，实现分布应用、集中管理的运行模式。通过在我国大型煤炭集团、煤矿生产基地和中小型煤矿试点企业的现场调研和广泛查阅国内外关于 HSE 监督管理系统研究方面等相关文献，全面了解 HSE 监督管理系统发展现

状及其研究现状，研究开发一套适用于我国煤炭行业企业的先进 HSE 监督管理系统，旨在使该系统满足我国煤炭行业 HSE 监督管理及绩效评估的需要，实现 HSE 管理的标准化、规范化和系统化，为制定煤炭行业规划、企业管理决策提供支撑，为我国煤炭技术将来高度发展提供全面的、强有力的软环境支撑。

参 考 文 献

安筱鹏. 2005. 工具的革命与社会形态的演变. 理论观察, (3): 27-30.

芭芭拉·弗里兹. 2013. 煤的故事. 北京: 中信出版社.

崔风暴, 钟玉锋, 徐鹏. 2009. 论能值分析理论研究新进程及展望. 生产力研究, (24): 248-250.

段光正. 2016. 能源革命: 本质探究及中国的选择方向. 开封: 河南大学博士学位论文.

范京道, 王国法, 张金虎, 等. 2016. 黄陵智能化无人工作面开采系统集成设计与实践. 煤炭工程, 48(1): 84-87.

葛世荣, 朱华. 2017. 危险环境下救援机器人技术发展现状与趋势. 煤炭科学技术, 45(5): 1-8.

葛世荣, 苏忠水, 李昂, 等. 2015. 基于地理信息系统(GIS)的采煤机定位定姿技术研究. 煤炭学报, 40(11): 2503-2508.

顾大钊. 2015. 煤矿地下水库理论框架和技术体系. 煤炭学报, 40(2): 239-246.

管春峰, 冯雨, 谢守祥. 2014. 2013年中国动力煤进口分析. 中国煤炭, 40(4): 12-14.

国际能源署. 2018. IEA 煤炭市场报告 2017. 巴黎

韩博, 刘志强, 荆国业, 等. 2015. 滚刀破岩试验装置的研制及应用. 煤矿机械, 36(12): 214-217.

韩德馨, 彭苏萍. 2001. 我国煤矿高产高效矿井地质保障系统研究回顾及发展构想. 21世纪中国煤炭工业第五次全国会员代表大会暨学术研讨会. 北京.

何满潮, 谢和平, 彭苏萍, 等. 2005. 深部开采岩体力学研究. 岩石力学与工程学报, (16): 2803-2813.

何满潮, 高玉兵, 杨军, 等. 2017. 无煤柱自成巷聚能切缝技术及其对围岩应力演化的影响研究. 岩石力学与工程学报, 36(6): 1314-1325.

黄炳香, 赵兴龙, 张权. 2016. 煤与煤系伴生资源共采的理论与技术框架. 中国矿业大学学报, 45(4): 653-662.

黄玉珍, 黄金亮, 葛春梅, 等. 2009. 技术进步是推动美国页岩气快速发展的关键. 天然气工业, 29(5): 7-10.

贾根良. 2013. 第三次工业革命与新型工业化道路的新思维——来自演化经济学和经济史的视角. 中国人民大学学报, 27(2): 43-52.

贾根良. 2014. 第三次工业革命: 来自世界经济史的长期透视. 学习与探索, (9): 97-104, 8.

贾根良. 2016. 第三次工业革命与工业智能化. 中国社会科学, (6): 87-106.

江彦, 高青, 李明, 等. 2009. 地下蓄能热扩散和传输的能流通量描述. 吉林大学学报(工学版), 39(5): 1142-1145.

鞠杨, 张钦刚, 杨永明等. 2013. 岩体粗糙单裂隙流体渗流机制的实验研究. 中国科学: 技术科学, 43(10): 1144-1154.

鞠杨, 王金波, 高峰, 等. 2014. 变形条件下孔隙岩石 CH_4 微细观渗流的 Lattice Boltzmann 模拟. 科学通报, 59(22): 2127-2136.

黎立云, 谢和平, 鞠杨, 等. 2011a. 岩石可释放应变能及耗散能的实验研究. 工程力学, 28(3): 35-40.

黎立云, 徐志强, 谢和平, 等. 2011b. 不同冲击速度下岩石破坏能量规律的实验研究. 煤炭学报, 36(12):2007-2011.

黎立云, 谢和平, 马旭, 等. 2012. 单向压缩下岩石表面温度与体积应变关系实验. 煤炭学报, 37(9): 1511-1515.

李碧雄, 谢和平, 王哲, 等. 2009. 汶川地震后多层砌体结构震害调查及分析. 工程科学与技术, 41(4): 19-25.

李瑞峰. 2016-11-23. 从成本角度分析煤炭价格走势. 中国煤炭报.

李树志. 2014. 我国采煤沉陷土地损毁及其复垦技术现状与展望. 煤炭科学技术, 42(1): 93-97.

李业学, 谢和平, 彭琪, 等 2011. 活性粉末混凝土力学性能及基本构件设计理论研究进展. 力学进展, 41(1): 51-59.

梁斌, 王超, 岳海荣, 等. 2014. 天然钾长石-磷石膏矿化 CO_2 联产硫酸钾过程评价. 四川大学学报(工程科学版), 46(3): 168-174.

梁敦仕. 2015. "一带一路"战略下我国煤炭产业发展机遇. 煤炭经济研究, 35(7): 10-15.

梁杰, 崔勇, 王张卿, 等. 2013. 煤炭地下气化炉型及工艺. 煤炭科学技术, 41(5): 10-15.

刘峰, 李树志. 2017. 我国转型煤矿井下空间资源开发利用新方向探讨. 煤炭学报, 42(9): 2205-2213.

刘见中, 申宝宏, 姜鹏飞, 等. 2013. 提高我国煤炭科学产能的技术对策. 煤炭科学技术, 41(1): 21-24.

刘见中, 沈春明, 雷毅, 等. 2017a. 煤矿区煤层气与煤炭协调开发模式与评价方法. 煤炭学报, 42(5): 1221-1229.

刘见中, 谢和平, 王金华, 等. 2017b. 煤炭绿色开发利用的颠覆性技术发展对策研究. 煤炭经济研究, 37(12): 6-10.

刘建锋, 谢和平, 徐进, 等. 2012. 循环荷载下岩石变形参数和阻尼参数探讨. 岩石力学与工程学报, 31(4): 770-777.

刘建功, 赵家巍, 李蒙蒙, 等. 2016. 煤矿充填开采连续曲形梁形成与岩层控制理论. 煤炭学报, 41(2): 383-391.

罗平. 2000. 赫姆霍兹的"论能量守恒"及其学术价值. 自然辩证法通讯, 22(5): 63-70.

倪呈刚, 周永刚, 翁善勇, 等. 2005. 中国电厂应用印尼煤的前景展望. 华东电力, 33(12): 34-37.

牛建刚, 牛荻涛, 周浩爽. 2008. 灾害学. 23(4): 110-115.

彭瑞东, 鞠杨, 高峰, 等. 2014. 三轴循环加卸载下煤岩损伤的能量机制分析. 煤炭学报, 39(2): 245-252.

彭苏萍, 程桦. 2007. 煤矿安全高效开采地质保障体系. 徐州:中国矿业大学出版社.

齐子姝. 2012. 地能利用热泵系统能量多样化机制及其效能. 长春: 吉林大学博士学位论文.

钱鸣高. 2005. 对中国煤炭工业发展的思考. 中国煤炭, 31(6): 5-9.

钱鸣高. 2006. 煤炭产业特点与科学发展. 中国煤炭, 32(11): 5-8.

钱鸣高. 2008. 煤炭的科学开采及有关问题的讨论. 中国煤炭, 34(8): 5-10.

钱鸣高. 2010. 煤炭的科学开采. 煤炭学报, 35(4): 529-534.

钱鸣高. 2014-01-30. 高水平学术带头人成长需要良好土壤. 中国矿业报.

钱鸣高. 2017. 为实现由煤炭大国向煤炭强国的转变而努力. 中国煤炭, 43(7): 5-9.

钱鸣高, 许家林. 2006. 煤炭工业发展面临几个问题的讨论. 采矿与安全工程学报, 23(2): 127-132.

钱鸣高, 许家林. 2011. 科学采矿的理念与技术框架. 中国矿业大学学报(社会科学版), 13(3): 1-7.

钱鸣高, 许家林, 王家臣. 2018. 再论煤炭的科学开采. 煤炭学报, 43(1): 1-13.

覃利春, 杨建文. 2013. 第三次工业革命理论研究述评. 经济与社会发展, 11(4): 7-11.

权树恩, 陈佳秉, 陈磊. 2017. 地质大数据在地质灾害防治中的应用分析. 世界有色金属, (19): 210-212.

任怀伟, 孟祥军, 李政, 等. 2017. 8m 大采高综采工作面智能控制系统关键技术研究. 煤炭科学技术, 45(11): 37-44.

任利, 谢和平, 朱哲明, 等. 2012. 裂隙岩石拉伸断裂破坏理论分析试探. 煤炭学报, 37(1): 21-27.

任利, 谢和平, 谢凌志, 等. 2013. 基于断裂力学的裂隙岩体强度分析初探. 工程力学, 30(2): 156-162.

申宝宏, 雷毅, 刘见中, 等. 2015a. 煤炭机械装备国内外技术现状及发展展望. 煤矿开采, 20(1): 1-4.

申宝宏, 刘见中, 雷毅. 2015b . 我国煤矿区煤层气开发利用技术现状及展望. 煤炭科学技术, 43(2): 1-4.

申先甲. 1999. 能量守恒与转化原理的确立. 科学学与科学技术管理, (12): 51-53.

绳昊一, 吕莉, 梁斌, 等. 2015. 焙烧温度对硅酸钙矿化 CO_2 的影响. 矿产综合利用, (5): 76-80.

苏学成, 李贻斌, 樊炳辉, 等. 1995. 煤矿井下机器人结构与控制的苦干问题. (5):514-518.

隋春花, 张耀辉, 蓝盛芳. 1999. 环境-经济系统能值(Emergy)评价——介绍 Odum 的能值理论. 重庆环境科学, 21(1): 18-20.

隋心, 杨广松, 郝雨时, 等. 2016. 基于 UWB TDOA 测距的井下动态定位方法. 导航定位学报, 4(3): 10-14.

王保忠, 何炼成, 王进富. 2016. 从"康德拉季耶夫周期理论"看低碳革命首倡于英国的原因及启示. 经济纵横, 362(1): 114-122.

王广德. 2011. 中国煤炭工业统计资料汇编(1949-2009). 北京: 煤炭工业出版社.

王国法, 王虹, 任怀伟. 2018. 智慧煤矿 2025 情景目标和发展路径. 煤炭学报, 43(3): 65-72.

王海丹, 邵小桃. 2014. 井下无线 Mesh 网络导航系统的设计与实现. 软件, 35(1): 18-22.

王家臣, 钱鸣高. 2011. 卓越工程师人才培养的战略思考——科学采矿人才培养. 煤炭高等教育, 29(5): 1-4.

王家臣, 刘峰, 王蕾. 2016. 煤炭科学开采与开采科学. 煤炭学报, 41(11): 2651-2660.

王金华. 2011. 中国煤矿现代化开采技术装备现状及其展望. 煤炭科学技术, 39(1): 1-5.

王俊, 谢凌志, 谢和平, 等. 2015. 风城油砂三轴力学特性及其本构模型研究. 四川大学学报: 工程科学版, 47(5): 1-9.

王雷. 2017. 西部煤炭资源开发利用对区域贡献及典型示范借鉴. 煤炭经济研究, 37(1): 28-33.

王师勤. 1986. 劳动工具演化论. 上海社会科学院学术季刊, (4): 52-57.

王志国, 周宏伟, 谢和平. 2009. 深部开采上覆岩层采动裂隙网络演化的分形特征研究. 岩土力学, 30(8): 2403-2408.

吴刚, 谢和平, 刘虹. 2017. 煤炭生产的制约瓶颈及变革的方向. 西南民族大学学报(人文社科版), 38(3): 164-167.

谢和平. 1998. 中国能源发展趋势与能源科技展望. 中国煤炭, (5): 7-14.

谢和平. 2010a. CO_2 封存与气候变化. 科技导报, 28(18): 3-3.

谢和平. 2010b. 发展低碳技术推进绿色经济. 中国能源, 32(9): 5-10.

谢和平. 2013. "负碳时代"能否提前到来. 中国科技奖励, (5): 8-9.

谢和平. 2016. 科学去产能助推"煤炭梦". 中国战略新兴产业, (19): 112-112.

谢和平. 2017a. 矿区地下建设宜居城市, 是煤矿高端转型的办法. 中国战略新兴产业, 13(7): 95-95.

谢和平. 2017b. 矿区地下建设宜居城市, 是煤矿高端转型的办法. 中国战略新兴产业, (13): 95-95.

谢和平. 2017c. "深部岩体力学与开采理论"研究构想与预期成果展望. 工程科学与技术, 49(2): 1-16.

谢和平, 鞠杨. 2014. 氯化镁矿化利用低浓度烟气 CO_2 联产碳酸镁. 科学通报, 59(19): 1797-1803.

谢和平, 刘虹. 2015. 煤炭行业实施"走出去"战略的思考与建议. 煤炭经济研究, 35(7): 6-9.

谢和平, 钱鸣高, 彭苏萍, 等. 2011a. 煤炭科学产能及发展战略初探. 中国工程科学, 13(6): 44-50.

谢和平, 周宏伟, 刘建锋, 等. 2011b. 不同开采条件下采动力学行为研究. 煤炭学报, 36(7): 1067-1074.

谢和平, 刘虹, 吴刚. 2012a. 经济对煤炭的依赖与煤炭对经济的贡献分析. 中国矿业大学学报(社会科学版), 14(3): 1-6.

谢和平, 刘虹, 吴刚. 2012b. 煤炭对国民经济发展贡献的定量分析. 中国能源, 34(4): 5-9.

谢和平, 刘虹, 吴刚. 2012c. 我国 GDP 煤炭依赖指数概念的建立与评价分析. 四川大学学报(哲学社会科学版), (5): 89-94.

谢和平, 刘虹, 吴刚. 2012d. 中国未来二氧化碳减排技术应向CCU方向发展. 中国能源, 34(10): 15-18.

谢和平, 王金华, 申宝宏, 等. 2012e. 煤炭开采新理念——科学开采与科学产能. 煤炭学报, 37(7): 1069-1079.

谢和平, 王昱飞, 鞠杨, 等. 2012f. 地球自然钾长石矿化 CO_2 联产可溶性钾盐. 科学通报, 57(26): 2501-2506.

谢和平, 谢凌志, 王昱飞, 等. 2012g. 全球二氧化碳减排不应是CCS, 应是CCU. 工程科学与技术, 44(4): 1-5.

谢和平, 周宏伟, 薛东杰, 等. 2012h. 煤炭深部开采与极限开采深度的研究与思考. 煤炭学报, 37(4): 535-542.

谢和平, 高峰, 周宏伟, 等. 2013. 煤与瓦斯共采中煤层增透率理论与模型研究. 煤炭学报, 38(7): 1101-1108.

谢和平, 熊伦, 谢凌志, 等. 2014a. 中国 CO_2 地质封存及增强地热开采一体化的初步探讨. 岩石力学与工程学报, 33(S1): 3077-3086.

谢和平, 周宏伟, 薛东杰, 等. 2014b. 我国煤与瓦斯共采:理论、技术与工程. 煤炭学报, 39(8): 1391-1397.

谢和平, 高峰, 鞠杨. 2015a. 深部岩体力学研究与探索. 岩石力学与工程学报, 34(11): 2161-2178.

谢和平, 高峰, 鞠杨, 等. 2015b. 深部开采的定量界定与分析. 煤炭学报, 40(1): 1-10.

谢和平, 侯正猛, 高峰, 等. 2015c. 煤矿井下抽水蓄能发电新技术: 原理、现状及展望. 煤炭学报, 40(5): 965-972.

谢和平, 王金华, 姜鹏飞, 等. 2015d. 煤炭科学开采新理念与技术变革研究. 中国工程科学, 17(9): 36-41.

谢和平, 岳海荣, 朱家骅, 等. 2015e. 工业废料与天然矿物矿化利用二氧化碳的基础科学与工程应用研究. Engineering, 1(1): 144-151.

谢和平, 张泽天, 高峰, 等. 2016. 不同开采方式下煤岩应力场-裂隙场-渗流场行为研究. 煤炭学报, 41(10): 2405-2417.

谢和平, 高峰, 鞠杨, 等. 2017a. 深地煤炭资源流态化开采理论与技术构想. 煤炭学报, 42(3): 547-556.

谢和平, 高峰, 鞠杨, 等. 2017b. 深地科学领域的若干颠覆性技术构想和研究方向. 四川大学学报(工程科学版), 49(1): 1-8.

谢和平, 高明忠, 高峰, 等. 2017c. 关停矿井转型升级战略构想与关键技术. 煤炭学报, 42(6): 1355-1365.

谢和平, 高明忠, 张茹, 等. 2017d. 地下生态城市与深地生态圈战略构想及其关键技术展望. 岩石力学与工程学报, 36(6): 1301-1313.

谢凌志, 周宏伟, 谢和平. 2009. 盐岩 CO_2 处置相关研究进展. 岩土力学, 30(11): 3324-3330.

叶龙泼, 李爽, 岳海荣, 等. 2015. 富钙溶液中萃取与反应耦合强化 CO_2 矿化过程. 化工学报, 66(9): 3511-3517.

袁锦. 1992. 酸雨的危害及其防治. 中国城乡企业卫生, (4): 27.

袁亮. 2009. 卸压开采抽采瓦斯理论及煤与瓦斯共采技术体系. 煤炭学报, 34(1): 1-8.

张涵奇, 孙德强, 郑军卫, 等. 2015. 世界工业革命与能源革命更替规律及对我国能源发展的启示. 中国能源, 37(7): 35-37.

张九天. 2006. 能源技术变迁的复杂性研究. 合肥: 中国科学技术大学博士学位论文.

张新民, 柴发合, 王淑兰, 等. 2010. 中国酸雨研究现状. 环境科学研究, 23(5): 527-532.

张煜. 2001. 中国动力煤出口竞争力与市场分析. 中国煤炭, 27(12): 8-12.

周宏伟, 谢和平, 左建平, 等. 2010. 赋存深度对岩石力学参数影响的实验研究. 科学通报, 55(34): 3276-3284.

周守印. 1990. 试论劳动工具的性质及其发展. 克拉玛依学刊, (2): 57-59.

朱红光, 谢和平, 易成, 等. 2013. 破断岩体裂隙的流体流动特性分析. 岩石力学与工程学报, 32(4): 657-663.

朱红光, 易成, 姜耀东, 等. 2015. 裂隙交叉联接对采动岩体中流体流动特性的影响研究. 中国矿业大学学报, 44(1): 24-28.

朱家骅, 郭鑫楠, 谢和平, 等. 2013. CO_2 减排 CCS 与 CCU 路线的热力学认识. 工程科学与技术, 45(5): 1-7.

朱作荣, 束昱. 1992. 会讯: 关于城市地下空间利用的"东京宣言"[J]. 地下空间, 12(1): 65-66.

左建平, 谢和平, 刘瑜杰, 等. 2010. 不同温度热处理后砂岩三点弯曲的断裂特性. 固体力学学报, 31(2): 119-126.

左建平, 谢和平, 孟冰冰, 等. 2011a. 煤岩组合体分级加卸载特性的试验研究. 岩土力学, 32(5): 1287-1296.

左建平, 谢和平, 吴爱民, 等. 2011b. 深部煤岩单体及组合体的破坏机制与力学特性研究. 岩石力学与工程学报, 30(1): 84-92.

Hower J C. 2003. Coal: A human history. International Journal of Coal Geology, 55(2-4): 261-262.